# 极致的皇权：
## 历代帝王 明朝篇

焦庆锋⊙著

吉林出版集团股份有限公司

图书在版编目（CIP）数据

极致的皇权：历代帝王明朝篇 / 焦庆锋著 . — 长春 : 吉林出版集团股份有限公司 , 2021.1
　ISBN 978-7-5581-9107-7

　Ⅰ . ①极… Ⅱ . ①焦… Ⅲ . ①皇帝—生平事迹—中国—明代 Ⅳ . ① K827=48

中国版本图书馆 CIP 数据核字 (2020) 第 250722 号

## 极致的皇权：历代帝王明朝篇

| | |
|---|---|
| 著　　者 | 焦庆锋 |
| 责任编辑 | 王　平　姚利福 |
| 封面设计 | 晴晨时代 |
| 开　　本 | 787mm×1092mm　1/16 |
| 字　　数 | 268 千 |
| 印　　张 | 17 |
| 版　　次 | 2021 年 3 月第 1 版 |
| 印　　次 | 2021 年 3 月第 1 次印刷 |
| 出　　版 | 吉林出版集团股份有限公司 |
| 电　　话 | 总编办：010-63109269 |
| | 发行部：010-63104979 |
| 印　　刷 | 唐山才智印刷有限公司 |

ISBN 978-7-5581-9107-7　　　　　　　　　　定价：49.00 元
版权所有　侵权必究

# 前言

中华文明五千年，每个时期都会有一个核心人物，他们是政治带头人，是文明使者，这些人被习惯性地称作"帝王"。从传说的"三皇五帝"到大清王朝的十二帝王，一茬接一茬，一代换一代，帝王的故事在不停上演。

中国图书市场从不缺乏对帝王的记载，严肃庄重的正史探究，丰富悦目的戏说故事，以及传说加想象的野史杜撰，内容庞杂，头绪繁多。这些书有的过于考究，读来沉重；有的过于轻佻，可信度不高；很少有一种既尊重历史事实，又图文并茂、通俗易懂、风趣幽默的轻松读物。为此，我们隆重推出这套丛书。

帝王神圣。秦王嬴政一统天下，汉武帝刘彻振作中兴，唐王李世民开放博大，康熙玄烨苦学勤政。要想做个称职的帝王，不付出点汗水，光想着天上掉馅饼是不可能的。

帝王神秘。福临出生带异象，朱元璋长相是个谜，比起平头百姓，帝王当然要特殊一些，否则怎能体现其与众不同？

本书采用图文结合的编排方式，将中华上下五千年有代表性的帝王一一展现。书中有一些野史和传说仅做参考，如与正统史观有差异，请以正史为准。

# 目录

## 明太祖朱元璋——我很丑，我也很不温柔

不想当帝王的放牛娃不是好和尚…………… 002
朱元璋啊，你到底长啥样………………… 005
挪窝，朱元璋的一块心病………………… 008
亲爱的大脚老婆…………………………… 010
我就是恨穷酸文人………………………… 011
命里注定少做五年帝王…………………… 013
老朱家的风水传说………………………… 015
扑朔迷离，下葬之谜……………………… 018

## 明惠帝朱允炆——煮熟的鸭子，飞了

朱家有个乖孙孙…………………………… 022
跟爷爷对着干……………………………… 023
削藩削错了顺序…………………………… 026
叔侄"拉锯"……………………………… 028
下落不明，千古之谜……………………… 030
神秘古堡群………………………………… 036
朱允炆就是全真道人詹碧云……………… 038

## 明成祖朱棣——要么不做，要么做绝

老爸有点偏心眼儿………………………… 042
一场大火引起的迁都"跪辩赛"………… 044
诛十族血案………………………………… 047
谁是生母…………………………………… 049
一场跨国的恋情…………………………… 056
徐皇后死后，朱棣又娶她妹妹为妻……… 058

## 明仁宗朱高炽——幸福来得太晚，去得太快

为了当太子，我容易吗 …………………… 062
生得伟大，死得离奇 …………………… 065
时间不多，建树不少 …………………… 068
短命帝王，长寿皇后 …………………… 070
一块"夹心饼干" ………………………… 072

## 明宣宗朱瞻基——明代第一个废后的帝王

宝贝孙子 ………………………………… 076
将废后进行到底 ………………………… 079
做女人难，做胡皇后这样的女人更难 …… 081
亲生的还是盗来的 ……………………… 083
蛐蛐帝王嚯嚯叫 ………………………… 086

## 明英宗朱祁镇——明朝绝无仅有的太上皇

天堂地府间 ……………………………… 090
好一个俘虏帝王 ………………………… 091
超级模范夫妻 …………………………… 093
机关算尽终是空 ………………………… 097
明英宗"英明"何处 ……………………… 101
明英宗的不"英" ………………………… 103
小名字，大讲究 ………………………… 105

## 明代宗朱祁钰——人算不如天算的倒霉帝王

捡了个大馅饼……………………………………… 108
帝王佬儿行贿大臣………………………………… 109
朱祁钰真的急了…………………………………… 111
臣子复仇记………………………………………… 113
生前离婚，死后复婚……………………………… 117

## 明宪宗朱见深——只爱万阿姨

命里有时终须有…………………………………… 120
宫廷姐弟恋………………………………………… 120
皇后你算哪根葱…………………………………… 123
痴情天子朱见深…………………………………… 125
跳出如来佛的手心………………………………… 126
有胡子的男人就是你老爸………………………… 129
我怕有毒…………………………………………… 131
这个太监的变态…………………………………… 133
万贵妃去了，朕还活着干什么…………………… 136

## 明孝宗朱祐樘——只有一个老婆的帝王

没办法，老天都帮他……………………………… 140
生母之谜，抱憾终生……………………………… 141
只羡鸳鸯不羡仙…………………………………… 143
称职的君主，却不是一个合格的父亲…………… 145

## 明武宗朱厚照——美女、野兽、离经叛道、亘古未有

| | |
|---|---|
| 一棵好苗子就这么毁了 | 150 |
| 朱厚照夜夜笙歌，皇宫宛如"活春宫" | 152 |
| 游龙戏凤 | 156 |
| 跟猪较劲 | 157 |
| 自编自导自演 | 160 |
| 朱厚照纳妃马姬时竟已有身孕 | 161 |
| 到死也风流 | 163 |

## 明世宗朱厚熜——被宫女谋杀的帝王

| | |
|---|---|
| 吃着"红茗"进京做帝王 | 166 |
| 我当帝王我做主 | 167 |
| 谁是我老爸 | 168 |
| 上辈子是道士 | 171 |
| 不惜挑选少女炼制红铅丸 | 172 |
| 跟帝王拼命的宫女 | 174 |
| 朱厚熜老当益壮，晚年还纳尚氏为妃 | 176 |
| 海瑞骂帝王 | 178 |
| 不得好死的皇后们 | 179 |

## 明穆宗朱载垕——被女色掏空身子的帝王

| | |
|---|---|
| 老三变老大，媳妇熬成婆 | 186 |
| 此时无声胜有声 | 189 |
| 被女色掏空身子 | 190 |

## 明神宗朱翊钧——喜欢钱的帝王

与"儿子"大叔的恩怨…………………… 194
这个妈妈有点辣…………………………… 197
亡明之徒…………………………………… 199
帝王的女婿不好做啊……………………… 201
罢工二十五年……………………………… 204
与老婆们的爱恨情仇……………………… 205
棺椁开启，惊现天大秘密………………… 211
原来是个驼背……………………………… 215

## 明光宗朱常洛——神秘的案件当事人

忍者神龟…………………………………… 218
明宫三大案之梃击案……………………… 219
明宫三大案之红丸案……………………… 223
明宫三大案之移宫案……………………… 226

## 明熹宗朱由校——一个杰出的木匠

锯子、斧子、刨子………………………… 232
大字不识一个的帝王……………………… 234
帝王爱上奶妈……………………………… 235
失败男人背后的好女人…………………… 238
不忠＋不贤＝魏忠贤……………………… 241
诡秘——北京大劫难……………………… 243
其实不想走，其实我想留………………… 247

## 明思宗朱由检——不是亡国之君的亡国悲剧

| | |
|---|---|
| 最后一个演员登场了 | 250 |
| 朱老五对决魏忠贤 | 251 |
| 由检由检，一切从俭 | 254 |
| 十八年你没有听我一句话 | 255 |
| 越测越伤心 | 256 |
| 一个王朝的末路 | 257 |
| 吊死在一棵歪脖子树下 | 260 |

# 明太祖朱元璋
## ——我很丑，我也很不温柔

| | |
|---|---|
| 姓　　名： | 朱元璋 |
| 职　　称： | 明太祖 |
| 生　　卒： | 1328—1398年，享年七十一岁 |
| 最高职务： | 明朝第一任国家最高领导人 |
| 就职年龄： | 四十一岁 |
| 帝王工龄： | 三十一年（1368—1398年） |
| 荣誉称号： | 开天行道肇纪立极大圣至神仁文义武俊德成功高帝王 |
| 祖　　籍： | 安徽濠州（今安徽凤阳） |
| 老　　爸： | 朱五四，死要面子的朱元璋继位后，给老爸改了个雅名：朱世珍。 |
| 老　　妈： | 陈氏 |
| 家庭出身： | 贫农 |
| 兄弟排行： | 老三 |
| 接 班 人： | 朱允炆 |
| 最 得 意： | 开创了大明天下 |
| 最 遗 憾： | 迁都未成 |
| 最 痛 心： | 老婆马大脚的逝世 |
| 最 失 意： | 太子朱标早逝 |
| 最 擅 长： | 刚猛治国 |
| 现在住址： | 江苏省南京市东部钟山南麓明孝陵 |
| 个性签名： | 长相丑最能吓唬人 |

明太祖朱元璋像

## 不想当帝王的放牛娃不是好和尚

朱元璋故里安徽凤阳故城

中国历史上有两个混混当上了国家的统治者，一个是汉高祖刘邦，另一个就是大明太祖朱元璋。

朱元璋的大哥叫朱重四，二哥叫朱重六，朱元璋排行老三，所以叫朱重八。

关于朱重八的出生，颇有几分传奇色彩。一天，重八的母亲陈氏遇见了一位怪异之人，他修须奇貌、头戴黄冠、身着朱衣，他给了陈氏一粒白色的药丸。这药丸神光闪闪，陈氏一口吞下，便身怀六甲。据说，重八出生那夜，满屋红光，格外炫目。邻居们以为失火了，纷纷奔走相救，岂料只是虚惊一场。

由于家境贫寒，重八打小就体弱多病。迷信的父母认为只有观音菩萨才能救他们的孩子，便把重八送到附近的皇觉寺，当了个小沙弥。后来，重八离开寺庙，开始给地主放牛。他天性聪明顽皮，曾经读过几天书，放牛娃中数他鬼主意最多。他们常常玩扮帝王的游戏，每次重八都装模作样称皇道帝，还让伙伴们双手捧着木块，向他三跪九叩，高呼万岁。

可怜的放牛娃经常饿着肚子放牛。一天，重八和小伙伴们觉得肚子很饿，他出了个点子，将一头小牛犊杀掉，烤着吃。伙伴们肚子饱了，可牛没了，回去怎么交待呢？正在大家发愁之际，重八想了个办法，让大家把牛骨和牛皮埋了，把血迹掩盖起来，把牛尾巴插到山上的岩缝里，回去就说小牛钻进山洞里，拉不出来了。伙伴们纷纷赞同。然而这个天真的想法怎么能瞒得过精明的地主老财呢？结果可想而知，小重八被毒打一顿，但他也因为敢作敢当而获得了小伙

朱元璋放牛图

伴们的信任。

后来，一场瘟疫先后夺去了朱重八的父亲、大哥及母亲的生命，重八的人生顿时跌入深渊。走投无路的他只得再度投奔皇觉寺，剃度为僧。在寺里，他整天干杂活，忙得团团转，有时还受老和尚斥责。日子一长，重八憋了一肚子气。一天，正在扫地的他被伽蓝神座绊了一下，本就有气的他顺手操起扫帚就往神座上打。还有一次，老和尚见大殿上的蜡烛让老鼠咬坏了，便当众训斥了他。重八当然不服气，心想：伽蓝神连自己面前的东西都管不住，还怎么管殿宇？还害自己挨骂！不想还好，越想越气，于是找了支笔，在伽蓝神的背后写下"发配三千里"几个字。可见，朱元璋从小就不甘受压迫。

不久，寺里的粮食也不多了，十七岁的重八不得不再次离开寺院托钵流浪。他边走边乞讨，听说哪里年景好就往哪里走。三年的流浪，使他见了世面，开了眼界，积累了丰富的社会经验。艰苦的生活铸就了他坚毅果敢的性格，也使他变得残忍猜忌。重八目睹国事日非、人民生活恶化，意识到天下即将大乱。于是他重新回到皇觉寺，发奋勤学，广交朋友，准备干一番大事业。

1351年，白莲教首领韩山童起义，韩山童被推为明王。接着，农民起义风起云涌。得知起义的消息后，二十五岁的重八放下钵盂，投奔红巾军郭子兴。入伍后，

朱明王朝发祥地——龙兴寺

集庆古图

1356年，朱元璋改集庆为应天府（今南京）

朱重八作战勇敢，加上他本来就机智灵活、粗通文墨、处事得当，元帅郭子兴很快将他视作心腹，并将养女马氏嫁给了他。有了身份之后，这堂堂男儿就不能再用以前的小名了，于是郭子兴给他取名为"元璋"。

有正式名字后的朱元璋屡立战功：拯救郭子兴、回乡募兵、招抚民兵、攻破元军、攻下滁州、攻克和州。三万人的队伍，纪律严明，军容整肃，申明纪律，安抚百姓，深得民心。后来，郭子兴病逝，朱元璋被小明王韩林儿任命为左副元帅。但朱元璋有勇有谋，手下人才聚集，实际上朱元璋就是这支队伍的主帅。

不久，朱元璋攻下集庆，改集庆为应天府（今南京），并派徐达攻取镇江，巩固以应天府为中心的根据地。出战前，为严明军纪，他故意以放纵士卒的罪名将主将徐达抓起来，并准备以军法处斩。此时，幕府书记李善长出来求情，众将不知是计，也一起求情。朱元璋于是顺水推舟，说看在众人面上，暂时免去徐达死罪，不过要徐达攻下镇江后，要做到不烧不抢，才能完全赦免徐达之罪。众将见朱元璋对待主将尚且如此严厉，无不严守军纪，镇江被很快攻下。

不到一年的时间，朱元璋便控制了应天府周围的战略据点。他奉行高筑墙、广积粮、缓称王的战略，安民心、重人才，这些无不表明朱元璋决心要开创一个新的封建王朝。

此后，朱元璋分别除去了两大对手——陈友谅和张士诚，占据了全国最富庶、人口最稠密的地区，开始进行大规模的南征北伐。

在不断取得胜利的情况下，1368年正月，四十岁的朱元璋告祀天地，在应天府南郊登基，建国号大明，改元洪武，以应天府为都城。经过十六年的征战讨伐，朱元璋也终于实现了自己的梦想，从一个横笛牛背的牧童、整天受气的小行僧，成了明朝的开国帝王。

建朝之初，朱元璋奉行休养生息、清除奸臣、打击贪官的政策，很快便稳定了朝政，出现了国富民强的新局面。在位期间，为了

南京阅江楼朱元璋雕塑

缓和尖锐、复杂的阶级矛盾、民族矛盾和统治阶级内部各集团之间的矛盾，朱元璋实行了抗击外侵、革新政治、发展生产、安定民生等一系列有利于社会前进的战略部署，在政治、经济、军事、思想等方面建立了一个君主专制的中央集权统治。

## 朱元璋啊，你到底长啥样

帝王的脸就是龙颜，即使是近臣，没有帝王的一句"抬起头来"是绝对不能随便看的，更别说私下议论了。这是古代帝王彰显高高在上的天子权威、神化自己的一种谋略。正是因为帝王的脸不能随便看，就容易出现"相貌疑云"，有的至今仍争论不休。其中，给后世留下严重相貌疑云的帝王首推明太祖朱元璋。

据载，南薰殿共藏有中国历代帝王和皇后像七十五幅。在六十三幅帝王肖像中，除了唐太宗有三幅、宋太祖有四幅之外，大多数帝王都是一人一幅，可朱元璋却有十三幅之多！这十三幅有一幅珍藏在北京故宫博物馆，其余的十二幅都保存在中国台北故宫博物馆里。令人大惑不解的是，这十三幅虽然画的都是朱元璋，却画出了截然不同的模样！

朱元璋肖像图之一

当时，为了给朱元璋画像，一些功底不错的画家被召入宫。他们兢兢业业，以其最专业的水准，一丝不苟地照着帝王本人的相貌绘画，丝毫不敢走样。结果，这些写实画家全都掉了脑袋。后来，一位聪明人对朱元璋的脸型加以较大规模的修饰，着力于眉目传神，侧重于理想表达，画了一幅不怒而威的帝王像。明太祖一看，欢天喜地、兴高采烈。

朱元璋肖像图之一

目前，有史学家认为朱元璋是个下巴奇长、耳朵肥大、满脸麻点的丑陋猥琐男人，可谓中国帝王第一丑。但也有的人说他五官端正、相貌超俗，有大富大贵的罕见帝王之相。两种观点截然相反，而外界能见到的画像也就主要集中在这两类，即一丑一俊。迄今，朱元璋画像既有宫廷的，也有民间的，版本达十六种之多。

朱元璋肖像图之一

朱元璋肖像图之一
朱元璋肖像图之一

那么，真正的朱元璋到底长啥样呢？

刘基（字伯温）是朱元璋的首席谋士。据史料记载，此人精通阴阳数术、象纬之学，被认为是前知五百年、后知五百年的似神仙一流人物。传说刘基第一次见到朱元璋时便大吃一惊，为眼前那副怪异的相貌深深震撼：高额细眼，凹鼻阔唇，耳朵虽小却挺厚，脸颊虽突下巴却很宽硕；身长而背弓，腿长而膝弯，腰粗而肩窄，手阔而指细；行动起来如虾在水，说起话来像老鹰在叫、猿猴在啼。刘基见了，当即得出结论：这个人的相貌，兼具大贤之厚朴与大奸之残暴。果不其然，后来的朱元璋用事实印证了刘基所言不虚，这也说明朱元璋长相怪异也确有可信之处。

但是从历代明朝帝王的长相看，他们和宫藏的画像都有几分相像。所以，宫藏的"美化"了的朱元璋像也不是不可信的。而《剑桥中国明代史》一书既认同民间传说的"脸面有皱纹而痘点斑斑，颚部突出"的朱元璋模样，又肯定了他气质神采非同一般，"看起来预示将来有不凡的气量"。《剑桥插图中国史》则明显对民间的丑化像表示质疑，认为"太祖和其他帝王一样英俊"，民间流传的画像是基于

朱元璋肖像图之一

朱元璋肖像图之一

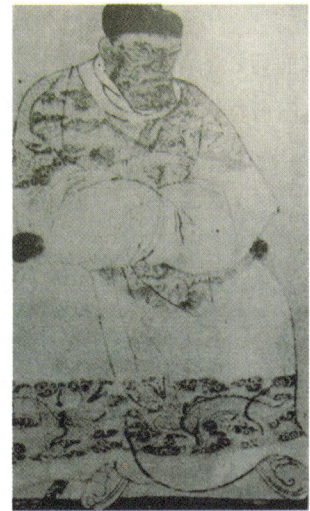

朱元璋肖像组图

画师的故意丑化。

众说纷纭，在朱元璋的真面目没有清楚的情况下，只能说：朱元璋既不像宫廷藏本里画得那么慈祥英俊，也不可能像民间版本里描绘得那么丑陋不堪。真正的朱元璋极有可能是面貌一般但有些特征较为独特罢了。

## 挪窝，朱元璋的一块心病

南京中华门

中国古都文化有三大类型，即以西安为代表的黄河流域文化；以南京为代表的长江流域文化；以北京为代表的渤海文化。其中，南京堪称短命的王朝之都，但却是包括北京、开封等在内的多个古都的"母本"。

事实上，朱元璋从定都应天府（南京）的第一天起，心里就不踏实，老觉得南京非大明的万年帝都，心里总是疑神疑鬼，至死都是一大块心病。

1368年，朱元璋在应天府皇袍加身。南京自古为虎踞龙蟠之地，有王者之气。周围物产丰富、交通便利、河海水运发达，但从全国来讲，地理位置并不理想，偏

南京明故宫遗址

居东南，对巩固北方边疆极为不利。大明政权是从蒙古人手中夺来的，虽然元人退回了关外，但威胁无时不在。由于距离北方遥远，指挥作战十分困难，如果赋予边疆特权，又担心出乱子，反而惹祸。所以，朱元璋不得不把大都改称为北平府，并指派四子朱棣主政。

朱元璋很迷信，他所在的皇宫是由颇通堪舆术的刘基卜选的，处于钟山的西南脚，原是一处低洼的面积很大的湖塘。确定此处为皇宫地址后，朱元璋下令将这里填平起殿。为了填湖，他可花了不少功夫。

就在建筑皇宫的第一天，刘基把填好的前湖地作为正殿基址。当标桩打入水中后，朱元璋觉得基址逼仄，位置过窄，便将柱基往后移动了一点。刘基当时断言，这样移一下也不坏，但大明王朝将来很可能有移都的周折。此后，果然言中。从风水学上讲，皇宫所处位置确实有严重缺陷——地势前高后低，不在城市的中心地带，且都城南京偏处中国的东南，皇宫则偏在都城南京的东北。因此，这件事成为朱元璋的一块心病。

不久，朱元璋提出择地另迁，决定在发祥之地的老家临濠（今凤阳）兴建中都，迁都至此。然而，当中都建了六年之后，前往视察归来的朱元璋却突然宣布停止营建，理由是开支巨大。实际上，建国初期财力固然不甚雄厚，但工程营建了六年，已经花费了巨资，现在说停就停，岂不是更浪费！据说这是因为刘基反对的结果，说这里可以作帝乡，但不能作帝都。还有一讲，说是工匠在营建中破坏了朱家的万年根基，惹恼了朱元璋，为此还杀了不少工匠。后经史学家分析，真正的原因是朱元璋担心定都中都之后，与他一起出来打天下的安徽老乡的功臣观念膨胀，对朱氏王朝不利。

其实，之前已有大臣建议定都宫室完备、可省民力的北京。中都停工之后，朱元璋采纳此议，定北京为京师，但他从未到北京去主持过朝政。不久，迷信的他认为大明王朝不宜再选元朝的亡国之都作为中央之所，于是又否决了北京，恢复南京。

南京中华门东侧城门

位于明故宫遗址公园的石馆标志

但南京皇宫"南高北低",风水存在严重缺陷,有悖帝王居高临下之尊,这块心病让他闷闷不乐,于是疑心再起。

后来,在关中、洛阳、汴梁(今开封)这几个地方中,朱元璋认为最理想的地方是关中(今陕西境内,即关中平原),史称"八百里秦川",在此定都,才是真正的"中国"。于是,朱元璋派太子朱标亲去考察,但在考察回来的路上,太子得了重病,不久病死。太子的病逝,让朱元璋的精神受到沉重打击。从迷信的角度来看,这是一种不祥之兆。在这种情况下,朱元璋只得又将南京确定为京师。

直到朱元璋死,他的定都心愿依旧未果,"关中之梦"也再无人敢提起。

## 亲爱的大脚老婆

马秀英是反元红巾军首领郭子兴的至交马公最小的女儿。马公死后,秀英便由郭子兴收养。见朱元璋是个人才,郭子兴便把二十一岁的养女许配给了他。马氏端庄秀丽,但她天生一双大足,时人称"天足"。就因为这双脚,民间戏称马氏为"马大脚"。

马秀英嫁给朱元璋后,很是疼爱这位小和尚出身的丈夫。据说有一次,朱元璋伤了郭子兴的面子,老郭一气之下将他关了禁闭,不给他吃也不给他喝。马秀英一听,急了,从伙房偷了一个刚出锅的馒头给丈夫送去,谁知路上碰到了义母张氏,一时情急,

马皇后画像

马氏慌忙把馒头往怀里藏,结果烫馒头把她的乳房烫伤了,朱元璋与马秀英之间的恩爱由此可见。也正因为这样,朱元璋当了帝王后,天不怕地不怕,就怕皇后马娘娘,生怕马秀英有半点不高兴。但马氏并不是河东吼狮,相反,她恪守妇道,以德服人,后宫嫔妃没有不服的。史学家都说,马氏是一个称职贤惠、宽厚仁慈的正宫娘娘。

马皇后不仅为明太祖生了不少儿子,还时常为他的政事操心。如果不是马皇后,朱元璋不知要滥杀多少人。朱元璋深知自己妻子贤能,在马皇后生病后,为她请来良医,还亲自送饭、亲手喂药,大臣们都为她祷祀。马氏临死时,朱元璋问她有什么话留下,她只说:"愿陛下求贤纳谏,慎终如始。"临死之前,还不忘劝勉丈夫一番,其贤德足以想见。

洪武十五年，马皇后离世，逝年五十一岁。当时朱元璋泪如雨下，至死也没有再立皇后。

马氏死后，极度悲伤的朱元璋给了马皇后很高的荣誉，封其谥号为"孝慈昭宪至仁文德承天顺圣高皇后"，"孝陵"之名即由此而来。嘉靖十七年，又加谥为"孝慈贞化哲顺仁徽成天育圣至德高皇后"。

朱元璋在给爱妻操办丧事时，采用的规格也相当高。这与马皇后是"国母"有关，但更重要的是朱元璋对马皇后有极深的感情。他对自己的丧事都要求从简，但对马皇后的丧事却要求十分隆重和讲究，甚至连朝政也不理了。

朱元璋皇后马秀英像，此像为民国版《明孝陵志》插图

马皇后八月初十病死，九月下葬。有点神秘的是，在她下葬当天，竟然发生了怪异反常的天气现象。据明代文学家徐祯卿在《翦胜野闻》一书中记载：马皇后的灵柩准备运往南京东郊孝陵下葬那天，突然狂风骤雨，闪电雷鸣，天气极其恶劣。这对于九月的南京来说，是十分反常的。为此，朱元璋很不开心，疑神疑鬼。于是，派人找来了和尚宗泐给马皇后念经超度，以让她高高兴兴地归葬孝陵。只听这宗泐口中念念有词道："雨降天垂泪，雷鸣地举哀，西方诸佛子，同送马如来。"说来也怪，宗泐一说完，天一下子就晴了。朱元璋龙颜大悦，赐他黄金百两。

## 我就是恨穷酸文人

众所周知，民间流传着很多被丑化了的朱元璋画像。关于这一点，有个原因不可忽视：朱元璋杀人如麻，除了残害忠良，还得罪了不少文人。文人们怀恨在心，因而借画像泄恨，根据传说中的描述，故意夸张其面部缺点，丑化朱元璋，把本来相貌就一般的帝王画得更加丑陋。

历史上以残害知识分子著名的帝王首推秦始皇。但他的焚书坑儒，是为了剿灭六国残余的上层人物及其文化代表，以便钳制四海；清朝康、雍、乾三朝大兴文字狱，主要是为了征服汉人的反清意识。两者都有明显的政治目的，虽然残暴而且难逃历史罪责，但从统治集团的利益来讲是不难理解的。朱元璋则不同，他既不是怕人造反，也没有什么了不得的政治目的，纯粹出于个人的憎恶，是一种出自流氓无产者嫉妒的狭隘报复心理。

只要翻看一下《明史·文苑传》，便可知明初被朱元璋杀害的文人之多，简直是历代罕见。诗人高启因文祸被腰斩，与高启并称"四杰"的杨基死于劳役工场，张羽流放岭南投水自杀，徐贲下狱瘐死。与高启并称"十才子"之一的谢肃被杀，此外还有苏伯衡、傅恕、王彝、张孟兼、杜寅、孙蕡、王绂、张宣充军，王蒙、王洪瘐死，戴良自杀，连开国功臣刘基也不明不白地被毒死，宋濂由于皇后和太子的全力搭救才挽回性命，但据前七子之一徐祯卿的《翦胜野闻》记载，宋濂的儿子宋茗和孙子宋慎仍旧未能幸免。

徐一夔在《明史·文苑传》中没有讲朱元璋曾经要杀他，但《翦胜野闻》记载了一段常为人传颂的笑话故事：明太祖多疑，总是怀疑别人说自己的坏话。杭州儒学大师徐一夔曾经上了一份贺表，其中有一句"光天之下"，又说"天生圣人，为世作则"。朱元璋看了之后大怒，说："这不是在侮辱我吗！'生'与'僧'双关，说的就是我曾经当过和尚；'光'指的是剃掉了头发；'则'字与'贼'音相近，这不是在骂我是贼吗！"说着就要将徐一夔拉出去斩了。徐一夔一听，大为惊恐，立即跪下对太祖说："都怪我太愚笨，不知道有忌讳，请皇上饶命！"最后，不知道朱元璋是否开了恩，但此人即使活下来，也肯定没什么好果子吃。

《翦胜野闻》中还有一则关于袁凯的故事，是朱元璋以喜怒心情折磨文臣的恶

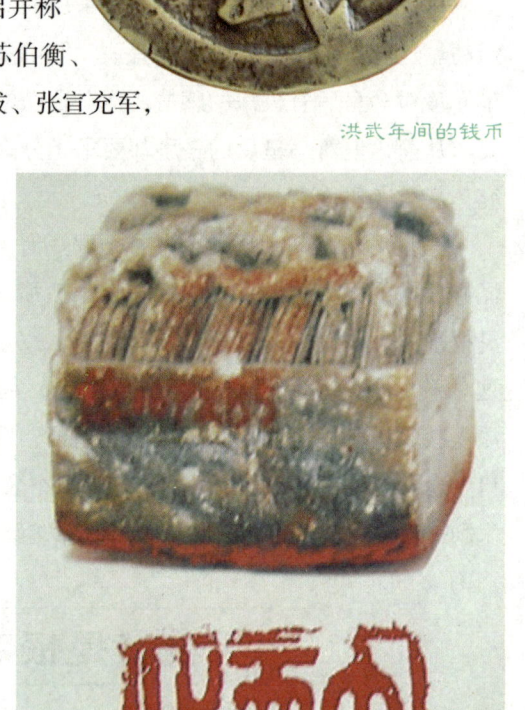

洪武年间的钱币

明朝玉玺：明宫旧藏大明天子之宝

作剧：监狱里有一个疑犯，太祖想一杀了之，太子认为不可。这时，御史袁凯正侍立一旁，朱元璋于是对袁凯说："朕和太子的意见谁对谁错？"袁凯就说："陛下想杀了他，说明王法公正；太子不杀他，说明心地慈悲。"袁凯正庆幸自己口才好、谁也没得罪，朱元璋却认为此人太过圆滑，下令关进大牢，三天不给吃饭，为了活命，袁凯便佯装疯癫。谁知朱元璋不但没有放过他，还下令用木锥来扎袁凯。后来，袁凯终于被释放，可帝王仍旧没有停止对他的侦查，为了表示自己服罪，袁凯竟把自己捆在床榻上。

朱元璋对文人的迫害已经近似于恶作剧，既与政治利害无关，也无文化统治上的必要，就是单纯出于嫉妒知识分子的仇视情结。

## 命里注定少做五年帝王

洪武三十一年（1398年）闰五月，做了三十年帝王的朱元璋，在西宫病逝升天。他这一死，给朱姓后代和历史学家留下了大量谜团，至今不解。

民间传言和正史上的记载都说，朱元璋出生时伴有异象发生，而他的死，据说也应验了天意。本来朱元璋应该当三十五年帝王的，结果在洪武三十一年就死了。但是，常读明史的人会发现，史书上还有"洪武三十五年"的说法，如《灵谷禅林志》中有"洪武三十五年、永乐四年，道士刘渊然在此（南京紫金山上珠湖洞）埋石告天……"的文字。有人会说，这是朱棣篡权后，抹去建文帝朱允炆四年朝政、续用洪武纪年而造成的"时间差"。事实上，从因果关系来看并不是这么简单。

朱元璋少当了五年帝王，这么重大的历史"差错"到底是怎么一回事？

朱元璋是中国帝王中少有的敢作敢为的帝王之一。明太祖在死的前一年，正好七十岁，却得了一场大病，这么大年纪生大病，一般来讲就是死的征兆。时朝中大臣都为他的龙体担忧，他自己也以为活不长了。实际上，他心里非常明白，帝王是"万岁"不了的。于是在生前就早已把有可能给朱氏江山带来隐患的大臣斩尽杀绝，并准备好朱允炆在日后登基的秘诏。

河南省灵山朱元璋雕塑

据《明书》记载，考虑到分封在各地的儿子可能造孙子朱允炆的反，于是朱元璋下令诸王不得回京奔丧。

哪知，寿不该折的朱元璋却从病中挺了过来。民间传说因为朱元璋阳寿未尽，他是1368年正月即位的，那一年为洪武元年，如果1397年就死了，等于老天爷还欠朱元璋的人情。实际上，朱元璋熬了半年后，还是没有逃过此劫。洪武三十一年

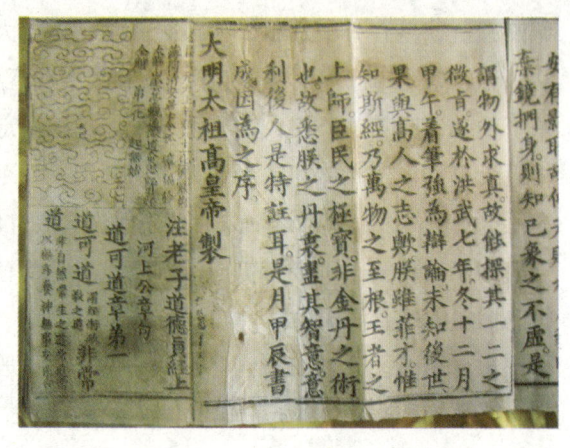

朱元璋注道德真经（组图之一）

闰五月，朱元璋和大臣议政后回到后宫，觉得很累，就躺到床上休息，哪知这一觉睡下去就再也没有醒来。根据记载看，在病好后朱元璋仍硬撑着上朝，像以前一样操持政务，可见他完全是累死的，用今天的话来讲就是鞠躬尽瘁。这么算来，朱元璋至死才当了三十年的帝王，连头连尾才当三十年帝王，与三十五年还有一段差距。

对此，史书上有两种版本，似乎都认为朱元璋少当了五年帝王是阴差阳错，是"天意"。

一种版本是"偷鱼说"：当年朱元璋还是一介布衣，那时连年灾荒发大水，也没什么吃的，朱元璋便经常提网到河边逮鱼解馋。有一次他逮到了一篓子鲤鱼，数一下共有三十五条之多。在河边看热闹的同乡陈四有意戏弄朱元璋，将鱼网朝朱元璋身上罩了几下。开玩笑的同时，他又乘朱元璋不注意，偷偷从篓子里拿走了五条鱼。朱元璋当时没在意，但回家一数，发觉不对劲，少了五条鱼！不用猜，一定是陈四做的手脚。可当他找到陈四时，陈四坚决不承认，朱元璋一气之下要揍他，陈四看朱元璋动了真格，赶紧把鱼还了，这才算了结。于是，民间就此传说，朱元璋当年逮到三十五条鲤鱼是天意，暗合他将来要当三十五年帝王，如果不是陈四与他开玩笑，偷走了五条，他的三十五年帝王一年都不会少。但就因为陈四这么一闹，让他少坐了五年龙椅，大明江山也因此埋下了不稳的祸根。

另一说法，源于军师刘基的"天象说"。刘基善观天象，擅神机妙算之术。朱元璋即位后不久，让刘基给他算算可以当多少年帝王。刘基懂得太祖的意思是想知道自己能活多少岁，于是说，根据命理、天象，帝王万寿无疆，如果要说出具体在位年数，应该是三十五年，但其中有五年是虚的。这说法与后来朱棣篡夺皇位后不承认侄儿朱允炆建文帝那几年时间而仍袭称"洪武××年"又是一种巧合。朱允炆

称帝四年，加上朱元璋死的那一年，算在一起正好是五年之数，加上朱元璋做了三十年帝王，因而史书上有"洪武三十五年"的说法。

朱元璋很迷信，当时没弄懂刘基的意思，倒想起了当年陈四偷了他五条鱼的事，民间素有鲤鱼跳龙门一说，鲤鱼的象征意义很特别，这"虚五年"难道就是当年陈四惹下的祸吗？据说，朱元璋当即把陈

朱元璋游峨眉石刻

四带到南京，打算杀了他解恨。陈四见了皇上后不知是祸是福，但他很会说话，马屁拍得震天响，忽悠得龙颜大悦，免了杀身之祸。太祖问陈四是否还记得当年偷鱼的事，陈四说不敢忘记。太祖说忘了当年逮鱼的那条河叫什么名字了，问他是否记得，陈四很聪明，明白老朱在打他主意，于是尽捡好听的说，回答那河叫乌龙潭。太祖说没听说有这条河。其实这乌龙潭是陈四临时瞎编的，太祖自然没听过，陈四说太祖当年曾用鱼网罩"乌龙"，所以叫乌龙潭。

太祖一听，乐了，杀陈四的事也就抛到了脑后，反而问他想不想做官。陈四当然求之不得，连连磕头谢恩，凭几句鬼话就轻易捞到了户部江西司郎中一职。但他的好运并不长，三年之后，就让太祖找理由给满门抄斩了。当然，太祖杀陈四的理由很充足，说他犯了大错，这些史书上都有记载。

细想一下，关于陈四偷鱼的说法或许有些迷信，而刘基的神机妙算却还是有些科学道理的，根据当时人的平均寿命是不难作出推算的。那时生存条件恶劣，古人能活到七十岁已经很不简单了，高智商的刘基正是根据这一点来预测的：如果朱元璋当三十五年帝王，就是七十六岁，当三十年就是七十一岁，而七十一至七十六岁，差不多是他可以存活时间的极限，是完全合理的范围。

## 老朱家的风水传说

传说，朱元璋的祖父朱初一是江苏句容县朱家村人。后来天下大乱，于是携家渡过淮水，来到泗州定居。每遇红白大事，当地百姓常推他做司仪。

据说，一天，朱初一正躺在屋后一个土坑里睡觉。忽然，来了一老一少两个道士，那老的指着朱初一睡觉的地方说："谁要是葬在这里，他的后人必出天子。"小道士问道："何以见得？"老道说："你要是不信的话，可以插根枯树枝试试，十天后肯定萌芽生叶。"接着，小道士急忙叫朱初一起来。初一听了他们的对话，故意装睡不醒。两个道人见他怎么叫都叫不醒，插完树枝便扬长离去。十天后，初一一大早就去看那枯枝。果不其然，枯枝真的发了芽生了叶。又惊又喜的他巧施掉包计，拔去以前的枯枝，另外换上一根枯枝。过了一会儿，两个道士也赶来了。那老道见枯枝什么变化也没有，而朱初一正好在旁边，因此心生疑团，指着初一对小道士说："肯定被这个人换去了。"转身又对初一说，"要是想大福大贵，死后就葬在这里，你家肯定会出天子。"

1327年，朱初一去世后，果真葬在这里，还没等封土，便自成坟墓。年末，朱家又迁到了盱眙县。第二年，朱元璋出生，此时距离朱初一下葬只有一年的时间……

朱元璋称帝后，按惯例要给上四代进爵建陵。他父亲的坟墓是他自己亲手埋葬的，一会儿就找到了，而祖父辈以上的地穴都不知在哪儿。之前，相信自己祖坟风水好的朱元璋已多次派人去盱眙查找，可一直未能如愿，领命官员只能在泗州城西潮河坝望祭。洪武四年，朱元璋在那里建了祖陵庙，供奉祖父以上三代牌位，即祖父朱初一、曾祖朱四九、高祖朱百六。不久，一个叫朱贵的同宗找到了祖坟，朱元璋大喜过望，心里的石头终于落了地。

明祖陵雕像

明祖陵有皇城、砖城、土城内外三重城垣，棂星门、享殿、大金门、金水桥、左右虎碑亭、石像神道、玄宫等一应俱全，为明帝王陵寝中规制最大的一座，以后的帝王陵都未能逾越。那规模，比朱元璋的孝陵、朱棣的长陵都宏大、气派好几倍，被称为"明代第一陵"。

话说朱初一葬到了所谓的真龙结穴处，朱元璋当上了真龙天子，这块风水宝地真像传说中的那么邪乎吗？

实际上，那个地方紧靠洪泽湖，东西都是水，地势极其低洼，有"九岗十八洼"的恶名。过去若是阴雨天，根本无法行走。不但不像风水宝地，且地贫人稀，时常有人家搬走。

明祖陵神道

当年朱五四带着一家老小离乡讨生计,就是这个原因。而当时,刘基认为明祖陵所在地并不是完美的万年吉壤:一块风水宝地的地势、地形、地貌,要穴前有明堂,要看三奇四应,左右有护砂,远有朝山,近有案山。以山为罗城,以形成左青龙、右白虎、前朱雀、后玄武四种态势为佳;如果周围无山,一马平川,则借水势成龙,以泽国环抱为上。而明祖陵地处苏北,基本上属平原地貌,四周除了一片水国,并无多少妙贵可言。所以,当年筑陵时进行了大规模的地理改造,这才形成了一块标准的风水宝地。但后来明祖陵的所谓风水饱受了自然环境的侵害,特别到了明朝后期,明祖陵一直深受水患困扰。

　　明英宗当政时,明祖陵开始受到洪水威胁。到明晚期,水患更为严重,淮河再泛大水,祖陵即被水淹。虽高筑堤,疏水道,但由于祖陵所处淮水边上、地势低洼的天然缺陷,水患根本无法根治。终因清康熙十九年(1680年)黄河夺淮两水并涨,酿成灾难。不只明祖陵消失了,连整个泗州城也被淹没了,这就是史上有名的"水漫泗州城"。此后,明祖陵躺在水下近三百年一直无人知晓,直到"文革"期间大旱,部分建筑露出水面明祖陵这才重新被发现。

明祖陵史料博物馆前的"洪武通宝"石雕

在今天看来，朱初一葬风水宝地的传说，无疑是无稽之谈。但有一个现象值得反思——在明祖陵始遭水患之后，大明王朝确实进入了多事之秋。似乎祖陵饱受水患的时间与大明王朝的灭亡时间这一对曲线呈平行态势发展，国势亦如风雨之中的祖陵一般飘摇，这也许是一种巧合，但不由得人不去联想。

## 扑朔迷离，下葬之谜

关于朱元璋下葬的时间和地点问题一直颇有争议。

朱允炆是哪天把朱元璋下葬的，说法有很多。有的说是朱允炆即位当天；有的记载是闰五月二十九日；又有说，不是死后七天，而是七个月后，理由是朱允炆很讲礼制，不会那么快就把祖父葬了。

《明史·太祖本纪》记载的是洪武三十一年闰五月初十，下葬时间是："（朱允炆）辛卯即帝王位……时日，葬高帝王于孝陵。"这应该是最权威的记录。

既然史书已经记载得这么清楚了，为什么民间还有不同版本？这与朱允炆给朱元璋选择下葬时间和他登基时间出人意料有关。

如按史书记载，堂堂开国之君，死后几天就下葬，而那些分封在外的王子都还没赶

明祖陵远景

来，这显然不正常。所以，朱棣听说侄儿把老爸朱元璋匆匆埋后，十分恼火。于是以奔丧为名，要找朱允炆讨说法，为以后篡位找到了第一理由。

现在史学界大多认为，朱允炆确实采取了速葬。那他为什么敢冒天下之大不韪？有史书称，这是朱元璋自己选的时间，而秘史中更说，朱允炆实际上在即位的前一天，即闰五月十五日就把祖父下葬了。因为朱元璋担心自己死后出乱子，所以留下遗言要朱允炆从速办丧。除此之外，还因为朱元璋刚死后，为他办丧的朱允炆身份还是皇孙，这与礼制不符，老帝王死了，怎么能没有新帝王继位？国不可一日无君。而从天气来考虑，速葬也不无道理。"火炉"南京的闰五月已是夏天，酷暑难当，不早早埋了尸体就会发臭。

朱允炆在朱元璋一闭眼就想着继位的事，为了不让朱棣诸王回来坏了自己的帝

明孝陵御制神功圣德碑

孝陵博物馆

王大梦，把爷爷从速埋了，自己立马上位，并给各王发遗诏，不得回京奔丧。据说，朱元璋下葬那天出现了"迷魂阵"——南京的十三个城门同时出殡。为什么要这样？为了干扰视觉，防止有人盗墓？

在元朝，帝王无陵寝，搞搞迷魂阵倒也是合乎情理的。可既然朱元璋早就为自己的归宿找好了地方，选择紫金山阳的地块筑陵，谁不知道他葬在那里！有必要摆迷魂阵大造假象吗？然而就在葬后不久，即传出朱元璋不是葬在孝陵，而是独葬朝天宫。也就是说，明孝陵仅仅是朱元璋的衣冠冢。

南京明故宫遗址

葬在朝天宫的说法，倒是给朱允炆速葬朱元璋、大摆迷魂阵、十三城门出殡找到了合理的解释：朝天宫在城里，速葬起来方便，如葬在孝陵内，就没有必要搞假象。但后世好多学者都不信，朱元璋花了几百万两银子，造了十几年，总不应该为马皇后一人造的吧。而且，朱允炆讲孝道，怎么忍心把朱元璋葬在陵外？

民间还有个说法可以验明这个观点。据说当年孝陵内每到夜里就传出一个妇人的哭声，原来这是死去的马皇后在哭，后来大搞法事才得以平息。马皇后为什么要哭？说是一人独守孤坟，悲伤寂寞所致。

没多久，又有传闻，说朱元璋既没葬在孝陵，也没葬在朝天宫，而是离开了南京，选葬在万岁山。后经考证，这是以讹传讹。万岁山在北京，朱棣也在北京，如果是这样的话，朱棣哪还有理由兴师靖难，再说了，南京离北京，大老远的也没这个必要。

现在关于朱元璋到底身葬何处依旧没有确切的说法，在相当长时间内，这仍将是一个谜。

# 明惠帝朱允炆
## ——煮熟的鸭子，飞了

| | |
|---|---|
| 姓　　名： | 朱允炆 |
| 职　　称： | 明惠帝 |
| 生　　卒： | 1377年—不详 |
| 最高职务： | 明朝第二任帝王 |
| 就职年龄： | 二十一岁 |
| 帝王工龄： | 四年（1399—1402年） |
| 荣誉称号： | 嗣天章道诚懿渊功观文扬武克仁笃孝让帝王 |
| 老　　爸： | 朱标 |
| 老　　妈： | 吕妃 |
| 兄弟排行： | 老二 |
| 接班人： | 朱棣 |
| 最得意： | 越级接班 |
| 最遗憾： | 削藩未果 |
| 最痛心： | 平燕失利 |
| 最失意： | 王位被叔叔抢了 |
| 最擅长： | 作诗为文 |
| 现在住址： | 不详 |
| 个性签名： | 爷爷，叔叔他欺负俺！呜呜…… |

明惠帝朱允炆像

# 朱家有个乖孙孙

从一个吃不饱还挨打的放牛娃到皇觉寺里受气的小沙弥，再到统领千军万马扫荡群雄、开创大明基业的开国天子——明太祖朱元璋，可谓历史上数一数二的帝王。然而，打江山难，守江山更难。要保住十几年戎马创下的基业，找一个合适的接班人是重中之重。朱元璋很明晰这一点，所以，在培养接班人这个问题上他丝毫不敢懈怠。就在朱元璋登上皇位的那一天，他就册立了长子朱标为皇太子，并请名儒宋濂等人做太子的老师，希望能将朱标培养成为继自己之后的一代明主，以继承和发扬大明伟业。可谁知，天有不测风云，人有旦夕祸福。洪武二十五年（1392年）四月，在从关中考察帝都候选地归来后，年仅三十八岁的皇太子朱标英年早逝，史称"懿文太子"。老年丧子，而且丧失的是一个自己精心培育多年的继承人，这突如其来的意外又沉痛的打击使朱元璋异常伤心。

打江山不易，培育一个继承人也非一朝一夕的事，可斯人已逝，朱元璋不得不重新选择继承人。这个时候，他制定的嫡长子继承制受到了严峻的考验。按照嫡长子继承制，朱标的长子朱雄英是首选，可惜的是他在十年前就死了，于是朱标的次子朱允炆便成为不二人选。朱允炆从小接受儒家思想的熏陶，为人处事儒雅仁柔，简直跟他的父亲朱标如出一辙。

朱允炆十四岁时，他的父亲即当时的皇太子朱标患了重病，身上长了个大肉瘤，苦不堪言。在此期间，朱允炆一直尽心伺候，日夜守在身旁。朱标去世后，朱允炆毅然将三个年幼的弟弟接到一起，对他们的饮食起居照顾得十分周到，并没有让他们因为年幼丧父而觉得孤独。虽然朱允炆这么做，起到了长兄为父的表率作用，但正是因为这些，反而使朱元璋担心仁柔的朱允炆日后会驾御不住众臣，难以担负起治理国家的重任。

孙子不行，明太祖只有考虑从几个儿子

建文帝塑像

中进行挑选：二子秦王朱樉此时最年长，但他实在是不成器，荒淫成性，不可取；四子燕王朱棣文韬武略，而且有许多地方都与自己非常相似，是个不错的人选。一次，朱元璋命儿孙们做对子，门前有仪仗，仪仗里有马，朱元璋给出上联让大家对下联："风吹马尾千条线。"朱允炆很聪明，马上对道："雨打羊毛一片毡。"此句非常工整，但软弱无力。随之，朱棣也脱口而出："日照龙鳞万点金。"而这个下联非常有气魄，帝王气象洋溢而出。孙子和儿子孰优孰劣，朱元璋看在眼里。

南京明故宫城墙

可是当朱元璋把立燕王朱棣的意思流露给几个心腹大臣时，翰林学士刘三吾就提出了反对意见："陛下已经分封了诸王，且二、三、四王子分别被分封为秦王、晋王、燕王，三个王子的封地都是边境重镇，手握重兵。如果陛下立燕王为帝，那么秦、晋两王的位置将如何摆放？一旦因为争储而出现内讧，这后果将不堪设想。何况皇长孙朱允炆四海归心，皇上完全可以放心把位子传给他。"听了这番话，朱元璋不得不承认其中的合理性，终于下定了决心，立朱允炆为皇太孙。

朱允炆的仁孝确实是有口皆碑的，就在朱元璋病逝前，脾气异常暴躁，许多人担心因此遭到祸患，都敬而远之，而朱允炆却像对待父亲一样亲自近前服侍，常常整夜无法入睡，也没有一句怨言。

洪武三十一年（1398年），开国帝王朱元璋病逝，遗诏命皇太孙朱允炆继位。遗诏中，朱元璋说朱允炆"仁明孝友"，这也是被史学界公认的。

## 跟爷爷对着干

朱允炆二十一岁即被推上了权力的巅峰，承继了朱元璋开创的大明王朝，改年号为建文。从年号上不难看出，一个建"文"，一个洪"武"，祖孙帝王的性格显然大相径庭，这也正是朱元璋之前不愿立朱允炆的一个很重要的原因。

这位年轻帝王一上台就面临两大难题：一是建国以来，生性"雄猜好杀"的明太祖屡兴大狱,动辄杀戮,政治气氛非常凝重,文武大臣人人自危;二是明太祖分封宗藩,造成了尾大不掉的局面。建文帝对这些严峻问题有深刻的认识,因此继位伊始,便着手改革,改变了明太祖的一些弊政,史称"建文新政"——也许作为爷爷的朱元璋生前并未想到,这个外表仁弱的皇太孙一登基,却开始着手变革他一手开创的大明王朝。

### "秀才"取代"兵"

太祖朱元璋因征战而得天下,难免形成尚武的局面。洪武时期,军事衙门大都督府的左右都督都是正一品,都督同知也是从一品,而六部尚书却只有正二品。《大明律》中明文规定文官不许封公侯,因此朱元璋的主要谋士、开国功臣刘基也仅仅被封为"诚意伯",而武将被封为公侯则稀松平常,称王者亦不在少数。在这种局面下,文官在朝政中的地位可想而知。虽说"秀才"遇见"兵",秀才通常有理,但在明太祖那里,"秀才"远不及"兵"说话有分量。

建文帝有意结束祖父尚武的政风,大力加强文官在政事中的作用。初登大宝时,他确定的新年号"建文"便与祖父的"洪武"形成了鲜明对照,标志着建文帝在治国方略上的改变。他将六部尚书升为正一品,大开科举考试,下诏要求荐举优通文学之士并授予官职。

建文帝身边几个被委以重任的大臣都是饱读诗书的才子,如齐泰、黄子澄、方

重庆磁器口金碧山上的建文亭

建文帝时武官陶俑

孝孺等。其中，方孝孺是建文帝身边的主要谋士，打小就以聪敏机警著称，后师从名儒宋濂，诗文为时人所推崇。正是因为建文帝依赖的多是文人，所以新朝廷有"秀才朝廷"之称，文人的政治地位提高，再也不用担心像洪武时期那样动辄因一言而获罪，从此他们胆大起来，对朝政敢于表达自己的意见，对建文帝这个伯乐自然是忠心耿耿，这也是后来大批文臣甘愿为建文帝殉难的原因。

## 宽政取代重刑

建朝之初，明太祖朱元璋以刚猛治国，滥用重典，法外用刑的情况非常严重。他认为："法严则人知惧，惧则犯者少，故能保全民命。法宽则人慢，慢则犯者众，民命反不能保。"因而屡兴大狱，杀人无数。不仅如此，他还使用了许多恐怖的刑罚，如抽筋、剥皮、阉割、凌迟等刑罚，以致获罪的大臣每每跪求"臣罪当诛，谢主隆恩"。相比之下，能被砍头都算是万幸了。

建文帝塑像前的碑文

建文帝在当皇太孙时就意识到太祖爷爷用刑过猛，因此登基后力图改变。其实早在他还是皇太孙时，就以《大明律》与历朝法律作比较，请求祖父更定。他认为《大明律》用刑过重，其中量刑较重的部分律法要加以修正。他的父亲朱标在生前练习处理国事时，常以宽大为怀。朱标一死，太祖便叫朱允炆来审断刑狱之事。朱允炆一如其父的风格，因此广受赞誉。如今即位，他自然要全面改正洪武吏治，力图创造出和谐的宽政。

建文帝即位仅一个多月的时间，便下诏全国行宽政、平反冤狱。洪武时期的一些冤假错案得到了纠正，一批无辜的官吏得以恢复自由，被发配远方的人也得以回到家乡。据记载，建文时期监狱里的罪犯比洪武时期减少了三分之二。建文帝的这些措施是对太祖朱元璋严刑峻法的一种调整，也反映了建文帝与太祖迥异的执政风格。

## 削藩削错了顺序

为保证大明国祚绵长，建朝不久朱元璋就亲自设计和制定了多项重要政策，并以《宝训》的形式固定下来，要求后代严格遵守，大臣有敢轻议者必定严惩不贷。比如，在他看来"天下之大，必建藩屏，上卫国家，下安生民。今诸子既长，宜各有爵封，分镇诸国"，因此，分封宗藩就成为这些"宝训"中的一条。

朱元璋曾先后三次共封二十五人为藩王，分镇全国各地，其中有二十四个儿子和一个重孙。藩王的权势很重，拥有自己的军队，少则三千，多则数万。特别是北方边境的几名"塞王"，如宁王朱权"带甲八万，革车六千"。连朵颜三卫都要听从他的调遣。其实朱元璋分封宗藩的本意是要以藩王

明长城

来确保朱家江山的稳定，为将来的继承者免除骄兵悍将之害，谁知这么做不但无利于继承者，反而留下了拥兵自重、尾大不掉的宗藩这一祸害。当时的有识之士，已经清醒地认识到宗藩之忧，多次上疏，但朱元璋一意孤行，甚至对反对者加以杀戮。他万万没想到，自己辞世不久，他亲立的皇太孙就因此丢掉了皇位。

藩王拥兵自重、分踞一方的形势成为建文帝的心腹大患，他为此常常难以入眠。他知道，虽然自己贵为天子，但是以朱棣为首的藩王多是自己的叔叔，他们在自己的藩地为非作歹，有的甚至挟重兵虎视眈眈、摩拳擦掌准备造反，根本没把自己放在眼里，对中央朝廷形成了严重威胁。他还清楚地记得，有一次，只有燕王和他在场，燕王用手拍了拍他的后背，以开

江西明藩王墓出土的玉器

玩笑的口吻对他说："想不到你小子会有今天！"这情景恰巧被明太祖看见了，朱元璋责问朱棣怎敢如此无礼。虽然建文帝当时急忙为朱棣开脱，但心里却久久不能平静，从那时起，他就开始考虑该如何处理宗藩问题了。

即位后，建文帝依赖齐泰、黄子澄等人，将削藩付诸实际行动。他削藩的第一个目标就是周王朱橚。建文帝密令李景隆以北上备边的名义兵临开封，趁周王毫无准备之际突然将其抓捕，送至京师。建文帝将周王谪遣到"烟瘴之地"的云南蒙化，后又把他召回京师禁锢起来。

朱允炆削藩为什么会首先选择周王呢？

周王朱橚是朱元璋的第五个儿子，洪武十一年（1378年）被封为周王，十四年（1381年）就藩开封。这次削周王，名义上是因为周王次子告发父亲有"异谋"，其实还有另外一层原因。藩王中以燕王朱棣实力最强、野心最大，建文帝一直以燕王朱棣为最大对手，这次削藩的周王是燕王的同母兄弟，二人都是朱元璋的同一个妃子所生，关系最为密切，因此建文帝先废周王，有去燕王手足的用意。随后，建文帝又先后废掉了湘王、齐王、代王、岷王四王，目标直指燕王朱棣。

在削藩的问题上，朝臣有不同的意见。以前任军都督府左断事高巍和户部

武汉明藩王墓出土的金壶

明惠帝朱允炆像

侍郎卓敬为代表的一些大臣主张采用汉代"推恩"的办法曲线削藩。他们建议建文帝把藩王的权力分封给藩王所有子孙，而不仅仅是嫡长子一人，而且要异地分封，这样藩王的权力就会逐渐削弱，不会再威胁到朝廷。卓敬更是建议建文帝立即将燕王迁封到南昌，既维护了亲情，又削弱了他的力量。建文帝认为虽然很好，却没有实行。以齐泰、黄子澄为首的大臣坚决主张削藩，但在具体削藩策略上有所不同。黄子澄认为燕王实力强大，应该先削弱小的周、齐、代诸王，去燕王的羽翼，待时机成熟再削燕王。齐泰则主张擒贼先擒王，只要先铲除燕王，其他诸王自然无力反抗了。可惜的是，建文帝听取了书生黄子澄的意见。朱允炆并未意识到他的行动实际上已经打草惊蛇，使得燕王加紧准备。此外，在客观上，也为燕王朱棣铲除了竞争对手。而此时的燕王正蓄势待发，一场大战迫在眉睫……

## 叔侄"拉锯"

当时，朱元璋的前三个儿子都已经亡故，朱棣成了皇子中的最长者。他通兵法，有大略，曾多次率领诸将领出征，素有威名。而且朱棣的实力在对蒙古作战的过程中不断壮大，成为对中央皇权的最大威胁。所以说，建文帝的削藩其实就是针对燕王一个人的。但是他的软弱害了他自己，在这么重大的问题上，他没有先削燕王，而是从其他亲王下手，这样就打草惊蛇了，使得燕王加紧备战。何况朱棣对朱允炆继位本来就心怀不满，这会儿侄儿还要削自己的藩，便大为恼火。于是，建文元年七月，他同谋士姚广孝密议起兵，以其护卫兵为基础，选将练兵，收召有勇有谋之人，打着"诛齐黄、清君侧"的旗号举兵起事，迅速扯起了靖难之役的大旗，占领了

靖难之役的京城门外

先机和主动权，一场长达四年的叔侄拉锯战拉开了序幕。

"靖难"就是削平祸乱的意思，这是燕王朱棣单方面的用词。而对于建文帝来说，这个词是很可笑的。作为"祸乱"的燕王，居然打着为朝廷"靖难"的幌子作战，这不是造反是什么？有一部史书叫《奉天靖难记》，写的就是这四年的拉锯战。这部书是燕王方面的人写的，作者不详。后来的《太宗实录》的第一卷至第九卷关于燕王即位前的

永乐大钟

内容，就是以此书为蓝本增改而成的。中间没有建文帝的实录，建文时期在明代官方历史中竟然成了一个不存在的朝代——燕王即位以后，宣布革除建文年号，建文元年称作洪武三十二年，建文朝只称作"革除年间"。这显然是成者王侯败者寇的逻辑演绎。于是，"靖难"就成了正经的官方历史名词。一场地方挑战中央、叔叔争夺侄子皇位的战争到底是谁"靖"谁，只取决于谁能笑到最后。

言归正传，建文帝原以为自己已经布下了天罗地网，擒拿朱棣只是早晚的事，但他明显低估了燕王的能力。靖难之役发动之始，建文帝以防边为名，调走了燕王的护卫士兵，又派张文、谢贵到北平监视燕王的一举一动，宋忠统兵三万驻军开平，另在山海关、临清皆有军队协防，将燕王重重包围起来。只是建文帝没有想到的是，朱棣有统兵作战的经验，临危不乱，先后荡平了周围的军队。八月，建文帝命耿炳文将兵十三万伐燕，结果兵败，退守真定。九月，命李景隆将兵五十万出征。然而李景隆只会纸上谈兵，没有实际作战经验，失败在所难免。建文帝知道李景隆的平庸后，启用保卫济南的功臣盛庸为将，取得了东昌之役的胜利，但这小小的胜利仍旧无法改变燕王势力逐渐增强的事实。

其实，在最初的战斗中，朝廷的兵力是占绝对优势的，由于李景隆指挥不当，使得朝廷屡遭败绩。只是由于兵力所限，燕军虽然占领了不少城市，也要很快放弃，因此双方展开了拉锯战。在此期间，朝廷中涌现出一批比较优秀的将领，他们的顽强抵抗给朱棣造成了极大的威胁。但是朱允炆的软弱再一次显示出来，他的一道圣旨"我要活的叔父"使得朱棣逃过了多次劫难，建文帝的妇人之仁最终将朝廷推向

了深渊。另外，由于建文帝对宦官一向管教甚严，并诏谕地方官一旦发现宦官奉使横暴，虐害士民，即擒送京师，加以严惩。这些引起了不少宦官的怨恨，在靖难之役中他们向朱棣透露了京师空虚的情报，并表示愿意充当燕军内应。

而朱棣在经过四年的拉锯战之后，及时正确地分析了形势：只要建文帝在一天，地方军就会抵抗一天，而且自己就得背负叛王的罪名。但如果一旦攻占了南京，赶走了建文帝，那么自己就可以成为一国之君，相信反对的人不会多，因为大家也都抱着观望的态度。

于是，大明建文四年（1402年）六月，燕军渡过长江，兵临城下。当时的建文朝廷已经乱作一团，很多地方将领按兵不动。齐泰、黄子澄借募兵为由，离开南京奔赴广德、苏州。左都督徐增寿密谋私通朱棣作为内应，被朱允炆察知，亲手将他砍死。守卫金川门的谷王朱穗和大将李景隆私自开门投降，让燕军杀入城内，南京终于被占领，朱棣进军皇宫。正如朱棣所料，地方上几乎没有人出来反对，谁也不会傻到给自己找麻烦的程度。于是"靖难之役"朱棣取得了成功。

而当时南京即将攻陷之时，朝廷内却是另一番情景，投降的文臣只有四人，其他或逃跑，或自杀以致永乐朝廷几乎无人可用。

建文帝的帝王生活，四年即告完结。作为帝王他太过仁慈，有时甚至有点优柔寡断，如果让他作臣子，相信他可以爱民如子，两袖清风，但做帝王是不一样的，帝王注定与鲜血分不开，须懂得玩弄权术，排除异己，树立皇威。如果不能做到这些，他就只能被历史淘汰，建文帝就是这样一个悲剧人物。

## 下落不明，千古之谜

关于建文帝的结局，从靖难之役一直传到今天，众说纷纭，莫衷一是，成为明朝历史上的第一谜案。建文帝在明太祖朱元璋的严苛统治之后，力行宽政，深得民心，因此他的遭遇引起了无数人的同情，他的下落也便成为人们好奇和追逐的话题，在当时的各种野史、戏剧里经常可以看到关于此事的无尽猜测和演绎。

### 焚死说

焚死说，说的是建文帝是被烧死的。顺治年间编写的《明史》关于建文帝的下落是这么记载的："谷王穗及李景隆叛，纳燕兵，都城陷。宫中火起，帝不知所终。

燕王遣中使出帝后尸于火中，越八日壬申葬之。"说的是燕王派宦官在火里把帝王、皇后的尸体找了出来，八天以后将其安葬。这是清朝人的说法。

明朝人怎么说呢？明朝记载燕王时期的实录《明太宗实录》有这么一段话："上望见宫中烟起，急遣中使往救助。至已不及，中使出其尸于火，还白上。上哭曰：'果然若是痴騃耶。吾来，为扶翼尔为善，尔竟不

明史古籍

谅，而遽至此乎！'备礼葬建文君，遣官致祭，辍朝三日。" 朱棣看见宫中起火，立即派宦官去救，可是到那儿时已经赶不上了。为此朱棣哭着，说道："你（建文帝）怎么这么傻啊！我是来帮助你的，你怎么就不理解呢？竟然做出这样傻的事情来！"八天以后，朱棣以隆重的礼节安葬了建文帝王，为此还辍朝三日，以示哀悼。《明太宗实录》是明朝人的说法。很多学者都认为实录的记载是不可靠的，因为他们要给当朝帝王朱棣打掩护，所以有些事情是不能让大家知道的，是不能写进历史的。

而且《明太宗实录》说"备礼葬之"，既然这样，那么坟墓在哪儿？备了什么礼？如果是天子之礼，可天子之礼是很隆重的，气势雄伟，规模壮大，才能称之为天子之礼。如果朱棣用的是天子之礼来安葬的朱允炆，那为什么他的坟至今没有一点蛛丝马迹呢？即使不是天子之礼，那也得有封土、立石碑啊——可是什么也都没有！也就是说，朱棣的御用文人想自圆其说，又无法自圆其说。所以，焚死说是一个无法解释也无法令人信服的说法。

## 归来说

传说燕军进入南京后，建文帝非常紧张，一时不知所措。在这时候，一个叫王钺的太监向他汇报说，太祖死的时候留下一样东西，这个东西就收藏在奉先殿，他嘱咐我们不到危急的时候不能打开。周围的一些大臣哪里能等，催促着赶快打开。东西拿了出来，到底是什么宝贝呢？原来是一个刷了红漆的铁匣子。匣子的两个锁都被灌了铁，有钥匙也没用，只能硬砸。一砸开，里头有度牒三张。度牒在当时就是宗教职业者的身份证，上边写着持有者的名字。所以，有了这个就能证明持牒者是和尚。

匣子里的三张度牒分别写了三个人的名字，"应文、应能、应贤"。此外，匣子里还有袈裟、剃刀、十锭白金和一句话，这句话说的是：要是不想跑就选择自杀，不然就拿着度牒逃命，并嘱咐应文要从鬼门出去，其他人则从御沟水门走，到傍晚的时候大家在神乐观会合。

这里说的"应文"是谁呢？朱允炆的"炆"带了个"文"字，不用说，肯定是他。还有"应能""应贤"，这几个大臣里正好有叫应贤、应能的。这三个人全对上号了，于是他们依照嘱咐全剃了头，朱允炆带着一些人从鬼门出了宫。按现在的故宫来说，大臣上朝走的都是正门，要是有人死了则要从后门抬出去，即从鬼门走。还有一批人就从御沟水关跑了。

傍晚的时候，建文帝等人来到神乐观，见一艘船停放在岸边，船上有一个神乐观的道士叫王升。他见建文帝来了，说道："帝王万岁，我是在这儿等候您的。"原来，这个王升头天做了个梦，梦见太祖让他今天预备好船在这等建文帝。说话的当儿，从水关逃出的人也前来会合了。从此之后，建文帝就带着这批人在湖南、湖北、云南、四川、广西、福建到处云游，所到之处都留有他的遗迹，如四川的永庆寺，就有诗为证："杖锡来游岁月深，山云水月傍闲吟。尘心消尽无些子，不受人间物色侵。"又如广西，也有诗云："流落西南四十秋，萧萧白发已盈头。乾坤有恨家何在？汉江无情水自流。长乐宫中云气散，朝云阁上雨声收。新浦细柳年年绿，野老吞声哭未休。"这些诗都无一例外地在怀念一些在宫廷生活和几十年在外云游的情景。

到了正统五年，即1440年的时候，建文帝说他非常疲倦，大伙便在一个寺庙里

广西思恩府

休息。谁知庙里有个叫杨应祥的僧人竟偷走了建文帝的诗,并拿到思恩府的大堂上,献给了当地的州官,还口口声声说他就是建文帝。名叫岑瑛的知府就把这个和尚送到了北京皇宫。此时已是明英宗当朝。他派人一审,原来是一个河南钧州的假冒货。而实际上真的建文帝还在广西,他听到这一消息后,说此时他也想回家,他才是真的建文帝,于是真建文帝也被送去了北京。

当时有一个叫吴亮的宦官,曾经服侍过建文帝,于是明英宗让他去辨认真伪。建文帝一见到吴亮就说:"你不认识我了吗?"只是随即说起当年吃子鹅,他把肉扔在地上,吴亮像狗一样舔着吃了。吴亮不敢抬头,趴上前去看了看建文帝的脚。因为建文帝的脚上有一个黑痣,他一看,果然有!顿时泪如泉涌,证实此人确实是建文帝。当年朱允炆受难,吴亮没有辅佐主子逃跑,很惭愧,如今得见,更是无地自容,回去就自杀了。后来建文帝就养在宫中,死在宫中,人称老佛,死后埋在西山。当时的西山即现在的京西阜成门外海淀区这一带,三环路里中国画研究院中的白塔庵,据说就是建文帝的衣冠塔。

## 穹隆山为僧说

《明史·姚广孝传》中记载,穹隆山在江苏吴县,也就是今天的苏州市。建文帝逃出去当和尚时,曾经得到一个僧人的帮助,这个僧人叫宗泐,宗泐是建文帝的主录僧。当时,不论亲王还是帝王都拥有一批做法事的僧人,这里边必然有一个最

收藏朱元璋度牒铁匣子的奉先殿

神乐观

白塔庵

重要的带头僧人,即主录僧。宗泐帮助先隐藏在江苏吴县普济寺的建文帝转移到穹隆山皇驾庵,穹隆山上有座佛塔,据说是建文帝王的墓。

《明史·姚广孝传》中说,姚广孝曾是当年帮助朱棣夺取天下的和尚,最早朱棣打天下,就是姚广孝出的主意。永乐十六年的时候姚广孝已经八十四岁了,他在见朱棣的时候说:"我有一件心事你要帮助我。"朱棣问是什么心事,姚广孝便说当年他怀疑建文帝逃跑是宗泐和尚帮的忙,所以这个宗泐一直被关在大牢里,希望朱棣把他放了——就是这么一笔带过,却透露出一丝关于建文帝的消息。至于建文帝逃跑究竟是不是宗泐帮的忙,《明史》里边并没有明确指出,只说"或云",即"有人这么说"。

## 大理地热国洱源轶事

"流落西南四十秋,萧萧白发已盈头。乾坤有恨家何在?江汉无情水自流。长乐宫中云气散,朝云阁上雨声收。新蒲细柳年年绿,野老吞声哭未休。"

"山深谁问香人榻,洞古曾经帝子眠。"

……

自明清以来,建文帝在洱源避难的传说,一直在白族民间口耳相传。据说建文帝逃亡后,在云南避难的时间最长,其中在浪穹(今云南洱源)的潜龙庵和眠龙洞中居住达十年之久。

洱源地热资源丰富,分布全县各地,有"三步温泉四步汤,气蒸迷雾是仙乡

明惠帝 朱允炆

的诗句流传。其中以洱源城最为有名，早年称"热水城"。城中最有名的温泉当数九气台温泉，九气台村建有真武阁，门上悬着"九气朝真"匾，是滇西"春浴"的胜地。朱允炆来此避难可谓舒适惬意。

在潜龙庵居住的日子里，建文帝等人白天出去化斋，晚上在青灯下读经。他们在庵旁开了一块菜地，种些青白小菜，挑水浇园，过着一种悠闲自得的田园生活。当然，他们也时不时到九气台村去沐浴，让疲惫的身心在温泉中得到舒缓。村民们只知道泡温泉的是那草庵里的僧人，却不知沐浴着滚滚热泉的竟是落难的天子。

光阴荏苒，人世沧桑。明英宗朱祁镇在位时，建文帝向地方官公开了自己的身份。建文帝离开洱源时，村民们扶老携幼前来送行。临行前，他专程到九气台温泉沐浴，将漂泊四十年的忧与愁都一并付与了那一泓碧波。

朱允炆出逃当和尚到过的窝隆山寺庙

大理地热国洱源

# 神秘古堡群

绵亘数十里的大冠岭，逶迤在湖南永州新田县的西南部。在山岭最高处，竟雄踞着一个神秘的古城堡遗址。古城堡遗址保存完整，与周边五公里范围内的其他五座"卫星城堡"一起，形成了一个气势宏伟的古堡群。据专家推测，古堡应是某位有特殊身份的尊者所为，极有可能就是在"靖难之役"中丢了皇位的建文帝朱允炆，而古堡群可能就是建文帝的避难之所。

不难发现，这些古堡都位于山顶，居高临下，首尾呼应，设计之精巧，工程建设之浩大，堪称一绝。就单个古堡而言，其建筑规模也极为宏大，大冠堡便是其中的代表。

大冠堡位于新田县西南约二十公里的大冠岭。这里海拔六百多米，地处这一带山岭的最高峰。大冠堡内共有十七个房间，总面积七千平方米，内城墙长三百多米，城墙残高四米左右，城墙上的走道平均宽约两米。古堡城墙上开东、西、北三门，独无南门。古堡内还有两个蓄水池，因山顶无水，所以要到山下挑水，然后蓄起来。

大冠堡是湖南省内保存最为完好的古堡遗址

整个城堡由手工精细的青条石砌成,青条石小的几百公斤,重的达两千公斤。条石间用三合膏(石灰、糯米饭、桐油为主的混合物)黏合。从目前已发现的古堡来看,大冠堡应该是湖南省内保存最为完好的古堡遗址,丝毫不逊于凤凰南长城。

三合膏是确定大冠堡建筑年代的重要依据。它在明代建筑中格外流行,而这在元代以前是没有的。所以据此推断,大冠堡应该始建于明代,而且大冠堡及其周边的五个卫星城堡规模宏大,绝非常人所能建造。

按史志记载,直到1639年即明崇祯十二年,才设立新田县。直至新中国成立前,新田县依旧地处偏远,人烟稀少。那么,在这样一片人迹罕至的崇山深处,为什么会出现如此规模巨大,耗费大量人力、财力、物力,绝非当时平民百姓之力所能为的古堡群呢?

据推测,古堡应该是某位有特殊身份,又不能暴露其身份的尊者所建造的。种种迹象表明,这位神秘的尊者极有可能就是建文帝朱允炆。

据史料记载,朱允炆逃离南京后,只得"逊国为僧,云游四海",曾"西游重庆,东到天台,转入祥符,侨居西粤,两入荆楚之乡"。另外,朱允炆曾从西粤转到新田武当山避难,由于他施行仁政,深得人心,在新田又有得力部属,加之这里当时地处南蛮,是理想的避难场所。于是,建文帝的部属在武当山四周修建了龙潭堡、牯牛岗堡、白米寨堡、石古寨堡和飞龙堡,形成拱卫之势,以保护建文帝。为确保

大冠堡遗址城墙

万无一失,又修建了以大冠堡为中心的新宅岭堡、大利堡、百万城堡、龙形堡和龙秀堡等古堡群,为建文帝提供了一个安全的避难场所。

尽管有专家猜测古堡可能是为建文帝所建,但这一说法依旧没有确凿的根据。

大冠堡的主要建筑材料为青石,所耗石料极多,但城堡内外石山大都保持了原始风貌,说明古堡建筑时并没有就地取材,而是注重保护山上的自然景观。这就使得古堡的工程更加浩大,绝非民间或匪盗所为。那么,大冠堡究竟是谁修建的呢?

粗看起来这应该是官府建筑或是某一位重要官人的建筑,但如果是这样的话,其建筑往往会比较张扬,不会这么诡秘,且史书或志书会有较详细的记载。就算是一些小的山寨、寨堡,当地的志书也都会有记载,更何况是如此浩大的工程,所以这不是官府建筑,也不是什么重要官人的建筑。因而,就现有发现来看,谁是大冠堡的主人仍旧是个谜。

## 朱允炆就是全真道人詹碧云

近年,又有一种说法在文物考古界掀起轩然大波——建文帝王失踪后隐身于江西三清山,化名为全真道人"詹碧云"。期间,他应1456年重建三清宫人士王祜的邀请担任三清山"三清宫住持",陵墓"明治山詹碧云藏竹之所"就是他的墓冢。

"明治山詹碧云藏竹之所"东北侧面的一块山岩上刻有"螣冈"二字。经考证,"螣"为"蛇",即小龙。建文帝生于洪武十年(1377年),为农历丁巳年,属相为蛇,即位时年仅二十一岁,可谓"小龙"。一个"螣"字,刻置于墓侧,堪称其用心良苦。

另外,在三清宫前牌坊上有一幅石刻对联:"云路迢遥入门尽鞠躬之敬,天颜咫尺登坛皆俯首之恭。"经查典籍,"天颜"只有"帝王的容颜"一种解释。据《王氏宗谱》记载推测,当时詹碧云是三清宫住持,对于那些往来烧香拜神的善男信女来说,这位虔诚礼神的"詹碧云"的"天颜"实在是近在咫尺。此外,三清宫大殿石柱上还镌刻着"一统大明祝皇祚于百世千世万世,三元无极存道气于玉清上清太清。"的楹联,据说是建文帝隐身三清山时所题。

这些石刻确有不同寻常之处,其说法也有一定道理,但仍不能凭这些表象就推断出石刻一定与建文帝有关。

最能说明建文帝失踪之谜的证据就是"明治山詹碧云藏竹之所"。该陵墓是一座由同一色花岗岩建成的仿陵园式建筑,其构造因山制形,拾坡而上,前陵后寝,

明惠帝 朱允炆

共有五层,含有"九五至尊"之意。墓正中设有须弥座,座上建有宝塔。宝塔分三部分,最下端为双层环形基座;中部则成腰鼓形,正面镂空成拱状神龛,龛内放置詹碧云石雕像,该雕像道冠长须,鹤发童颜,面容清癯,栩栩如生;宝塔上端为七级六角密檐塔身及宝塔。陵墓周围矮墙仿五岳封土火墙式,前后四进院落敞式拜堂结构,每层以寻杖石栏相隔,栏柱上分别雕刻石葫芦、莲花和形态各异的狮子,雕工精细,工艺精湛。

在三清山景区,除三清宫以外,该陵墓是最大的明代古建筑,从墓基到宝塔,陵墓都很不简单,绝不是一般道士的墓,其建筑风格与南京的明太祖皇孝陵十分相似。而且墓碑上的"治山""藏竹之所",用词神奇,"明治山詹碧云藏竹之所"很有可能就是建文帝的陵墓。

据现场考察,"詹碧云藏竹之所"极有可能是寓意"詹碧云藏主之所",以"竹"代"主",掩人耳目。但建造陵墓的人却可能另有其人,因为建文帝自幼聪明好学,为人仁厚有余,刚强浑厚不足,显得未免有些柔弱,依照建文帝的经历和性格,以

三清宫座落在一个三面环山的山坳里

明治山詹碧云葬竹之所

及当时逃亡的历史环境，他本人不具备运作建造陵墓的能力。所以建墓者有可能是效忠于建文帝或同情其遭遇的臣子，也有可能是与建文帝关系密切的道士子弟。

根据道教古建筑景观、摩崖石刻、石雕、楹联、景观景点命名等古迹和民间传说，推断建文帝葬于詹碧云墓这一说法有一定道理，但还需要经过漫长的考证过程。

# 明成祖朱棣

## ——要么不做，要么做绝

| | |
|---|---|
| 姓　　名： | 朱棣 |
| 职　　称： | 明太宗，嘉靖时改为明成祖 |
| 生　　卒： | 1360—1424年，享年六十四岁 |
| 最高职务： | 明朝第三任帝王 |
| 就职年龄： | 四十三岁 |
| 帝王工龄： | 二十二年（1403—1424年） |
| 荣誉称号： | 启天弘道高明肇运圣武神功纯仁至孝文帝王 |
| 老　　爸： | 朱元璋 |
| 老　　妈： | 还是个谜 |
| 兄弟排行： | 老四 |
| 接 班 人： | 朱高炽 |
| 最 得 意： | 夺了皇位 |
| 最 遗 憾： | 病死在行军途中 |
| 最 痛 心： | 儿子们为了争夺皇位内讧 |
| 最 失 意： | 皇位毕竟是抢过来的，人心难服。 |
| 最 擅 长： | 计谋、武功 |
| 现在住址： | 北京昌平十三陵长陵 |
| 个性签名： | 革命不是请客吃饭 |

## 老爸有点偏心眼儿

朱棣像

元朝末年，战乱纷纷，群雄并起。当时，朱元璋异军突起，以应天府为根据地，积极扩充地盘。就在元至正二十年（1360年）的四月十七日，朱棣在应天府呱呱坠地。

"应天"，即顺应天命的意思。1356年，朱元璋渡江攻下集庆（今江苏南京），于是为了契合"顺应天命"，推翻元朝统治，拯救黎民于水火之意，遂将"集庆"改为"应天"。当时，自己的第四个儿子即将诞生，在这双喜临门之际，本应好好庆祝一番，可前线却传来了陈友谅进攻太平（今安徽当涂县）的告急文书。如果太平一失，陈友谅必定挥军南下进攻应天。军情紧急，朱元璋没有来得及看一眼刚出世的第四子，更没顾上给孩子取名，就率领将士北上抗敌了。

转眼七年过去了，朱元璋的第四子还没有一个名字。

至正二十七年（1367年）年底，天下初定的朱元璋准备来年登基正式称帝。古人崇尚儿孙满堂，认为人丁兴旺即为大孝，看到自己已经有了七个儿子，朱元璋自然十分高兴。如今各地战乱基本平息，自己不用再披甲出征，可以静下心来给儿子好好斟酌一个好名子了。

十二月二十四日，朱元璋祭告太庙，并宣告了渡江后所生的几个儿子的名字："仰承先德，自举兵以来，渡江生子七人。今长子命名曰标……四子命名曰棣……"皇四子终于有了名字——朱棣。

老爸称帝时，朱棣已是一个八九岁的孩童。那时候，虽然新王朝已经建立，但是全国上下仍旧民生凋敝，满目疮痍。从乱世到一个尚未恢复的国家，这一切都在朱棣幼小的心灵上留下了深深的烙印。

一个新王朝建立伊始一定会总结并吸取前车之鉴，以使自己的王朝不重蹈覆辙，千秋万代风调雨顺。在朱元璋看来，元朝之所以经常发生宫廷政变，主要原因就在于没有早立太子。因此，他一称帝，就封长子朱标为太子。此外，他还看到当元末农民起义四处爆发的时候，元王朝在各地缺少强有力的藩卫。鉴于此，洪武三年（1370年），开国帝王便作了封藩的安排，把各个儿子分封到各地当藩王。为了不使天下人感到他私心太重，在封藩前还特意作了一番表白："天下之大，必建藩屏，上卫国家，下安生民。今诸子既长，宜各有爵封，分镇诸国。朕非私其亲，乃遵古先哲王之制，为久安长治之计。"于是，封诸子为王的事情就这么定了下来，十一岁的朱棣受封为燕王。

洪武十三年（1380年）春天，朱棣已经长成为一个二十一岁的青年才俊，从凤阳回到南京的他，没有留恋风光旖旎的南国春色，而是率领着数千护卫，毅然奔赴"雪花大如席"的北国边塞，满怀着信心和对未来生活的憧憬就藩北平（今北京）。他知道，这是他人生道路上一个新的起点。

北平原是元朝的首都，所以元朝的旧宫顺理成章地成了朱棣的府邸。但元朝旧宫是按天子的规制建造的。按规定，藩王的府邸肯定要低天子一等，其他诸王也都是如此。可现在入驻元朝旧宫，朱棣岂不是跟天子平起平坐了！为了这件事，朱元璋曾特地告谕诸王，说把燕王安排在元朝旧宫，便省了建造新的府邸，特殊情况特殊处理，要儿子们不要攀比，而其他诸王新建的府邸则都要严格按规定办事——不难看出，朱元璋对燕王寄予了厚望。

燕王的二哥和三哥早就被分藩到了西安和太原，这是两年前的事了，朱元璋当时并没让他们去北平，而是把北平留给了老四——这一安排似乎有深远的用意。

北平虽然地理位置险要，但却磨炼了朱棣的坚定意志，增强了他的能力。不久，燕王朱棣多次受明太祖的圣命参与北方的军事活动，两次率师北征。在抵御蒙古诸部的南侵中，燕王得到了充分的锻炼，也初步展示了军事才能，加强了他在北方军队中的影响，逐渐发展成为诸王中势力最强的一个。朱元璋晚年，太子、秦王、晋王先后死去，朱棣

朱棣雕像

**阳山碑材**

朱棣征召石匠在南京附近的阳山镇取石材三块，分别为碑座、碑身、碑额，为其父朱元璋立碑。此为取材遗迹

不仅在军事实力上，而且在家族尊序上都成为诸王之首。

从朱元璋为几个儿子选妃来看，这个老爸也确实有点偏心。燕王妃是明王朝第一功臣徐达的长女。朱元璋听说她"贞静、好读书"，被人称为"女诸生"，就把徐达找来，说："你我是布衣之交，古代相契的君臣常常结为婚姻，你的长女就嫁给我的四子朱棣吧。"徐达自然是满口答应。洪武九年（1376年），徐氏被册封为燕王妃，第二年就成了亲。这时朱棣十八岁，徐妃十六岁。就是这位看来贤淑贞静的徐妃，后来成了朱棣夺天下、治天下的得力内助，成为成功男人背后的女人。

要知道，帝王家的婚姻实质上已不是单纯的联姻行为，而是一种政治行为。就凭这一点可以看出，其他诸子是不能与朱棣相比的。这些与众不同的细微之处，对朱棣以后的发展都产生了重要影响。

## 一场大火引起的迁都"跪辩赛"

永乐十九年（1421年）旧历四月的一天深夜，北京城突然惊雷阵阵，风雨大作。新建成的奉天、华盖、谨身三大宫殿因雷击起火，一夜间全部化成灰烬。

这种架势，谁见了不怕呀！尤其是在科学尚不发达的古代，地震、灾害、雷击等自然现象都没有合理的科学解释，于是，"天人合一"的哲学命题被强调到了极致，自然灾害被看成是对人类不当行为的示警，尤其对于执政者而言，他们"贵为天子"，更迷信"上天示警"这一说。因为，只有统治者出了问题，老天爷才会震怒。所谓"天怒人怨"，便是这个道理。为此，朱棣心中顿时升起了一种强烈的不祥之感。

但朱棣并不知道自己的失误在哪里，为此，朱棣立刻下诏求言，希望朝野明智之士为他找出原因。

很快，礼部主事萧仪的奏本被送到御前。这位六品官员认为三大殿遭受雷击是因为迁都的缘故。把国都从南京迁到北京，不但什么事都不方便，就连大明的皇脉也被撂在江南，这在古代是大不敬的事，所以引起了上天的震怒，烧毁了三大殿。

朱棣看过奏本后，大怒，认为萧仪把迁都与雷击一事联系起来，完全是蓄意诽谤。于是，他在第一时间作出决定，将萧仪拘捕，关押大牢，不作任何审讯，直接以"谤君之罪"处以极刑。

事情还没完，众多官员并没有因为枪打出头鸟就噤若寒蝉。对朱棣迁都持异议的，多半是言官，他们都很年轻，与朱棣的"靖难"无关，因此他们更多是就事论事，认为皇上"轻去金陵，有伤国体"。朱棣对这些言官非常恼火，但他不能像对待萧仪那样，一概杀之。有反对就有支持，部院大臣都是坚定的迁都派。因为朱棣从侄儿手中夺取皇位后，对建文帝时期的大臣作了一次彻底的清洗。经过二十余年的筛选过滤，现在的部院大臣，大部分都是靖难功臣，也都成为了南方士族的仇人，因此利益上与朱棣是一致的。

鉴于此，朱棣心血来潮，想出一个对策：让持反对意见的言官与持赞同意见的部院大臣一起，到午门外跪下展开一次大辩论，辩题就是"迁都究竟好不好"，让双方各抒己见、畅所欲言——举办如此规模的辩论赛，朱棣真是太有才了。

当时正值清明雨季，午门外的广场上，言官与部院大臣分跪两边，个个都被淋成了落汤鸡，但天气丝毫没有影响这次辩论赛，他们争论得面红耳赤，那场面别开生面，辩论了一天仍旧不分上下。于是，朱棣让他们第二天继续辩论。雨一直下着，朱棣在城楼上不愠不火地看着。官员们依旧冒雨下跪，不依不饶地争论。这场景看起来有点滑稽，然而中国中世纪的政治，就是在这样一种滑稽中有条不紊地进行着。

朱元璋创立大明王朝，虽然定都南京，但似乎从一开始，他就觉得南京不合适。他的迁都念头从没打消过，不过因各种原因也从来没有真正实行过，至死仍是一块心病。

明代早期所绘北京紫禁城图

初建于明永乐年间的北京太和殿

南京古城

北京有据可查的第一个名称为"蓟",是春秋战国时燕国的都城。自汉朝以来的魏、晋、唐北京一带称为幽州。辽太宗在938年,将幽州改为燕京,作为上京的陪都。元代改称"大都"。洪武元年(1368年)八月,徐达攻入城中,改"大都"为"北平府"。永乐元年(1403年),明成祖朱棣从南京迁都于此,1928年,民国政府将北京改为北平特别市,新中国成立后,北平更名为北京。

实际上,朱棣迁都北京,有两个原因。一个是北方虏患不绝,建都北京,便于就近制御。当然,西安、开封都可选择,但朱棣在北京住了二十多年,对这里是有感情的。而且,到了明朝,西北的少数民族如匈奴、回纥等都已没什么势力,而东北地区的契丹、女真、鞑靼都仍存在着骚扰中原的能力,对付东北的"虏患",北京显然比西安更具有地理优势,另一个原因是,由于靖难之役,朱棣在南京杀人太多,而建文帝的支持者多半是江南士族,朱棣对他们大开杀戒,因此结怨于江南,再继续待在南京做帝王,已经失去执政基础。因此,他从取得皇位的那一天起，就有了迁都的打算。

迁都并非易事，北京经过元末的战火，毁坏严重，重建皇城，显然不是朝夕之事。而且朱棣初登皇位就立刻提出迁都，会让人误会他"胆怯"，不敢在南京皇宫内号令天下。其次，出于经济上的考虑，北京定为首都，物质基础还得仰仗江南，以当时的运输条件，这也是个不易克服的困难。不过，朱棣就是不喜欢南京，且早在永乐四年，朱棣就开始了北京的建都工作。据传，明北京城及皇宫的设计者是姚广孝，他在元大都的基础上，按儒家的观点，扩建和改建北京城，把北京建成了一座方城，皇城则在方城的正中央。北京城的建设，从1406

建于明朝永乐十八年的天坛祈年殿每年正月上辛日帝王都要到此举行祈谷礼，祈求上天保佑五谷丰登

年动工，1420年基本竣工，整整进行了十四年之久。永乐十九年（1421年），朱棣正式迁都北京，南京成了留都。

迁都最初的几年，围绕该不该迁都的问题，一直争论不断。朱棣为了压制反对派意见，杀过几个人，包括前面提到的萧仪。自从萧仪死后，朱棣再没有为迁都一事杀过人。这是因为那一次雨中跪辩，所有的部院大臣与言官都看清了朱棣的决心：迁都不容置疑，哪怕老天爷震怒，哪怕再雷劈十座奉天殿，朱棣也决不会把金銮殿搬回南京。

## 诛十族血案

朱棣篡位后，首先要做的事情就是对那些曾经反对他的人进行疯狂的报复。朱棣从他父亲朱元璋那里继承的除了雄心壮志、文韬武略外，还有残暴和苛刻。他对建文帝时期不肯与自己合作的大臣们进行了一次大清洗——帝王肚里未必能撑船！

除了对建文帝的主要谋士黄子澄和齐泰施行族诛外，朱棣尤其对抵抗最为坚决的铁铉恨之入骨，不仅命人割下了他的耳鼻，还砍碎了他的身体。更令人切齿的

朱棣民间画像

是，朱棣还将这些忠臣的妻女发往教坊司，充为官妓，任人凌辱。不过比起方孝孺来，这些忠臣还不是最惨的——方孝孺被诛了十族！

方孝孺，浙江宁海人，生于元顺帝至正十七年（1357年），时值元末乱世，但浙江宁海地处偏僻，方孝孺在宁海的乡间度过了还算安定的童年。方父是当地名儒，因此，方孝孺自小就受到了很好的儒家思想教育。之后，方孝孺在著名理学家宋濂门下度过了三年时光，这三年使他终生受益。

当年朱棣挥师南下时，他最依赖的谋士姚广孝送他到郊外，跪地向他请求："方孝孺是个才学出众的人，当我们取得胜利的时候，他肯定不会降服于您，但请您不要杀他。杀了他，那么天下的读书种子就没有了！"朱棣答应了这一请求。可就在朱棣进入南京城的当天，方孝孺便被捕下狱。

方孝孺像

原来，朱棣即位时要拟即位诏书，朱棣想到了方孝孺，便立即召他上殿草拟即位诏书，然而事态的发展超出了所有人的预料——方孝孺不但没有理会朱棣，反而存心要为建文帝鸣不平。他身穿孝服，在大殿上痛哭不止。朱棣见状，走下宝座，劝道："先生不要自己苦自己，朕只是效法周公辅佐成王而已。"

方孝孺仍不妥协，陈述朱棣发动靖难之役，取朱允炆而代之的种种不是，认为这是他的做法是倒行逆施，篡夺王位。

此时的朱棣已经很不高兴了，但还在忍耐，说："这是朕的家事。"同时，他命人把笔墨准备好，并对方孝孺说，"诏告天下的即位诏书，一定要先生起草才行。"方孝孺当即挥笔写下几个大字："燕王篡位。"写完，将笔扔到地上，高声说："你就是杀了我，我也不会给你起草诏书的！"

朱棣强压着怒火说："怎么能这么容易就让你死，就是你死了，难道你不怕株连九族吗？"方孝孺回敬道："就是株连十族又能拿我怎么样？"朱棣勃然大怒，将其投入大牢。

盛怒之下，朱棣真的要诛灭方孝孺十族。自古以来，最严厉的莫过于诛九族，从来还没有诛十族的先例。方孝孺一案，朱棣的残暴可算是前无古人，后无来者。更为残忍的是，朱棣将逮捕的方氏族人和朋友都送到方孝孺的面前，让他眼睁睁地看着这些人一一被杀，以此来折磨他。

在当年的六月二十五日，也就是朱棣登上帝王宝座的第八天，在南京的聚宝门（今江苏南京中华门）外，开始诛方孝孺十族。方孝孺对自己即将被杀，却丝毫没感到畏惧。但是，当他看到弟弟方孝友因受己牵连就要被砍头行刑时，深感痛心，泪流满面。方孝孺兄弟三人，感情很好。哥哥方孝闻早在方孝孺任职汉中府的时候，就已病逝。方孝孺闻听丧讯，悲伤了很久。而今弟弟又遭此劫难，方孝孺内心的伤痛无法言说。他的弟弟方孝友却丝毫没有责怪他的意思，反而在死前劝慰自己的二哥。史载，诛方孝孺十族，死

**方孝孺墓碑**

方孝孺因抗命不从而被杀，连他书写的碑文也被铲除，成了一块无字碑

者达八百七十余人之多，行刑长达七天之久。临到最后杀方孝孺时，方孝孺漫骂不止。朱棣先是命人将方孝孺的嘴割裂至两耳，并割下舌头，随后处以凌迟之刑……

当然，除了方孝孺，还有更多受害者，其惨死程度亦目不忍睹、耳不忍闻。要么不做，要么做绝，是朱棣一贯的风格。残忍至此，或许是身为一代帝王，尤其是对于一个篡权者来说成功的要素之一。所以后人对朱棣的评价争议颇大，他一方面立有不世之功，创造了明初盛世，但他又好大喜功，多疑好杀，手上沾满了鲜血。

## 谁是生母

朱棣的生母是谁，这居然也能成为一个谜，一般好像只有不知道父亲的，居然还有不知道母亲是谁的，这在常人看来简直太不可思议了！但这个谜确实存在，而且数百年来一直扑朔迷离，不得其解。在寻常人家里，寻找生母，只是为了血缘，

后人所画马皇后像

而对帝王家来说，这关系到名分的问题。

中国古代正妻生的儿子称嫡子，非正妻生的儿子称庶子。正妻被称为嫡母，其他的妾被称为庶母。嫡子和庶子在名分上有着重大差别——按照封建宗法制度，帝王死了，皇位要由嫡长子继承。即使嫡长子死得早，如果嫡长子有了儿子，也要由嫡长子的嫡长子来继承，其他庶子不得觊觎。所以，明成祖的生母问题，不仅关系到他的身世，而且深刻地影响到他的一生。朱棣自称是马皇后所生，自然也就是所谓嫡子，这样在政治上，他就有了某种顺理成章的理由。

朱棣本人亲口说过，他的母亲是皇后马秀英（每自称曰："朕高皇后第四子也。"）。在成功夺取皇位后，他又马上命人编了一部书，叫《奉天靖难记》作为自己篡夺皇位的辩解。该书开卷就标榜自己是马皇后的嫡子："今上帝王（指成祖朱棣），太祖高帝王第四子。母孝慈高皇后生五子：长懿文太子，次秦王，次晋王，次今上帝王，次周王也。"

依据明史之《太祖实录》和《太宗实录》上的说法，朱棣是朱元璋的正妻马氏所生，生于元至正二十年（1360年）。《太祖实录》本来就是特意为明成祖修撰的，朱棣为了抹杀自己即位前的一系列事实，还曾经两次改修《太祖实录》，删减篡改之处不计其数。《太宗实录》则是朱棣的孙子明宣宗所修撰的，其中也有很多粉饰的成分，里边当然宣称朱棣是马皇后的嫡子。

其实，经历代学者考证，明成祖的生母不是马皇后，而是个贵妃。为此，许多野史和传说由此而出。

与"嫡出说"相对的是"庶出说"。有的人说，朱棣篡位一事，使得朝野上下十分抵触，于是诽声四起，有的愤怒起来就骂朱棣不是一向仁慈的马皇后生的，简直就是个杂种，不然不会对自己的亲侄子下此狠手。这样一来二去，把本来明朗的母子关系弄得复杂起来。也有秘史称，马皇后根本就没有生育能力，一世无子，正史上记载的包括太子朱标、燕王四子朱棣在内，五个儿子都是别人所生。而马皇后采用了过去皇家最惯常的手法，就是把别的妃子所生育的孩子据为己出，是一出大明版的"狸猫换太子"。这些流传在民间的各种说法和揣测不仅没有使真相大白，反而为朱棣的生母之谜又平添了一份神秘。

《明史·黄子澄传》记载："子澄曰：周王，燕王之母弟。"从这句话，我们可以很清楚地了解到一个事实，那就是燕王朱棣和周王朱橚是同父同母的亲兄弟。《永乐实录》中也记载了他们两个是同母兄弟，但问题在于他们的亲生母亲是谁？《太祖成穆·孙贵妃传》中，记载如下："洪武七年九月薨，年三十有二。帝以妃无子，命周王橚行慈母服三年。"这句话的意思是说，贵妃死后，由于没有儿子，所以指派周王为贵妃服丧三年，但关键的一句话在后面："庶子为生母服三年，众子为庶母期，自妃始。"庶子为生母服三年。正是因为周王朱橚是庶子，他才能认庶母为慈母，并为之服三年。如果"燕王和周王是兄弟"这个推论成立的话，朱棣的身份就应该水落石出了。

孟森的《明史讲义》也讲到朱棣为庶出。他的依据是，《明史·卷一百十三·孙贵妃》记载："帝以妃无子，命周王橚行慈母服三年，东宫、诸王皆期……庶子为生母服三年，众子为庶母期，自妃始。"说明周王朱橚为庶出。而《明史·卷一百十六·周定王》记载："建文初，以橚燕王母弟，颇疑惮之。"据此也可知朱棣与朱橚为一母所生。那么，朱棣也肯定是庶出的。

洪武二十二年，朝鲜使臣权近曾在北平拜谒燕王。权氏著有《奉使录》一书，其中记载了这件事："到燕台驿，进见燕府。先诣典仪所。所官入启，以是日先太后忌日，不受礼。命奉嗣叶鸿伴接到馆。七月十五日也。"这里的"先太后"显然指的是燕王自己的生母。这段话直接指出先太后忌日是七月十五日，而高皇后马氏的忌日是在八月初十，显然不是同一人。

既然不是马皇后所生，那么又是哪一个妃子生的呢？这么一来，说法

马皇后石雕像

就更五花八门了。

有的人说朱棣的生母是个朝鲜女子，名叫李氏。有不少人相信这一说法，认为证据很充分。《南京太常寺志》中有这样的文字："孝陵祀太祖高帝王、高皇后马氏。左一位淑妃李氏，生懿文太子、秦愍王、晋恭王；左二位皇妃，生楚王、鲁王、代王、郢王、齐王、蜀王、谷王、唐王、伊王、潭王；左三位皇贵妃，生湘献王、肃王、韩王、沈王；左四位皇贵人，生辽王；左五位皇人，生宁王、安王；右一位碩妃，生成祖文帝王。"《南京太常寺志》中的太常寺为皇家机构，自然，这本书也就是皇家文本，它的记载应该有很高的真实性和可信度。

明人沈玄华在《敬礼南都奉先殿纪事十四韵》中记载道："高后配在天，御幄神所栖。众妃位东序，一妃独在西。成祖重所生，嫔德莫敢齐。"因此，包括当代的历史学家吴晗先生在内，都深信朱棣的生母为"碩妃"李氏。那么这个李氏究竟是何许人也？

碩妃，是高丽（今朝鲜）选送给朱元璋的女子。据说，李氏生朱棣时还没有到预产期，也就是说朱棣是个早产儿。为此朱元璋难免怀疑李氏私通，给自己戴了绿

帝王卧房

明皇宫内苑

帽子,所以龙颜大怒,赐李氏以"铁裙"之刑。所谓"铁裙"之刑,就是用铁片做成裙子给人穿上,然后把人放在火上烘烤。这样,李氏就被活活地折磨死了。

据说,朱棣知道自己的生身之事,在皇袍加身后于永乐十年(1412年),在南京重建大报恩寺塔,以报答生母李氏。当然,朱棣不能明目张胆地说是纪念李氏,于是他来了一个障眼法,打着"以报答朱元璋和马皇后的养育之恩"的旗号来纪念自己的生母。当时,大报恩寺塔常年大门紧闭,属于"禁地",为的就是保守这个惊天的秘密。曾经有人悄悄进去过,发现里面供奉的真是碽妃李氏画像。

来自朝鲜的碽妃

但这些记载都是由后人写的,真实与否不得而知。据有人考证,朝鲜向中国称臣送贡女是在1365年,而史学上明确记载,朱棣生于公元1360年,这个时候朱棣都五岁了,难道朱棣是她从朝鲜带来的?显然不可能,所以说根据这种推测,朱棣生母是李氏的说法也不靠谱。

元顺帝与其后妃

疑为朱棣生母的另一个女人是元顺帝妃洪吉喇氏,这个说法可上溯到朱元璋没有称帝前。在元至正年间,朱元璋跟随郭子兴起兵反元,郭子兴病死后,朱元璋取而代之,南征北伐,先占领集庆,后又攻下大都(今北京)。元顺帝见大势已去,于是放弃大都,退守蒙古。朱元璋入城后,亲临元顺帝后宫,看到落难人群里有一位美女,姿容娇美、眉目含情,顿时引起了朱元璋的注意,并收她为妃子。这个女子就是元顺帝的第三位妃子格勒德哈屯,她是元顺帝洪吉喇托太师的女儿。

然而早在朱元璋攻占北京之前,洪吉喇氏已怀孕七个月,元顺帝出逃时,不太

明成祖朱棣颁赐保护清真寺的敕谕护持匾

方便带上,于是让朱元璋白白捡了一个女人和一个儿子。三个月后,洪吉喇氏生下一个男婴,也就是朱棣。据说,当时朱元璋心中知道这个孩子不是自己的,并不想认这个儿子,但看到朱棣相貌不凡,朱元璋就喜欢上了。但是,说自己的女人生了别的男人的孩子,传出去可真是一桩天大的皇家丑闻。为此,朱元璋不得不认下这个儿子。民间对这种说法传得神乎其神,而朱棣与其他几个兄弟相貌确实不一样,一点也不像麻脸的朱元璋,这就更加大了猜想,民间因此称朱棣是蒙古人。

可历史上记载,大都失守是在元至正二十八年(1368年),而朱棣却生于至正二十年(1360年),时间相差了七八年。因此,这种说法最不靠谱,朱棣生前也从未承认过。有史学家认为,之所以会出现这种情况,是民间在骂朱元璋和朱棣。前者杀人如麻,不仁;后者则发动政变、非法称帝,不孝。

第三个女人是瓮氏,与洪吉喇氏一样,是蒙古女子,也是元顺帝的妃子。《广阳杂记》中说:"明成祖,非马后子也。其母瓮氏,蒙古人。以其为元顺帝之妃,故隐其事。宫中别有庙,藏神主,世世祀之,不关宗伯,有司礼大监为彭恭庵言之。余少,每闻燕之故老为此说,今始信焉。"也就是说,朱棣的母亲是蒙古人翁氏。因为曾是元顺帝的妃子,所以史书上不方便提起。但孩子怎会忘记生母呢?于是朱棣在宫中另外建庙,供奉她的牌位。书的作者刘献廷是清朝人,这段文字纯属他自己的观点。况且,他的依据仅来源于北京一带的坊间传言,其真实性值得怀疑。

后边这两种说法不仅没有解决生母的问题,反而引出了生父的问题,似乎有越说越离谱的嫌疑。

明永乐年间青花折枝花果纹墩盌

那么，朱棣的生母到底是谁呢？从现在的情况来看，马皇后和硕妃李氏最有可能。而比较一下马、李二人，朱棣应该是马皇后所生，因为硕妃的情况与洪吉喇氏、瓮氏一样，在时间上有差异，生育时间与朱棣的年龄对不上号。但有人又提出反对，说在朱棣没有夺位之前，他是妃生的没有人提出异议，但在他通过政变取得帝位之后，情况就发生了变化。篡位本来就是一件大逆不道之事，如果自己是妃生子，那就等于承认是庶出，而不是马皇后嫡生。在有嫡子的情况下，庶子是没有资格承继大位的，即皇位实行嫡长子继承制。所以，朱棣为掩人耳目，把自己标为嫡出，以证明自己是有资格当帝王的。于是授意史官，故意将事情搞混，以掩人耳目。

经众多学者考证，明史中有不少文字都被改动过，特别是有关朱棣是马皇后所生的官方记载，当时都被动过手脚。而后来写明史的清代人，为给明史"抹黑"，为讨好清廷，好多东西也都被改得面目全非，给后代史学研究带来了极大的困难，留下了许多悬念。

由朱棣生母一谜又引申出一些话题——朱元璋一生有二十六个儿子，难道就都是他本人的骨血？据说朱元璋有占人妻室的爱好，以显自己很男人，有能耐。除了把元顺帝的妃子弄进宫之外，他还在打败老对手陈友谅时，将其妻阇氏纳为自己的妃子。而且传说阇氏当时也已有了身孕，不久就生了一个陈友谅的遗腹子，朱元璋也一直把这个孩子当作自己的儿子养着，还将他封在长沙，也就是潭王。虽然有史书说这是以讹传讹,虽然这与朱棣的生父是元顺帝的说法一样都有点无稽,但无风不起浪,里面肯定有故事,只是今人不知道罢了。

## 一场跨国的恋情

永乐帝王朱棣去世后,人们不是为他创造的永乐盛世歌功颂德,就是谴责他所发动的靖难之役给人们带来了莫大苦难,但很少有人会去过问他的感情生活。很多人都没有留意,像这样一位争议无数的帝王,竟然有过一场跨国之恋。

这场跨国之恋的女主角是来自朝鲜的女子权妃。权妃是朝鲜国家工曹典书权永钧的女儿。名门望族的闺秀,书香世家的千金,自然是出落得兰心慧质,知书达理。再加上她容貌秀丽,风姿绰约,简直就是一位远近闻名的大美人。

从元朝开始,朝鲜就被迫向中国朝廷进献美女,明初仍是如此。明朝开国时,太祖朱元璋的后宫中就有不少朝鲜妃嫔,据说明成祖朱棣便是朝鲜人硕妃所生。也许是有一半朝鲜血统的缘故,也许是希望从朝鲜美女的身上找到自己年幼时死去的母亲的影子,明成祖在登基后,不断下诏派人到朝鲜选秀女入宫——权妃便是在这

权妃墓前雕塑

个时候来到中国宫廷的。

永乐六年（1408年），成祖派内使黄俨等人出使朝鲜，赏赐朝鲜国王花银一万两、丝五十匹、素线罗五十匹、熟绢一百匹，作为对朝鲜国王向大明朝廷献马的回报。同时要求朝鲜广选美女，进献北京。于是朝鲜国王下令禁止婚姻嫁娶，大选美女，以备进献。当时，朝鲜国上至王公大臣、下至黎民百姓，没有人愿意把自己的女儿送到离家数千里的大明国去做宫女，因此选上来的都是些不漂亮的一般女子。黄俨看后很不满意，便责令朝鲜王廷重新挑选。朝鲜王廷只得加大选拔力度，同时通告各地方官府，凡是有姿色的女子，一律选送上来，如果躲藏或用针灸、断发、贴药等方法逃避挑选的，一律按国法处置。

这强制手段还真有效，总算选出了一批美貌秀女。黄俨等人过目后，从中挑选了五名，第一个便是芳龄十八的权妃。就这样，五位美人连同十二名侍女、十二名厨师一起被送往数千里之外的明朝都城。离开家乡时，被选淑女的父母、亲戚哭声载道。五名朝鲜淑女频频回首，珠泪滚滚，从此家乡就只有在梦中出现，万里一别永分离！

这五位朝鲜妃嫔中，权妃最受朱棣宠爱。成祖第一次见到她的时候，便被她出奇的清丽文雅所吸引。问她有何特长，权妃便拿出随身携带的玉箫吹奏起来，箫声悠扬窈渺，听得成祖如痴如醉，于是把权妃选拔在众妃之上。因当时掌管后宫的徐

权妃墓遗址

妃已经去世，成祖便让权妃接管后宫之事。

权妃聪慧美丽、优雅迷人。每当成祖忙完朝政，拖着疲倦的身子，走进权妃宫中，权妃美妙的箫声便宛如一缕和煦的春风将成祖的疲劳吹得无影无踪。自从权妃进宫后，果敢、刚毅、男子气十足的成祖就一直深爱着这位柔顺、温婉、妙不可言的朝鲜女子。权妃不仅宠冠后宫，而且很少离开成祖身边。

永乐八年（1410年）十月，朱棣亲征蒙古，权妃随侍。两军对垒期间，权妃的美妙箫声传遍了千里草原，这使征尘仆仆的朱棣心旷神怡，精神倍增，他一鼓作气，乘胜追击，大破蒙古大军。大获全胜的成祖率军班师回朝，走到山东临城时，权妃突然身得重病，最后竟不治身亡。这一年，权妃才年仅二十二岁，可谓红颜薄命！顿失爱妃的朱棣伤心不已，不久竟伤痛成疾。成祖将她葬在山东峄县的土地上，并下诏当地官府出役看守坟茔。权妃死后，成祖对她的家人厚待有加，对她的音容笑貌更是刻骨铭心。在一次见到权妃的家人时，朱棣竟然悲痛得泪流满面，一时说不出话来，你根本感觉不到这是一个曾经诛人十族的帝王。

权妃的猝死，死因可疑，宫中谣传权妃是被毒死的，为此后宫还酿成一起大冤案，无数妃嫔和宫女无辜被杀害。成祖朱棣在处理这一案件时，沿袭了父王的残忍，其手段令人发指，但从中也可以看出成祖对权妃的宠爱和无限思念。

## 徐皇后死后，朱棣又娶她妹妹为妻

永乐五年（1407年），明朝第二位比较贤淑的皇后徐氏病逝了，享年四十六岁，葬于长陵。《明史》中记载，徐氏病逝后，永乐帝王朱棣十分悲恸，在灵谷、天禧两寺大举斋戒，朝廷上下，群臣致祭。朱棣死后，与徐氏合葬于长陵，其恩爱程度可见一斑。

和他的父亲一样，朱棣一直到死也"不复立后"。其实，朱棣并不是不愿再立后，而是想立后却没能如愿，这中间出现了一个小插曲……

徐氏死后，可能是与徐氏感情笃深的缘故，或者是其他的原因，朱棣曾经谋求娶徐氏的小妹，即他的小姨子，结果遭到了岳母谢氏的果断拒绝。

谢氏是在"战争年代"经过朱元璋撮合嫁给徐达的。徐达原先的夫人姓张，为人粗俗强悍，喜欢鞭打下人。朱元璋因此对徐达说，你的老婆不贤惠，不能帮助你成就功名，我再给你介绍一个。于是朱元璋就将谢氏介绍给了徐达。

明成祖 朱棣

谢氏一连给徐达生了四男四女，长女即后来的徐皇后。朱元璋听说姑娘"幼贞静、好读书"，贤淑有加，于是向徐达提亲，将她许配给了自己的四子朱棣。谢氏的第二、第三个女儿嫁的也是皇子，分别是代王和安王。皇后徐氏死的时候，她最小的妹妹还没有出嫁。就在徐氏死的当年，朱棣对岳母说："想娶你的小女儿来继承后宫。"谢夫人回答道："妾女不堪上配圣躬。"这意思是说，我的女儿怎么能配得上帝王呢？显然，这是一个很牵强的理由，既然长女可以做皇后，小女怎么就不行了？关于谢夫人拒绝的原因，不得而知，但不情愿把小女再嫁给帝王却是显而易见的。

成祖朱棣仁孝文皇后

可帝王是什么人？他要风得风、要雨得雨，要个女人又算得了什么！被他相中应该是一种荣幸，怎么还要拒绝！怎么还敢拒绝！要是对常人，朱棣肯定君威一发，全家死光光。但是，朱棣却无法对岳母施放他特有的君威，只说："你女儿如果连我都不能嫁，我看她能嫁一个什么样

明长陵

长陵,是明十三陵当中建筑规模最大、最宏伟的陵墓

的人!"

"听话听音",这话似乎有些无奈,但其中明显也有威胁的味道。这么一句话看起来虽然有些无奈和赌气,但从一个帝王口中说出来却绝对不同凡响。这话一从帝王嘴里放出来,以后谁还敢娶这个女子为妻,那不是自找死路吗?果然,谢夫人拒绝朱棣后,其"季女竟不敢受人聘",只得"从佛氏为尼于南京聚宝门外,所谓王姑庵是也"。

朱棣岳母谢氏之墓

这个小插曲虽然说不上完全属实,但也并非空穴来风。这里的时间、地点、人物、事件在郑晓的《今言》里都能找到。

## 明仁宗朱高炽
——幸福来得太晚，去得太快

| | |
|---|---|
| 姓　　名： | 朱高炽 |
| 职　　称： | 明仁宗 |
| 生　　卒： | 1378—1425年，享年四十七岁 |
| 最高职务： | 明朝第四任帝王 |
| 就职年龄： | 四十六岁 |
| 帝王工龄： | 十一个月（1424—1425年） |
| 荣誉称号： | 敬天体道纯诚至德弘文钦武章圣达孝昭帝王 |
| 老　　爸： | 朱棣 |
| 老　　妈： | 徐氏 |
| 兄弟排行： | 老大 |
| 接 班 人： | 朱瞻基 |
| 最 得 意： | 成功保住了太子之位 |
| 最 遗 憾： | 老爸活得太久 |
| 最 痛 心： | 亲弟弟们想争夺自己的太子之位 |
| 最 失 意： | 身体太胖，体弱多病。 |
| 最 擅 长： | 耐心地等待 |
| 现在住址： | 北京昌平十三陵献陵 |
| 个性签名： | 我胖，但我不傻。 |

明仁宗朱高炽像

## 为了当太子,我容易吗

朱高炽,秉性沉静端重,言行适度,喜好博阅,他的贤德、儒雅与仁爱深得爷爷朱元璋的喜爱,十七岁便被立为燕王世子。遗憾的是,朱高炽这人喜欢安静,讨厌运动,所以体态日渐肥胖,行动不大方便,如此一来,他也就更不爱运动了,每次都要两个内侍搀扶着才能行动。即使这样,他走起路来也还是跌跌撞撞、踉踉跄跄,俨然沦为一个残疾人。这一致命的缺点对于一生嗜武的老爸——明成祖朱棣来讲简直是忍无可忍。试想,朱棣又怎么会喜欢这样一个儿子呢!所以,朱高炽虽然是正宗的嫡长子,可要想做太子还得捏一把汗。

明仁宗像

后来,朱棣起兵靖难,也正是因为朱高炽行动不便,所以才命他留守北京。别看这家伙行动有障碍,也没怎么随父亲历练沙场,但是到了关键时刻,朱高炽却能力挽狂澜,转变危局。

靖难之役发起之后,朱棣带领二儿子挥师南下。这时候,建文帝的大将李景隆趁这个好机会,率领五十万大军搞了个"围魏救赵",直捣燕王的都城北平。眼看兵临城下,燕王大军在外,如果贸然班师来救,得胜之势将功亏一篑。而朱高炽一向不尚武力,人家也就是抓住他的这个弱点才趁其不备。但老爸临走前交给朱高炽的任务就是守住北京,如果连老巢都不保,那这个世子还有什么可当的。

就在这一危急关头,一向团结部下的朱高炽,不顾自己肥胖多病的身子,带领老弱将士坚守北平城,亲自冒着弓矢上城督阵,激励将士,竟以万人之军成功地阻挡了李景隆的五十万大军,顺利保住了北京城。不久,朱棣接到消息,返回北京,父子俩两面夹击对手,打了一个漂亮仗。可以说,这一战役对整个靖难之役都具有极其重要的意义,也是朱高炽在靖难之役中最荣耀的一笔。

从此之后,建文帝写了一封书信派人给朱高炽送去,信里答应给他封王,以将朱高炽争取过来,归顺朝廷,断了朱棣的臂膀。在这个时候,朱棣的其余两个儿子,也就是朱高炽的两个弟弟得知消息后，开始在老爸面前搬弄是非，说大哥私通建文帝，连信都送到家门口儿了。朱棣一听，大火。就在这个时候，一封原封未动的信送了过来，打开一看，正是建文帝写给朱高炽的那封信。

原来，朱高炽接到书信之后看都没看，就直接送到老爸这儿来了。如此一来，不仅建文帝的反间计失败了，而且两位皇子的阴谋也未得逞。聪明贤德的朱高炽又完美地过了一关。

但是由于朱高炽身体肥胖，不便随军作战，这样皇二子朱高煦就走上了前台。朱高煦与成祖颇有几分相像，作战非常勇猛，在武将中威信很高，在战斗中他还多次于危难之际救了成祖的性命，这可是天大的功绩，朱高炽跟老弟一比就逊色许多，连成祖自己也曾对老二许下心愿，说："世子多疾，汝其勉之。"意思是你大哥多病，只要你努力，将来的皇位必将是你的。听了这话，朱高煦的热情更加高涨了，可以说，在靖难之役中大部分的功劳是他立下的，而功劳越多，对朱高炽就越不利。

靖难告捷之后，朱棣如愿登上皇位，立皇太子的问题也随之提上议程。要知道，这可是个关系大明江山的重大问题。所以，朱棣犹豫了。虽说朱高炽是大儿子，但他觉得老大过于仁弱，将来定会遭人胁迫，而且他喜欢的是武勇英俊、性格颇似自己的老二，这可怎么抉择呢？思来想去，最后，朱棣还是将太子定给了老大朱高炽。

原来，朱高炽是太祖帝王朱元璋亲自为朱棣选择的燕世子，是皇位的合法继承人，在封建社会，这一点非常重要。明朝的内阁制度和汉族的封建社会长幼有序制度在

南京朱高煦府第

解缙像

某种程度制约着朱棣的决策。另外，由于朱高炽仁爱、儒雅，所以深得文臣们的拥戴。据史料记载，朱棣之所以把皇位传给朱高炽而没有传位给另一个皇子，除了废之无名和群臣的劝解之外，还有个重要的因素，那就是朱高炽的儿子朱瞻基敏慧异常，深得爷爷朱棣的喜爱。成祖认为皇孙是个可造之才，要想让爱孙以后能继承皇袍，首先就得立朱瞻基的爸爸、自己的儿子朱高炽为王储。所以，这个时候，不得不说朱高炽多多少少沾了他儿子的光，于1404年被立为太子。

一次，成祖就废太子一事征询兵部尚书金忠的意见，金忠连连反对，并旁征博引，借古今废长立幼所造成的祸端说理。成祖不甘心，又问翰林院的侍读解缙，解缙说："皇太子仁孝成性，天下归心，请陛下不要疑心！"解缙进一步展开了攻心战，他叩了一个响头，继续奏道："就算不说皇太子怎么样，难道陛下还不顾及您的好孙儿么？"听了解缙的话，成祖这才打消废立太子的念头。

这会儿，朱棣那边终于没事儿了，可是朱高煦和朱高燧仍不死心。乘朱高炽留守北平不在南京的机会，他兄弟二人频频向成祖进谗言，离间父亲与高炽的感情。

朱高炽为人诚挚，虽然对于两个弟弟的谗言早已察觉，但是并未放在心上。有人问他，知不知道汉、赵二王有夺嫡之心？他从容答道："我只知道努力尽到做儿子的职责。"倒是汉王朱高煦，心怀鬼胎，未免心虚。他被成祖分封云南，不肯离京，心怀怨望，曾对亲信密语道："像我这样英武过人，难道不配做秦王李世民吗？"

一天，成祖命太子高炽和汉王高煦拜谒明太祖的孝陵，太孙瞻基也随同前往。太子肥硕，又正患脚病，不能行走，由两名太监扶着走，不免跌跌撞撞。高煦在后面大声说道："前人失足，后人警戒。"话音未落，十来岁的瞻基朗朗应声道："还有一位后人知警呢！"高煦回头一看，见是已被成祖指定为下一代皇位继承人的瞻基说的话，不禁失色，不敢再说什么。

成祖不满太子，但每当与大臣们说到东宫的不是，大臣们总是为太子说话，说太子英明贤德，是守成的君主。这个时候，成祖也不便再说什么。

但是面对九五至尊的皇权来说，谁会善罢甘休？老二朱高煦并没有屈服，他迟迟不肯就藩朱棣封给他的领地，而是留在京城伺机行动。他先是进谗言，使得立储的第一功臣解缙遭到贬黜，几年之后惨遭杀害，然后私养了许多武士图谋不轨，好在杨士奇、徐皇后说服朱棣削夺了朱高煦的部分护卫，强令他就藩乐安，这才使高煦与高炽两兄弟之争告一段落。

可是谁知半路又杀出个"程咬金"，皇三子朱高燧在成祖得病期间曾密谋杀死成祖，然后假传诏书，自己继位。幸好有人告密，一场灾难得以幸免。事后，由于仁德的朱高炽为弟弟朱高燧求情，老爸朱棣才没有再追究此事。

永乐二十二年（1424年）七月十八日，六十四岁的永乐帝王在北征返京途中病逝，英国公张辅、阁臣杨荣为了避免两王子趁机作乱，秘不发丧，将军中的漆器融成一口大棺材，将成祖的遗体装入棺材中，每日还是照例进餐、请安，只是帝王的车帘再也没有掀开，帝王也再没有说话，军中一切如常。同时，派杨荣与太监海寿进京密报，朱高炽得知后立即派儿子朱瞻基出京迎丧，由于大臣们的精心安排，总算没有爆发什么叛乱，政权得以平稳过渡，朱高炽顺利登基。

## 生得伟大，死得离奇

好不容易当上了继承人，可谁曾想，龙床还没坐热，朱高炽就又早早退席了。

洪熙元年（1425年）五月，朱高炽暴卒，享年四十七岁，葬于献陵。从登基到去世，算起来朱高炽在位的时间还不到十一个月。而且，就在去世的前三天，日理万机的他还在忙着处理朝政。前后仅仅两天的时间，他就因身体不适，随即驾崩于钦安殿。这个消息来得太快、太意外、太令人不解。所以后来，明朝的黄景防说朱高炽其实不是因病而亡的。

明献陵侧景

明献陵前庭

那究竟朱高炽怎么就突然死了呢，如果说是病死的，可朱高炽登基的时候还处在人生的壮年，这做了帝王还不到一年就病死了，有点说不过去，所以其中定有缘由！但是《明仁宗实录》《明史仁宗纪》等都只字未提他的死因。所以，朱高炽究竟是因为什么暴死的，便成了历史上的千古之谜，多年为人们所猜疑。

一种观点认为，朱高炽的死是他纵欲过度所致。因为朱高炽平日贪欲好色，这在宫里早就不是什么秘密了。大臣李时勉在他即位不久就曾经上过一本奏折，劝他谨慎节欲。这种事本来就不是什么光彩的事情，作为一个帝王，被臣子这样一说，当然不高兴了。果然，朱高炽看后，怒不可遏，当即命令武士对李时勉动刑，李时勉险些丧命。忠言逆耳，良臣不好当。而朱高炽在垂危之际，还念念不忘这等老仇旧恨，说："李时勉羞辱我！"

所谓清者自清，由此可见，朱高炽确实是个纵欲无度的主儿。李时勉奏疏的的确确伤到了他的痛处，要不然他怎么会这么耿耿于怀呢？后来，朱高炽的儿子朱瞻基，也就是明宣宗继位，曾经御审李时勉："你小子竟敢触犯先帝，你在奏折里都说了什么，快如实相告！"李时勉叩首回答："我说先帝不宜与妃嫔们走得太近，与皇太子不宜太疏远。"朱瞻基听了，顿时叹息，称赞李时勉是个大忠臣，于是让他官复原职。可见，儿子朱瞻基对老爸朱高炽嗜欲之事也是一清二楚的。

朱高炽因纵欲过度而得不治之症，在明人陆武《病逸漫记》中也有记述："仁宗帝王驾崩甚速，疑为雷震，又疑宫人欲毒张后，误中上。予尝遇雷太监，质之，云皆不然，盖阴症也。""阴症"的说法出自朱高炽当政时期的一位太监之口，所以应当有一定可信度，而且纵欲之人，难免患此病，也是有可信度的。但是由于当时的医疗水平有限，所以治疗这种所谓的"阴症"还比较困难。然而有病就得治，这就使得一些奸佞之徒有机可乘了。对此，《明史·罗汝敬传》中这样记载："……先帝王（仁宗）嗣统未及期月……献金石之方以致疾也。"由此看来，导致他死亡的直接原因，很有可能是服用了治疗"阴症"的"金石之方"而中毒身亡的。

另一种观点认为，朱高炽是被其长子，也就是朱棣的圣孙宣宗朱瞻基害死的。朱高炽生性温厚懦弱，嗜欲享乐，朱棣生前就看他不顺眼了，只是因为礼教和祖训的关系，才不得已立了朱高炽为太子，但是打心眼儿里来说，朱棣一直就想废了朱高炽这个太子。

朱瞻基与他爸大相径庭，他擅长骑马射箭之功，深谙调兵遣将之事，热衷于权谋，工于心计。朱棣还在世的时候，朱瞻基就深得祖父赏识。朱棣死后，朱高炽即位，虽然立了朱瞻基为太子，但对儿子的不安分也有所察觉，所以多次劝诫他。一向被朱棣看好的朱瞻基也确实非安分之辈，在老爸登基不久，他就开始迫不及待地为自己早日登位筹划，甚至为此不惜伤害亲情。

洪熙元年（1425年）三月，朱高炽让朱瞻基南下去凤阳的皇陵与南京的孝陵祭祖，朱瞻基接到父命后，在四月十四日那天离开北京。朱高炽的随身侍从有一个叫海涛的宦官，其实是朱瞻基的亲信。这个海涛按预先密谋好的，决定在五月十三日加害朱高炽。

可谁知朱瞻基离开北京后，海涛却没有按既定的日程行动，而是直奔南京。此后，南京城中传出了"仁宗上宾"的言论，也就是说帝王驾崩了。在丧礼上要请一些人做上宾，但是在当时那个时代，通讯工具不发达，别说北京还未发丧，就是发丧了也没有这么快就知道消息的，可见朱高炽的死是在一些人的预料之中的。当时，朱瞻基就说："……予始至遽还，非众所测。"这种貌似很高深的话显示出他有别人难以想象的重大安排。

之后，朱瞻基匆匆返回北京，在回京的路上等待携诏书而来的海涛，在六月三日的时候抵达北京。当时居然还有好心的大臣劝诫说："人心汹汹，不可掉以轻心。"朱瞻基回答："天下神器非智力所能得，况祖宗有成命，孰敢萌邪心！"一番话，言语间无不流

明献陵神道

明献陵一隅

露出对弑父谋位这一行动的胸有成竹。其实,一切都早已在他的掌握之中,他就是那个人心汹汹的主使者。

也有的说朱高炽是因为心脏病猝发而死。那么胖,心脏肯定负担重,这一死因不难理解。又有的说,朱高炽是因为后妃矛盾,误喝了毒酒死的。这个在《野记》里有记载,说有个郭贵妃,在酒宴上给皇后敬酒,皇后知道其中不妙,于是犹豫不决,正在她迟疑不知道喝还是不喝的时候,明仁宗说:"贵妃敬的酒有什么不能喝的?"于是一把抢过来咕嘟咕嘟就喝了个干净,在放下杯子的那刻,只听一声惊雷,郭贵妃人都看傻了。朱高炽没多久就死了。

在《明宣宗实录》中还有这样的记载,郭贵妃为明仁宗朱高炽生了三位皇子,而且都封了王,这样本来可以不殉葬的,但是在明仁宗驾崩后,还是让郭贵妃殉了葬。难道因为朱高炽对这个妃子情有独钟,还是夫妻情深?显然不是。

## 时间不多,建树不少

明仁宗朱高炽虽然在位的时间不是一般的短暂,但他体恤民情、处事宽和,是个颇有建树的帝王。

老爸朱棣死了之后,朱高炽即位,改年号为洪熙。没人看他不顺眼了,朱高炽总算可以好好实施他的一系列改革措施了。

一上台,朱高炽便赦免了建文帝时期遭殃的旧臣和成祖时遭连坐流放边境的官员们的家属,并允许他们返回原处,另外又平反了许多冤案,使得许多冤假错案得以昭雪,比如建文朝时期的忠臣方孝孺的冤案,永乐时期解缙的冤案等都得到了平反。一些大臣的官爵也得以恢复,这些举措大大缓和了统治集团内部的矛盾。

其次朱高炽重视人才，而且知人善用，一登基就选用了不少贤臣，清除和罢免了那些无用的冗官，任命史上有"三杨"之称的杨荣、杨士奇、杨溥三人来辅佐朝政。废除了古代的宫刑，停止了宝船下西洋，停止皇家采办珠宝，处处以唐太宗为楷模，修明纲纪，爱民如子。他下令减免赋税，对于受灾的地区无偿赈济，开放一些山泽，供农民渔猎。对于流民一改往常的刑罚，采取妥善安置的做法。这一切都使得洪熙时期的人民得到了充分的休生养息，生产力得到空前发展，明朝进入了一个稳定、强盛的时期，也就是史上所称的"仁宣之治"的开端，而朱高炽就是将明朝推向黄金时期的开创者，"仁宣之治"中的"仁"指的就是明仁宗！

在思想上，朱高炽崇尚儒学，褒奖忠孝。在他统治期间，儒家思想得到了充分的发展。仁宗还在京城思善门外建了一个弘文馆，经常与儒臣们谈论经史，而且一谈就是一整天。据说仁宗非常善于纳谏，曾经给杨士奇等人一枚小印，鼓励他们进谏，因此洪熙朝政治非常清明，朝臣可以各抒己见，帝王可以择善而行。

朱高炽对科举制度也做出了重要贡献。当时由于南方人聪明刻苦，进士之中多为南方人。然而北方人天性纯朴忠贞，也是皇家不可或缺的支柱，但北方人文采出众的较少，为了保证北方人可以考中进士，朱高炽规定了取中比例为"南六十、北四十"，这一制度一直被沿用至清朝。

可惜的是朱高炽在位不到一年，很多政策都来不及施展，所以说他在短短的时间内就做出了多少贡献，这说法似乎并不合适。但是有一点是不能忽视的，成祖在位期间大部分时间都在北征，朝中的政务总要

明仁宗朱高炽像

杨士奇墓

有人来打理，所以太子朱高炽便顺理成章地掌管了这一切，因此他有充分的时间来推行自己的政策和想法，为自己继位打下了良好的基础。如果加上这段时间，朱高炽对明朝做出的贡献就毋庸置疑了。所以，明仁宗朱高炽"一代仁君"的称号当之无愧。

## 短命帝王，长寿皇后

张氏，河南永城人，是因成为国丈而先后授予兵马副指挥和进京卫指挥使张麒的女儿，是仁宗的元配，洪武二十八年（1395年）被封为燕王世子妃，永乐二年（1404年）晋升为皇太子妃；仁宗即位，册立其为皇后；宣宗即位，尊她为皇太后；英宗即位，她便成了太皇太后。正统七年（1442年）十月十八日张氏去世，被谥为"诚孝恭肃明德弘仁顺天启圣昭皇后"。就这样，张皇后一共风风光光地经历了五个朝代的宫廷风云，从明太祖的孙媳妇、明成祖的儿媳妇到明仁宗的妻子，从明宣宗的母亲到明英宗的奶奶，除了妻以夫贵、母以子贵之外，张皇后靠的就是女以己贵。

有众多文献记载，在明代的这些皇后中，张皇后是颇为精明能干的一个。她识大体，懂大局，操守妇道，严谨慎行，遵守孝道，侍候燕王夫妇十分小心周到，深得成祖和徐皇后公婆欢喜。一次，朱棣夫妇在内苑举行宴会，张氏亲自下厨服侍。朱棣很高兴，对皇后说："媳妇贤惠，以后我们的家事都要依靠她了。"

没人不知道，朱高炽从永乐二年被立为皇太子起，二十年来，这位皇太子的地位屡屡受到威胁，几度濒临被废的困境。成祖朱棣受次子汉王朱高煦和三子赵王朱高燧的离间,多次想把朱高炽的太子之位换了,但是都因为喜欢张妃而放弃了这一想法。由此可见,朱高炽能当上这个帝王还确实是不容易的,多亏有一个贤惠的媳妇和一个聪明的儿子的助力。所以在皇位得以巩固之后,朱高炽做的第一件事,就是册立张氏为皇后,并立张氏生的长子朱瞻基为皇太子。

张氏平时对中外政事、群臣才能及品行都格外留意。特别是在仁宗死后,每每遇上军国大事,儿子宣宗都要禀明母亲之后再作决定。当然,张氏也经常询问宣宗处理朝政的情况,并时常提醒儿子,要注意体恤百姓疾苦,做一位好帝王。

明宣宗死后,九岁的英宗朱祁镇继帝王位。有的大臣认为帝王年纪太小,便请太皇太后也就是张氏垂帘听政,权力像是毒品,让人欲罢不能,谁不愿意成为权力的掌控者,而张氏却说:"不可,不可,我只是一个寡妇,别让我坏了祖宗的家法。"仍将政务委托给仁宗、宣宗时期的三位老臣,也就是杨士奇、杨荣、杨溥,而自己只是从中主之,纲举目张。

王振是个善于玩弄权术、心机颇深的宦官。他的权力很大,掌管着皇城内一应礼仪,替帝王管理章奏文牍,有时甚至代皇上批答大臣奏章。帝王的口述圣旨也由他记录,然后交由内阁撰拟诏谕再正式颁发。所以,为了防止这种人欺蒙皇上,胡作非为,太皇太后特别申令,无论什么事都要先由内阁大臣议定才能施行,这样就避免了太监自作主张,混乱朝纲。此外,张氏还经常派人去司礼监检察,一旦发现有怠慢者便叫来责问。

正统二年(1437年)的某一天,张氏御驾便殿,召集英国公张辅及"三杨"等大臣入内,若干女官各自佩戴刀剑侍立在太皇太后左右,英宗站在东侧,众大臣站在西侧。张氏对英宗语重心长地说:"这几位大臣都是先朝留下的忠正大臣,今后遇事一定要与他们商量才能去办。"说完,过了一会儿,她派人把王振太监叫来责问。王振扑通跪

张皇后像

大明帝王密旨印玺

倒在地,太皇太后突然脸色一变,厉声喝道:"狗奴才,不按规矩侍候皇上,罪当赐死!"说着,女官们应声而起,将刀架在王振的脖子上,王振吓得七魂去了三魄。见此情景,英宗和众大臣都跪下来为王振求情,太后这才饶了他。但是也不忘给予警告,说:"自古以来,太监大多容易误国,因为帝王尚且年幼,许多问题都不清楚,而太监如果不正确引导,国家就很危险了。现在因为帝王和大臣为你讲情,我就姑且饶过你这一次,今后要是再犯,决不轻饶!"正是因为有张氏严格把关,王振虽然有宠于英宗帝王,却并未达到专权擅政的程度。

就这样,张氏倚重忠实正派的大臣处理朝廷政务,妥善地处理好了国家大事,协调了君臣之间的关系,限制了内宫干政。仁宗虽然寿命不长,但他这个皇后却活了很长时间,而且活得颇有价值,被称之"女中尧舜"。

## 一块"夹心饼干"

明仁宗朱高炽,明朝历代帝王中恐怕没有哪个帝王的职业生涯比他还窝囊的了。老爸健在的时候,不招老爸待见,连两个弟弟汉王朱高煦、赵王朱高燧都挤兑他这个哥哥,继承权三番五次面临危险。好不容易熬出头,做了二十二年帝王的老爸驾崩,四十七岁的他终于迎来胜利的曙光、继承了皇位,可谁料龙椅还没有坐热,只当了不足十一个月帝王的他就被阎王爷请走了,还真是有点不走运。

朱棣不喜欢大儿子朱高炽,一个原因大概是他太老实仁厚,说得难听一点儿,就是有点懦弱,没有他爷爷、他爸爸那种英武之气,不像个君临天下、让臣民臣服的主儿。第二则是因为他身体不好,患了严重的肥胖症,走路很不方便,必须要两个人搀扶。他的爷爷和爸爸都是靠马上才打下的江山,朱棣自己上马能开弓,下马能治国，是数一数二的叱咤沙场的英豪，试想这样的人又怎么可能会喜欢朱高炽这样的接班人呢？所以，作为老爸的朱棣给儿子朱高炽定了一个减肥计划，可是成效全无。身在帝王家，饭来张口，衣来伸手，要想减肥谈何容易。何况人到中年，再减肥何其难也，即使嘴里嚷嚷着要减减减，那也无非是个姿态，做做样子给老爸看看罢了。

朱高炽当了帝王后，虽然因为封建礼法，不能公开表示对老爸的不满，但心里有不少情绪。由于他一生都活在老爸的阴影下，对老爸喜欢的长孙——自己的大儿子朱瞻基，反而不喜欢，而喜欢被封为襄王的老五。

明仁宗朱高炽像

要知道，朱棣还活着的时候，就一再地在众人面前显示他之所以立朱高炽为太子是因为长孙的缘故，而且向臣民明确表明，将来继承朱高炽皇位的，只能是长孙朱瞻基，不能是别人。作为儿子的朱高炽心里明白，自己其实只是类似于跳板，等接了力，过了桥，自己这个跳板的作用也就到头了。这种隔代指定继承人的行为，剥夺了仁宗自己选择继承人的权力，对他自尊的伤害可想而知。

史料记载，明成祖朱棣经常出征，经常都带着皇太孙朱瞻基，而且对孙子的培养远远比对儿子要用心。就这样，朱棣、朱高炽、朱瞻基，爷孙三代，朱高炽就像一块夹心饼干，夹在中间，上也不是，下也不是，还得看两边的脸色。

自以为是因为沾了儿子的光才当上帝王的明仁宗，对儿子有种莫名其妙的嫉妒或者说是排斥心理，这是完全可以理解的。后世就有人断言，如果仁宗在位时间再长一点儿，可能会废除太子。猜测归猜测，朱高炽是个明白人，他老实归老实，窝囊归窝囊，心里却一点儿也不糊涂，做起事来极有主见，且"忍"的功夫一流，关键时刻也非常理智，否则他也就没有登上皇位的一天了。

所谓大智若愚，这样的人才聪明。而朱高炽最聪明的地方就是认清了父亲的为人和自己的处境。

明仁宗射猎图（局部）

面对永乐帝王朱棣这样一个文武兼备且城府又深的父皇，你要什么小心眼儿都是瞒不过他那双犀利的眼睛的，而一味地去讨好他也不会太买账，讨好他的人太多了。只有以不变应万变，老老实实夹起尾巴做人，这才是上上之策。在父亲朱棣的眼里两个弟弟都比他强，可是笑到最后的却是他，其根源也就在于他有异于常人的制胜之策，用他自己的话来说："吾知尽子职而已，不知其他也。"什么叫大智若愚、大巧若拙，这就是韬光养晦，如此而已。

## 明宣宗朱瞻基
### ——明代第一个废后的帝王

| | |
|---|---|
| 姓　　名： | 朱瞻基 |
| 职　　称： | 明宣宗 |
| 生　　卒： | 1398—1435年，享年三十八岁 |
| 最高职务： | 明朝第五任帝王 |
| 就职年龄： | 二十九岁 |
| 帝王工龄： | 十年（1426—1435年） |
| 荣誉称号： | 宪天崇道英明神圣钦文昭武宽仁纯孝章帝王 |
| 老　　爸： | 朱高炽 |
| 老　　妈： | 张氏 |
| 兄弟排行： | 老大 |
| 接 班 人： | 朱祁镇 |
| 最 得 意： | 仁宣之治 |
| 最 遗 憾： | 英年早逝 |
| 最 疼 心： | 儿子太少 |
| 最 失 意： | 老爷子包办婚姻 |
| 最 擅 长： | 斗蟋蟀、为诗作画 |
| 现在住址： | 北京昌平十三陵景陵 |
| 个性签名： | 我是帝王，我玩蛐蛐！ |

明宣宗朱瞻基像

# 宝贝孙子

  古人迷信，皇室尤其迷信。在他们看来，能统治天下，九五之尊，都是因为老天爷的恩泽。就在朱瞻基出生的那天晚上，他的爷爷，也就是当时还是燕王的朱棣正在床上睡大觉，睡着睡着就做起梦来，他梦见老爸朱元璋赐给了他一个大圭，圭上镌着八个大字"传之子孙，永世其昌"。在那个时候，大圭是权力的象征，老爸将大圭赐给他，也就意味着要将江山传给他。朱棣醒来之后，觉得这件事情非常奇异，躺在床上反复地回味梦中的美景，就在这个时候，侍从进来报告，说皇孙降生了，也就是后来的朱瞻基。朱棣一愣："难道梦中的情景印证在了孙子身上？"于是马上下床，连衣服也顾不得穿，趿着鞋就跑去看孙子。仔细看发现孙子小脸长得跟自己简直就是一个模子里刻出来的一样，眉宇间英气十足，朱棣看后，比见了绝色美人心里还美。也正是因为有了这个梦，接着又有了这个孙子，所以朱棣的心里就仿佛有了一根定海神针，这对以后朱棣不顾叔侄亲情，发动靖难之役产生了推波助澜的作用。

  朱棣夺得帝位后，朱瞻基理所当然地成为了皇太孙。这个爷爷十分疼爱自己的孙子，他不辞辛苦，亲自挑选当时的著名文臣担任孙子的老师，并多次指示："我的皇孙是个可造之才，你们这些人都一定要尽心竭力！"除此之外，朱棣还亲自上阵，细心教导，不仅在理论上谆谆教诲，每次远征漠北，朱棣总是将孙儿带在身边，让

宣德炉

宣宗所绘《武侯高卧图》

他学习如何带兵打仗，锻炼他的勇气，这对后来朱瞻基的亲征有非常大的帮助。每次远征归来经过农家，朱棣都要带朱瞻基到农家看看，让皇孙了解农家的艰辛，让他以后做一位爱民的好帝王，朱棣真是用心良苦啊！

当然，朱瞻基也没有辜负祖父的期望，学习刻苦，勤勉好学，再加上天资聪颖，过目不忘，领会力极强。在朱棣的精心培育教导下，他文韬武略、熟悉政务，为将来治理国家积累了宝贵的经验。

朱高炽被立为太子很大程度上是沾了自己儿子的光，所以父子俩都成了朱高煦等人的眼中钉，肉中刺，但是青年的朱瞻基凭着祖父教给他的勇气与睿智，总是能够帮助父亲化险为夷，最终使老爸登上了帝王的宝座。

可谁知朱高炽的运气实在是太差，帝王还没当满一年，就撒手不管了。朱高炽死的那天，朱瞻基正在南京，当日他获得消息，立即动身回京，两个叔叔虎视眈眈，而且他还听说这两位皇叔要在半路上杀他，然后自己继位当帝王。这怎么行，大好的江山怎么能拱手相让呢？朱瞻基的智囊团都劝他整顿兵马

明宣宗宣德八年钱币

明代朱瞻基景陵

以作防范。朱瞻基却说:"君父在上,谁敢如此胆大妄为?"依然轻身简从,日夜兼程赶到北京。

当时,朱高煦还没有设下埋伏,他没料到侄子会来得这么早,阴谋未遂。回到北京之后,他一方面妥善处理了老爹的后事,另一方面加紧北京城的戒备,防止有人伺机作乱,之后便从从容容地当上了帝王。

后来,朱瞻基做了帝王,政治清明,社会安定,百姓安居乐业,经济空前发展,出现了著名的"仁宣之治",开创了明王朝的"永宣盛世",这是继文景之治、贞观之治、开元盛世之后的又一个盛世局面,也是明朝二百七十余年间的极盛时期。朱瞻基对明王朝做出了不可磨灭的贡献,因而被史学家称为太平天子、历史上著名的守成之君,果真不枉费朱棣的一番苦心。

遗憾的是,朱瞻基后来染上了不治之症,病危时,他吩咐左右起草遗诏,由皇太子继位,所有军国大事都必须禀告皇太后才能决定。不久就在乾清宫弃世登仙,葬于景陵。当了十年帝王的一代明主就这样撒手人寰,年仅三十八岁,比他的老爹命还短。英年早逝,令人慨叹。

## 将废后进行到底

要说朱瞻基，就不得不提到三位与他有关的女人，一位是他的母后张氏，另两位是他的皇后胡氏和孙氏。三个女人一台戏，就不知道这出戏是喜剧还是悲剧。

宣宗的生母是仁宗朱高炽原配张皇后，宣宗即位之后尊为皇太后，每当遇到重大的军政要事，宣宗总不忘向母亲禀报，而张太后提出的意见通常都很中肯，所以母子之间的关系十分融洽，国泰民安，一派盛世景象。宣宗尤其孝顺母亲，每天早晚都要到母后的寝宫问安，经常把四方朝贡的物品进献给母亲享用。有一次，母子俩畅游西苑，宣宗亲自扶着亲娘走上了万寿山，捧上美酒敬祝母亲万寿无疆。第二年，宣宗陪母亲拜谒长陵、献陵。经过河桥时，宣宗随即下马，亲自扶着太后的坐辇过河桥。

唯独有一件事，成为母子融洽关系的不和谐音符，这也是这个孝顺儿子第一次违背母亲的心愿——宣宗不顾母亲的反对，一定要废旧后立新后。

原来，宣宗的原配是皇后胡氏，可他更喜欢贵妃孙氏。孙氏在十岁的时候，经彭城伯夫人，也就是张太后的母亲推荐，被选入内宫抚养，成为以后宣宗择配的人选。她虽出身卑微，但面貌姣好，聪明伶俐。后来，朱棣给心爱的皇孙朱瞻基选媳妇时，却选中了济宁（今山东济宁）百户胡善祖的第三个女儿胡氏，将其册封为皇太孙妃，而孙氏则被封为皇太孙嫔。

宣宗即位后，胡氏成了皇后，孙氏成了贵妃。胡皇后是朱棣亲自挑的，确实贞静端淑，可以母仪天下，但是她身体不好，没法生育，所以经常受到宣宗的冷落。而孙贵妃虽然也没有孩子，但是她长得比胡皇后好看，所以被美色迷惑的宣宗偏偏钟爱后者。

按明朝历代留下的制度，册立皇后的时候是要有"宝"（即金玺）有"册"（即写有帝王封赐命令的金册）的，贵妃则有册无宝，但宣宗更喜欢孙贵妃，于是特地命人制了一份金宝赐予孙氏，明朝的贵妃中有宝有册的，孙氏的确是独一份。由此可知宣宗对她的宠爱。

明宣德天蓝釉盏

张太后虽然同意了这件事,但她对胡皇后更满意,内心里并不真正赞同儿子的做法。

赐予了金宝,宣宗还不满足。他可以喜欢孙氏,只要不讨厌胡氏,那一切还好说。但他一直都不喜欢胡皇后,废后的想法一直在他脑子里反反复复出现了无数次。但是胡皇后一直很贤明,没有任何过错,宣宗也就没有合适的废后借口。

后宫之事,皇嗣是重中之重。宣德二年(1427年)十一月,孙贵妃生下一个儿子,就是后来的朱祁镇,此事的出现,让宣宗更立皇后的念头更加强烈。朱祁镇出生后不久,大臣们便上表请求立他为皇太子。胡皇后贤惠通达,也主动表示早定国本为好。按嫡长子继承制,皇后生的大儿子才是最佳人选。虽然胡皇后现在没有孩子,但是尚且年轻,说不准以后会有皇子。因此立朱祁镇为太子,明显有些操之过急。孙贵妃自然明白其中的道理,故意推辞,表示越过皇后之子早早立太子有违制度,然而宣宗不愿意等。第二年年初,宣宗便册立还不到三个月的朱祁镇为皇太子,成为了明代历史上年纪最小的太子。

不论是立太子之事还是其他事情,朱瞻基其实就是想立孙贵妃为皇后。而现在母以子贵,朱祁镇成为太子,他的生母地位自然就高了。但是即便这样,朱瞻基要废后也还是经历了一番周折。他召见大臣商议废后之事,大臣们都认为胡皇后没有过错,不应废去。由于大臣们的强烈反对,朱瞻基也没办法。此后又多次宣召大臣

明永乐十八年(1420年)建成,初名长安宫,嘉靖十四年(1535年)更名景仁宫

们商议，仍旧没有结果。

朱瞻基在无奈之下，便单独召见了杨士奇，请他出主意。杨士奇建议朱瞻基好言开导胡皇后，让她自己上表请求辞去中宫之位，这样既合乎礼仪，大家也不会有什么异议了。主意一出，贤惠的胡皇后果真答应了，朱瞻基又惊又喜。可是眼看万事俱备，张太后却又出言反对，朱瞻基便使出最笨的办法，向母后保证：以后对两宫一视同仁，不分薄厚。张太后无奈，也不便多说什么，勉强答应。就这样，胡皇后被废，孙贵妃成了孙皇后。

## 做女人难，做胡皇后这样的女人更难

在这桩婚姻里，胡皇后一开始就注定是一个被丈夫朱瞻基反感的人物。因为她误入了一盘本已摆好的棋局，所以在朱瞻基眼里，胡氏不仅是个可有可无的人物，而且是一定要消失的多余人物。婚后不久，聪明的胡皇后就明白了所有的前因后果，然而，这是她的命运。在巍巍皇宫中，她的命运掌握在别人手中，无法更改。她只有在丈夫的冷淡中抑郁寡欢，渐渐地久病难愈。

胡皇后被废之后，依照宋仁宗废郭皇后为仙妃的先例，号静慈仙师，退居长安宫。张太后十分同情胡氏无故被废，再加上她本来就欣赏胡氏的贤惠，因此经常将她召到清宁宫中和自己一同居住。有时，宫廷设宴，她还命胡氏坐在孙皇后的上座，孙皇后时常为此怏怏不乐。自己身为皇后，一个废后却常常居于自己之上，不快之情也在所难免。不过没多久，张太后就病逝了，胡氏听闻后极度悲伤，没过一年的工夫也跟着病逝了。

对于胡皇后无缘无故被废一事，世人无不议论纷纷。胡皇后举止得体，贤良温淑，简直就是人们心目中皇后的形象，可谁知最后却落得如此下场。虽是爷爷朱棣亲自为其选的媳妇，朱瞻基却仍然执意废

娘娘府坡道

后，难怪世人都站在胡皇后这一边。当然，这也不排除人们都倾向于同情弱者的惯性。更讽刺的是，几年后，宣宗也有些后悔，曾说过"此朕少年事"也算作是忏悔吧。但毕竟木已成舟，很多事情也再无法改变了。

如今在京西，有一处"娘娘府"，在从青龙桥去香山的路上，有一个公交车站就叫"娘娘府"站。正统八年（1443年），胡皇后以"嫔御礼"草草地被葬在了这里，此地也因此而得名"娘娘府"。

另外，娘娘府还残存着一座景帝陵，埋葬的是与明英宗朱祁镇争夺皇位的朱祁钰。英宗发动"夺门之变"把弟弟赶下台，以王的礼仪将兄弟安葬在这里。

一直以来，朱祁镇以为自己的生母是孙皇后，直到天顺六年，孙皇后逝世，朱祁镇从钱皇后口中才得知了事情的"真相"。朱祁镇如梦初醒，但这个时候已是物是人非，要找自己的生母，谈何容易，所以朱祁镇便把自己对生母的那份感情转移到了这位"贤而无罪，废为仙姑"的胡氏身上。又尊胡氏为"恭让章皇后"，整修了其陵寝，就像对待自己的生母一样。

如今，景泰帝陵还值得游人前往观赏，而那座娘娘府早已面目全非。

娘娘府远景

## 亲生的还是盗来的

孝恭章皇后孙氏,这个朱瞻基爱了一辈子的女人,死后随夫葬在景陵。孙氏是山东邹平人,永城县主簿孙忠的女儿。孙氏从小就是个美人坯子,天生丽质,聪明伶俐,很多人都对这个小女孩的美丽赞不绝口,小小年纪就已名动一城。随着美名渐渐传开,最后传到了朱高炽的丈母娘——彭城伯夫人的耳朵里。夫人与她是同乡,时不时回故乡看看。有一次回乡时,在好奇心的驱动之下,夫人命人将小孙氏带到面前,果然名不虚传。彭城伯夫人常年出入皇宫王府,浓妆淡抹都见过,估计眼睛都看麻木了,而小美人的出现却让她眼睛一亮,可见孙氏

孝恭章皇后孙氏像

的美确实不同凡响——这等美事岂能便宜了别人?彭城伯夫人马上想到了自己的外孙朱瞻基。

从永城返回北京,彭城伯夫人立即不遗余力地向女儿女婿乃至明成祖推荐小孙氏为太孙妃。听夫人的不断夸赞,大家都对这个小美人产生了浓厚兴趣,明成祖命人将小美人召进宫里。一看,果然美丽非凡。只是她和孙子朱瞻基的年龄都太小,还没到成家的时候,朱棣便决定将她养在太子妃张氏宫中,等其成年。从此,小美人成了仁宗张皇后的养女,与自己未来的丈夫宣宗朱瞻基一起长大,也算得上青梅竹马,两小无猜,难怪后来感情那么好。

等到朱瞻基十九岁时,小美人也出落得更加美丽成熟。原以为事情就这么定了,可谁知半路上竟出了岔子——晚年的朱棣突然改变主意,把同为山东人的胡氏选为了皇太孙媳妇,孙氏则被选为嫔妃。这一决定出乎很多人的意料,当时有人提出异议,但是越老脾气越古怪的朱棣决定的事是没人可以改变的。这桩当事人极不情愿的婚

明宣德铜印

姻再次证明：强扭的瓜不甜，三个人的悲剧爱情也就此上演。

朱瞻基如何宠爱孙氏自不必多说，而孙氏最后因先生下儿子从而争得后位的决定性胜利一事，却引来了质疑，大家似乎都想到一块儿去了——孙氏有"盗子"的嫌疑！

孙氏偷梁换柱，派人在宫中四处打探，得知有位宫女被帝王临幸后怀有身孕，立即神不知鬼不觉地将这位宫女藏在秘室之中，与外界隔绝，派专人送饭、照看。然后孙氏买通御医，对外宣称自己怀孕了，伪装了许多怀孕的迹象。由于当时孙贵妃深得帝王宠爱，因此无人敢透露半点风声。就这样，十月怀胎，宫女顺利产下一子，接到消息的孙贵妃马上派人将孩子抱到身边，秘密处死了宫女，然后立即派人通知宣宗，自己则装出一副产后异常虚弱的样子。于是，这个一出生就没了娘的小男婴变成了孙皇后的"亲生儿子"，这个小孩就是后来的明英宗朱祁镇。

用别人的孩子来当自己的孩子，这不是闹着玩的，尤其是在那个规矩森严的后宫。但是连史书上都有关于孙氏"阴取宫人子为己子"的说法，可见此事并非道听途说这么简单。

熟知明史的人都知道，朱瞻基是一个子嗣较少的帝王。后宫佳丽三千，朱瞻基的后代中却公主居多，或许连朱瞻基自己都很苦恼。

在封建社会，寻常人家都知道不孝有三、无后为大，更何况是世袭的帝王之家，没了儿子，就只有把辛辛苦苦夺得的江山拱手让给宗室里的其他人，朱瞻基不甘心，

明宣德年间的戟花瓶

朝中上下对皇嗣之事也议论纷纷。每每宫中有妃嫔怀孕，都会立刻引起全宫的关注。在这种"众目睽睽"之下，要想以瞒天过海的方式"生育"第一个皇子，那简直比登天还难！所以"盗子"一事儿也经不起推敲。

细想，要想完成这么一件偷天换日的事情，需要有人帮忙运作，而且这些人至少都得是培植了多年的心腹，绝对忠实，否则参与的人越多，就越不安全。虽然不知道孙氏有没有这样遮天瞒日的手腕，就算有，那么等孩子生下来之后，那些知情的人无异于是定时炸弹。可是，孙氏有能力一下除掉这么多的人而不露痕迹吗？再者这些知情者应该都是孙氏的亲信，若把他们都杀了，那么谁还敢再替孙氏卖命，她以后又该怎样在宫中立足？

就算这种十月怀胎一朝分娩的事能瞒得过朝野上下，但是瞒得过与她同床共枕、亲密无间的朱瞻基吗？"盗子"是一项大工程，孙氏应该不会铤而走险吧。

种种推测都将孙氏盗子一说否定了，于是又有人认为这件事是否是孙氏与朱瞻基一起谋划的。这种说法似乎确实有点可行性。有帝王撑腰，一切似乎都好办许多。然而天网恢恢，疏而不漏，后宫森严，耳目众多，要实施起来，总不是一件容易的事情。

总之，有关孙氏"阴取宫人子为己子"的说法实难经得住推敲和质证，是明显荒诞不经、不足以采信的。

如今人们已经掌握了以DNA基因鉴定分析判定亲子血缘关系的技术，孙皇后死后葬于景陵，朱祁镇死后葬于裕陵，目前明朝在北京的十三座帝王陵寝中，这两座陵寝尚未被发掘，未来终有一天，人们或许可以通过提取孙氏和朱祁镇尸骨上的DNA，来彻底解决这桩历史疑案。

说来也奇怪，明朝从朱瞻基之后，竟连续三辈原配正宫皇后都没能生育皇子，她们分别是朱祁镇的钱皇后、朱祁钰的汪皇后和朱见深的吴皇后，乃至其另立的王皇后都如出一辙。而作为明宣宗仅传的两脉之一——景泰帝朱祁钰只有妃子杭氏生育了一个儿子朱见济，可谁知朱见深在被立为太子后不久竟夭折了。这样，由朱元璋、朱棣、朱高炽、朱瞻基传下来的这一脉，就只剩下朱祁镇。

# 蛐蛐帝王嚯嚯叫

宣德年间，宫中盛行斗蛐蛐……江南出蟋蟀，也有斗蟋蟀的风俗。于是，宣宗特命苏州知府采办一千个上好的蟋蟀进贡。蒲松龄先生的《聊斋》名篇《促织》也就是在这个背景下出场了。

帝王也是人，也要有娱乐活动和自己的爱好，那个年代毕竟没有电视机，没有网络，他们不会斗地主，也没有足球看，总该找一些兴趣爱好供消遣消遣。

宣德帝王朱瞻基算得上是一位称职的帝王，他对明王朝的贡献是不可磨灭的。他开创了明王朝的"永宣盛世"，被史学家称之为太平天子、历史上著名的守成之君，这些称号对于宣宗帝王来讲一点儿也不夸张。但是这些并不能掩盖朱瞻基喜欢斗蛐蛐的嗜好。朱瞻基喜欢斗蛐蛐在当时可是一件全民上下、人所共知的事情，所以历史上把这位帝王称为"蛐蛐帝王""促织天子"。

正是因为当朝皇上爱玩蛐蛐，所以斗蟋蟀之风在全国盛行开来，蟋蟀的价格也跟着扶摇直上。朱瞻基对斗蟋蟀达到了近乎痴迷的程度，即位之后，他经常派宦官选取上好的蟋蟀来玩耍。后来他觉得北京的蟋蟀不好，还曾经让各地采办上等蟋蟀来京奉送。当时，捕得上等蟋蟀和军中取俘首级同等功，可以借此升官发财，足见宣德年间蟋蟀虽小，捕蟋蟀却是大事。地方官员为了取悦他，都变本加厉地下达任务，一度给百姓们造成了很大的负担，弄得鸡犬不宁，甚至家破人亡。蒲松龄《促织》中讲的就是这样的故事：老实人成名为宣德帝王寻蟋蟀，走投无路之际，其妻求得神示，抓到了一只蟋蟀，谁知成名的儿子不慎将其弄死，因

宣德年间的蟋蟀罐

此他被逼投井……

一国之君沉溺小虫，终究与一代明君的身份不相符，所以明朝的正史里都没有关于朱瞻基斗蛐蛐这件事的记载。

朱瞻基喜好蟋蟀，数量又多，蟋蟀罐应当也不在少数。《万历野获编》说："今宣窑蟋蟀盆甚珍重，其价不减宣和盆也。"可见，在明末宣德朝蟋蟀罐已经价比珍宝。价格虽然高，但是毕竟还有存货。遗憾的是，流传至今的宣德蟋蟀罐已成凤毛麟角。传世至今并有记录的宣德官窑蟋蟀罐共有三件，一件为故宫旧藏的宣德晚期青花牡丹蟋蟀罐，一件为日本户栗美术馆藏宣德晚期青花天马纹蟋蟀罐，另一件为1989年11月苏富比公司《中国艺术品目录》中刊出的宣德黄地青花瓜果纹蟋蟀罐。宣德蟋蟀罐存世如此稀少，原因何在？明初名臣李贤在宣德帝去世以后二十多年撰写的《天顺日录》中说：宣

宣宗所绘《三阳开泰图》

德帝王死后，其母张太后命令将"宫中一切玩好之物"都清除，蟋蟀罐存世稀少与此大有关联。可见张太后对此事也已经咬牙切齿、十分痛恨。

不过，这个蛐蛐帝王除了爱斗蛐蛐之外，还喜好写诗作画。他在位时，宫廷文

化十分鼎盛。他留下了不少作品,诗文、书法、绘画,无所不包,不过现存的绘画作品并不多,只有《武侯高卧图》《瓜鼠图》《花石狸奴图》《戏猿图》《万年松图》和《三阳开泰图》等几幅流传于世,但都有较高的艺术水平。

《万历野获编》的作者记载,其曾经见过宣宗在幼年时画的一个扇面,上画有花枝和竹石,题有宣宗御制诗:"湘浦烟霞交翠,剡溪花雨生香。扫却人间炎暑,招回天上清凉。"扇面的画面,渲染设色直追宋人,书法学颜真卿,而又微带沈度的姿态,堪称一件上乘的艺术佳作。

《宣宗行乐图》之一,作者不详

## 明英宗朱祁镇
### ——明朝绝无仅有的太上皇

| | |
|---|---|
| 姓　　名： | 朱祁镇 |
| 职　　称： | 明英宗 |
| 生　　卒： | 1427—1464年，享年三十六岁 |
| 最高职务： | 明朝第六任、第八任帝王 |
| 就职年龄： | 九岁 |
| 帝王工龄： | 二十二年（1436—1449年、1457—1464年） |
| 荣誉称号： | 法天立道仁明诚敬昭文宪武至德广孝睿帝王 |
| 老　　爸： | 朱瞻基 |
| 老　　妈： | 孙氏，一说某宫女 |
| 兄弟排行： | 老大 |
| 接班人： | 朱祁钰、朱见深 |
| 最得意： | 复辟 |
| 最遗憾： | 杀功臣于谦 |
| 最痛心： | 成为俘虏 |
| 最失意： | 被软禁南宫 |
| 最擅长： | 忍耐 |
| 现在住址： | 北京昌平十三陵裕陵 |
| 个性签名： | 如果上天再给我一次机会，我要再当一次俘虏…… |

明英宗朱祁镇像

## 天堂地府间

相比乱世下夺天下的朱元璋、被叔父篡位的朱允炆、马上争江山的朱棣、在位不长的朱高炽、第一个废后的朱瞻基，明英宗朱祁镇则可称得上是一位传奇的帝王。他生下来仅八十多天，就被立为皇太子，在襁褓中就被法定为未来的大明天子。此后，父皇归天，九岁的小祁镇便登上了天子宝座。

长于深宫，终日与宦官、宫女为伍，社会阅历与政治经验对他而言几近空白，所以大权不久就落入宦官王振之手，明英宗对他言听计从，王振则依仗帝王的威严排除异己，树立朋党，使得朝政危机四伏。正统十四年，蒙古瓦剌军大举南下，边塞告急。在王振的怂恿下，朱祁镇亲自出征。他这么做，

明英宗坐像

或许是为了证明自己并非懦弱的天子，证明自己也可以像列祖列宗那样，依靠实力打拼出一番功业，从而为自己树立威信。然而战事无情，朱祁镇在土木堡全军覆没，本人也成了俘虏。大明王朝的天子成为了敌人的俘虏，说是奇耻大辱也不为过，但是好歹没有完全丧失皇家的尊严，但明王朝至此开始没落。

朱祁镇被俘之后，为稳定人心，众臣立他的弟弟朱祁钰为帝，也就是明景帝，这对于朱祁镇来说更是致命的一击，自己不但成了俘虏，连皇位也丢了，他这个天子做得太失败了。后来英宗被瓦剌释放，而不幸的是回京后的他又立即被弟弟景宗囚禁，一囚就是八年，八年的时间对囚者来说是漫长的。但是朱祁镇并没有因此而消沉没落，这个太平天子在经历过大风大浪之后变得坚忍不拔，他抓住景宗病危的机会一朝复辟，再次夺回大权。上台后，他就大杀群臣，甚至处死抵抗瓦剌的名将于谦，又引来不小争议……

从幼年太子顺利过渡到少年帝王，从九五至尊瞬间沦为蛮族俘虏，从囚犯到复辟帝王，朱祁镇从一个火坑跳到另一个火坑，大起大落、大喜大悲，确实是波澜起伏、千回百转。皇子——帝王——俘虏——囚犯太上皇——帝王，朱祁镇的一生真是生命不息，折腾不止，不愧是传奇的一生。

明英宗朱祁镇

# 好一个俘虏帝王

如果再给朱祁镇一次选择的机会,我想他会对司礼监大太监王振说三个字:"我不去!"亲征瓦剌,何等危险。堂堂大明帝王怎么会去这么危险的地方?

而据《明史》记载,明英宗被蒙古大军抓去的事实只用"北狩"两个字一笔带过。这不仅是个死要面子的缘故,当然也是出于政治的需要,是一种忌讳。但是这么一说,历史就被歪曲或者说美化了,总之是与事实不相符了。好像朱祁镇不是御驾亲征去了,而是去蒙古草原上度假狩猎去了。而实际上,一个堂堂君王竟然做了阶下囚,成为敌人的最大猎物,这才是最大的耻辱。

要说这件事,还得从太监王振说起。

王振是今河北省蔚县人,出生卑微,从小受够了地位低贱的苦,发誓要出人头地。但是很显然,对他来说,按照寻常科举仕途的发展轨道那不知道要到何年何月,于是,他绞尽脑汁,想了一条捷径中的捷径——成为宦官,然后削尖了脑袋,寻找机会进入皇宫,一步登天,直接接近国家掌权者。这厮还真是聪明,对自己也狠心。

当时朱瞻基正好选中王振当小太子的陪读。而王振本来就有点文化功底,加上脑子灵活,很容易就把一个九岁的小帝王哄得团团转,被帝王宠信得口口声声称他为"先生、先生"。就这样,王振很快将大权牢牢掌握在自己手里,一时间权倾天下,一切都是他说了算,帝王倒成了摆设。

当一个主子总是被奴才摆布的时候,这个国家也就没什么希望了,种种问题日积月累,内忧外患接踵而至。而这时候,明朝北部边疆的蒙古部落逐渐强大起来,头领也先与他的远祖成吉思汗一样有着庞大的野心,对富庶的中原早就垂涎三尺。也先的先辈们时运不济,遇上了朱元璋和朱棣这样强硬的对手,而他此时来了机遇,对手竟是一个未长大的孩子,于是机不可失,时不再来,也先便亲自率军大举南下,攻城略地,直取中原。

被囚禁的明英宗

奉先殿

军情告急，王振显然没见过这阵势，竟天真而幼稚地决定，让英宗朱祁镇领兵五十万亲征。蒙古骑兵人数并不多，但他们多年来北扩疆土、东征朝鲜，素来所向披靡，战斗力不可小觑。王振以为靠着人海战术和大明天子的威望就能稳操胜券，可惜他只是个太监，耍阴谋、玩权术还行，说到排兵布阵、征战沙场，他可能连一个小兵卒都不如。

而朱祁镇呢，当时只是二十多岁的年轻帝王，作为从未打过仗的太平天子，老祖宗们的英武神勇一直是他向往的，战场的险恶他却知道得不多。朱祁镇一方面想表现自己，另一方面也是为了在众臣面前证明自己，可是他不清楚剽悍的蒙古骑兵不是来满足他的英雄感的。

就这样，朱祁镇带领明朝浩浩荡荡的大军出发了。对于没有任何作战经验的朱祁镇来说，这可不是过家家。出了北京没几天，还没到前线战场，军中就开始闹饥荒了，再加上塞北天气寒冷，兵士们饥寒交迫，苦不堪言。

结果不必多说，朱祁镇在王振的撺掇下，率兵亲征，但是两个在战场上什么都不懂的人，加起来就等于失败。这是完全不出意料的，明朝五十万大军活下来的所剩无几，整个土木堡地区乃至整个出征沿线，到处都是明朝将士的鲜血与骸骨，到处都是他们丢弃的残盔废甲，这一凄惨景象多年后仍然清晰可见。而没想到的是，这场较量居然输到连帝王也成了敌人的俘虏，简直是亏本到家了。这就是明朝历史上著名的"土木堡之变"，这场历史上罕见的以少胜多的战争距离明朝开国只有八十一年。从此，明王朝开始由盛转衰。

## 超级模范夫妻

俗话说"女怕嫁错郎,男怕入错行",其实男人也怕娶错老婆。帝王娶一个什么样的老婆,不仅关系到他个人的婚姻幸福,更关系到整个国家的前途命运,对于这一点,作为过来人的张氏太皇太后是最有感触的。她不仅见证了自己的命运,也见证了后辈们的经历,所以,张氏在为孙儿选择妻子时格外谨慎。

经过重重筛选,海州(今江苏海州)的少女钱氏脱颖而出,被太皇太后相中,成为孙子朱祁镇的原配夫人。钱氏比英宗大一岁。

钱氏的册后仪式,是明王朝有史以来帝王的第一次婚礼仪式。在此之前的帝王们早在即帝位之前就早早地完成了终身大事,或者说他们登上帝位的时候都是在结婚数年之后的事,所以祖辈们册封皇后只不过是登基以后过过场面、走走仪式罢了,而钱氏是在丈夫已经是帝王的前提下与之结合,便显得隆重许多。钱氏立后的过程极为隆重。这场婚礼可以说是张氏此生为朱家做的最后一件大事,所以在太皇太后的苦心操持下,婚礼的盛大可想而知。五个月后,她离开了人世。

婚礼那天,锣鼓喧天,十六岁的钱氏凤冠霞帔,成为少年帝王的皇后,也成为紫禁城的女主人。从此,两个少年相互有了依靠,而中国古代宫廷一段缠绵凄凉的爱情也就此拉开帷幕。

虽然这段婚姻是长辈之命,也就是包办婚姻,但是这并不妨碍朱祁镇对钱氏的一见钟情,小两口的感情出乎意料的好。

在官场外人中看来,钱氏出身寒微,虽然她的家族在平民百姓眼中已经是很不一般了。她的曾祖父钱整,任燕山护卫副千户,是燕王朱棣的老部下,一直对帝王忠心耿耿。祖父钱通是金吾右卫指挥使,父亲钱贵继承了祖传的武职,

钱皇后像

多次随成祖、宣宗北征,凭借战功升至都指挥佥事。所谓爱屋及乌,英宗自然要把老丈人孝敬好,打算晋封老丈人为侯爵。见帝王如此体贴,钱皇后深为感激,然而知书达理的她并不愿意家族因为自己的身份而无功受禄和损害丈夫"明君"的声誉,因此钱氏谢绝了英宗的好意。英宗原以为钱皇后的谦逊只是一种姿态,所以他再三提出晋升老丈人的建议。

土木堡之变中帝王被俘

可出乎意料的是,无论自己怎样提议,钱氏都一律推辞。英宗顿时明白过来,不再提此事,也对贤惠的妻子多了一份敬重。

虽然英宗深爱钱氏,可是后宫仍有三千佳丽,身边总免不了美女如云。这也很正常,但是让人着急的是,其他宫人产讯不断,可是身为六宫之主的钱皇后在生育上却一直不如意,立后六七年,自己膝下并无一子半女。而在后宫诸多的女子中,一个来自北京昌平的民家女子周氏最为突出,她先为十八岁的英宗生下一个公主,两年后又生下了庶长子,即后来改名为朱见深的朱见浚。

不过英宗并不着急,他爱皇后,坚信深爱的人一定会为自己生一个皇子,并将皇位传给这个孩子。为此,他愿意等。可是,庶长子朱见浚都已经两岁了,皇后仍然没有任何动静,就在这个时候,意外发生了——土木堡之变,朱祁镇竟沦为了俘虏!

消息传来,钱皇后如五雷轰顶,再加上哥哥钱钦和弟弟钱钟也在"土木堡之变"中丧生,一时间,钱氏一族失去了顶梁柱,失去了左膀右臂。谁料雪上加霜,本就无依无靠的她在得知丈夫的弟弟朱祁钰登基后,更加绝望。在封建社会和皇室背景的限制下,一个女人无法凭借自己的力量扭转局面,她只能日夜哭泣,以泪洗面。

每到夜深人静的时候,大家都沉沉睡去,没人知道在冷清的宫宇中,还有一个女人夜不能寐,

明英宗赐给将军李文的"免死金牌"

她不停地磕头祈祷上苍，保佑丈夫生还。日日夜夜，年复一年，她就这么不停地祷告。过度的悲痛劳累和恶劣的生活环境侵蚀着她的身体和青春，她的一条腿受了重伤，再也无法治好，昼夜不停的哭泣更使她的一只眼睛也失去了视觉。在巨大的悲痛面前，身体的残疾显得无足轻重，如果能换来爱人的平安归来，她宁可残疾。这一年，她二十三岁。

◎ 南宫（又叫东苑）
明英宗曾八年囚禁在此

当二十二岁的朱祁镇终于能回家时，一切都变了，迎接他的是残酷的现实。明景帝朱祁钰不肯让位，还将哥哥当成是重大隐患，在第一时间就把他幽禁在冷清的南宫。手足相残，这是英宗没料到的，更没想到的是在南宫中等待自己的，也不再是往日里和思念中那个风姿绰约明眸善睐的妻子。可正是面对这样一个残疾病弱的

◎ 报恩寺
报恩寺座落在平武县城的东北角。始建于明英宗正统五年

女人，在事业和亲情两方面都备受打击的朱祁镇才愈发感受到妻子浓浓的爱意，才真正明白何谓结发情深。从此，夫妻二人在南宫中相依为命。

为了权力，兄弟可以反目。朱祁镇困在南宫中愁闷焦躁，饥寒交迫，度日如年。

丈夫的处境钱皇后看在眼里，急在心里。但她表现得十分镇定，因为如果自己先乱了，那么朱祁镇更会消沉下去，再无重见天日之时。所以识大体、懂大局的她一面百般宽慰丈夫，一面支撑着病体，带领南宫中的嫔妃宫娥赶制绣品，以此换些基本的生活物资。就这样，小两口相依为命，相互取暖，度过了八年的漫长岁月。

可能这只是上天给这夫妻俩的考验，事情出现了转机。景帝病情加重，朝中大臣们想要换帝王的消息传来，英宗抓住机会，成功复辟。1457年，英宗重登帝位，当然也就要再次立后。他毫不犹豫地想到了与自己共同患难的妻子钱氏。但就在这个时候，意外又发生了……

这个时候的钱皇后不但患有严重的残疾，更致命的是完全丧失了生育能力。庶长子朱见深的生母周氏自然不肯善罢甘休，想要为自己和儿子争一个好的前程，也希望借此机会更上层楼。

一个叫蒋冕的太监向孙太后进言道："钱皇后既没有孩子，身体又残废，不适合当皇后，这也有失大明王朝的面子，应该让周贵妃升为皇后。"孙太后同意了，可英宗听到后怒不可遏，最后蒋冕被贬，周贵妃的计划失败。此后，后宫之位再无人敢有非分之想。

八年之后，也就是1464年，明英宗患病，病情迅速恶化，生命走到了尽头。油尽灯枯的朱祁镇对于王朝没有什么不放心的，他唯一放心不下的是妻子钱皇后。他

### 前门箭楼

建于明正统四年（1439年），现在位于北京天安门广场南端。

担心周贵妃借儿子欺凌钱皇后，废除她的皇后名位，甚至逼钱皇后殉葬。因此，英宗特别嘱咐皇太子朱见深："皇后的名位就这么定了，不能更改，只要钱皇后还在，你就应当一直尽孝心。"该嘱咐的也嘱咐了，可是一往情深的英宗仍不放心，怕儿子会屈服于生母周氏的意志，于是他又反复叮咛顾命大臣李贤："钱皇后千秋后，与朕同葬。"李贤流着眼泪退出英宗的寝宫，并将这句话添在了遗诏上。

此外，英宗还留下了"罢宫妃殉葬"的遗言，《稗事汇编》记载：明英宗临崩时说："用人殉葬，吾不忍也。此事宜自我止，后世勿复为。"明初以来所实行的嫔妃殉葬制度就此废除。很多人认为，这与他怕儿子和周氏逼钱氏殉葬有关，是为保护钱皇后，不得已才出此策略，却在客观上成就了一桩德政，成为英宗一生中最亮眼的光芒。而在留下这道令世人称道的诏令后，英宗便离开了人世，年仅三十六岁。

## 机关算尽终是空

英宗驾崩后不久，他担心的事情就真的发生了。皇太子朱见深即位后的第一件大事就是尊礼皇太后。按照常理，被尊的皇太后首先应该是新帝王的嫡母，然后才

明裕陵

裕陵铜雕兽像

是生母。可宪宗的生母周贵妃心理严重不平衡，更摆出帝王生母的身份，要求废除钱皇后，取而代之。

一时间，朝廷上下议论纷纷，顾命大臣李贤受英宗亲口嘱托，又深知钱皇后贤德，坚决反对，群臣也一致反对，周贵妃便向儿子施压。谁知亲生儿子也不帮她，反倒劝母亲接受两宫并尊的事实。

或许大家都明白，当初英宗落难，钱皇后悲伤欲绝，可见其对先皇的深情，而周贵妃此刻为了争权夺势，无理取闹，群臣上下十分不满。最终，在宪宗的支持下，英宗去世两个月后，钱皇后被尊为"慈懿皇太后"，周贵妃只被尊为"皇太后"，周贵妃无奈，但也只能接受这个事实。

经过这次事件后，大臣们都知道周太后的心性和为人，也知道终有一日她还会在英宗要与钱皇后合葬一事上再起事端。于是，在为英宗兴建陵墓的时候，李贤等大臣预先提出，要在地宫中同时营建三间墓室，为的就是保护钱氏，万一周太后不让她与英宗合葬，还有个备用方案。但是周太后自己也很清楚这其中的计策，于是

太庙大殿

用尽办法强烈反对,最终同时营建三间墓室的计划也就没有实施,只为明英宗单独建了陵。

果然,在太后尊号及待遇上不满意的周太后并未善罢甘休。尽管钱太后与世无争,但周太后仍不买账。

不久,遵照英宗的遗嘱,宪宗与吴氏完婚。然而他并不爱这位年轻漂亮的皇后,偏偏爱上一个比自己大了足足十九岁的宫女万氏。万氏阴险泼悍,善良的吴皇后根本不是她的对手。在万氏的诱惑下,本就对吴氏没有好感的宪宗在成婚仅一个月后便决定废后。对此,钱太后觉得毫无道理,表示反对。而原来跟钱太后意见一致的周太后为了和钱太后作对故意表示支持。心怀鬼胎的母亲和坚持废后的儿子一唱一和,难撑大局的钱太后终于没能保住丈夫为儿子选中的吴皇后。可怜的吴氏仅做了一个月零一天有名无实的皇后后,年仅十五岁便被打入了冷宫。

在废后一事上,钱太后因没有支持宪宗,宪宗因此对她渐生芥蒂。钱太后的处境越来越艰难,思夫成疾又抑郁寡欢的钱太后不久即离开人世,或者说终于得以解脱。她是解脱了,活着的人却又开始了新一轮的斗争。

按照英宗的遗嘱,钱太后应该是唯一一个能够与他合葬的女人。然而钱太后刚死,周太后就坚决反对合葬,要求儿子为钱太后另选墓地。而这恰恰证明了李贤等臣在当初营建英宗陵墓时的先见之明。

经过废后一事,宪宗更多地倾向于母亲,他和周太后想好了各种理由要把钱太

始建于明英宗正统年间的武威文庙

后分葬别处，可是群臣众口一词，宪宗理屈词穷。他一方面想遵照遗嘱，以免给后世留下不好的言论，但是迫于母亲的压力，他又无法推脱。见皇上为难，大臣们便建议将钱太后葬在英宗的左边，把右边留给周太后，这样就两全其美了。但是周太后却还是反对，朱见深实在没有法子了，怎么做都是不孝，只能叫苦不迭。而在群臣眼中，朱见深听命于周太后纯属愚孝，以致已经丧失了原则，大家对此极为不满，誓要为孤苦无依的钱太后讨个公道，纷纷上疏进谏。第二天上疏之人更多，四百七十名大臣联名的疏章摆在了宪宗的案头，不用看就知道，全都是为钱太后请命，要求合葬的。

明裕陵

周太后见大家都偏袒钱氏，心里更是不舒服，不管大臣们说什么，坚决不退让。周太后坚持，大明群臣更坚持。又过了一天，八十名大臣刚下早朝就集体跪在文华门外放声大哭，直哭得撼天动地，整个后宫淹没在一片号啕声中。周太后要儿子下令让群臣退去，朱见深更为难，众大臣拒不从命，声称："不让钱太后合葬就绝不退下！"

就这样，群臣顶着烈日从巳时一直跪到下午申时，哭昏了、晒晕了也在所不辞。宪宗有些无奈，周太后也开始害怕了，终于答应了群臣们的要求。

就这样，钱太后正式谥号为"孝庄献穆弘惠显仁恭天钦圣睿皇后"，神位敬奉在太庙，与英宗并列，并与英宗合葬裕陵。

这下周太后愈发不满，于是暗地里开始悄悄策划行动。由于当初为英宗建陵时，只给英宗建了陵墓，没有预留皇后合葬的位置，因此必须为合葬的钱太后以及未来合葬的周太后重新营建墓穴，再从地下打通通向英宗墓室的隧道。在建墓穴的时候，周太后暗中指示经办此事的太监，将钱太后墓穴的那条隧道故意挖错，不但与英宗墓室方向错开足足数丈之远，而且在中途就把隧道堵住。而留给周太后的石穴则刚好相反，有一道宽敞且直通英宗墓室的隧道。除此之外，在皇宫内供奉历代帝后神位的奉先殿内，周太后也不允许在英宗身边摆放钱太后的牌位画像。

数年之后周太后也逝世了，而这时的帝王已经是她的孙子明孝宗朱祐樘。周太后与孙子的关系不错。孝宗为感激祖母，为周太皇太后举行了隆重的葬礼，将她与英宗合葬在裕陵。

在埋葬祖母时，裕陵地下的隧道隐情被孝宗发现了，于是他计划为钱太后打通隧道，并将周太后的牌位画像和自己母亲纪太后的牌位画像一起另外祀奉在奉慈殿，而非英宗所在的太庙。但是打通钱太后墓穴隧道的想法最终因会影响风水而作罢，最终因为周太后的狡诈诡计，钱太后还是没有实现和先皇明英宗合葬的愿望。

模范夫妻生同衾死同穴的爱情理想终于在一段权力欲望的争夺中未能如愿。可是周太后算计了一辈子最终又得到了什么？她是得到了和明英宗合葬的机会，但是她死后又有何脸面见英宗呢？

## 明英宗"英明"何处

有人曾经这样评价明英宗，大概意思是说英宗总体上看还是不错的，如果没有"土木堡之变"这件事情的话。

英宗在少年时，其所作所为就非同一般。在他还是个小孩子的时候，几位大臣议论边疆之事，五天了还没有给帝王答复，小帝王很愤慨，怒气冲冲地对大臣们说："你们以为我是个小孩就好欺负吗！"英宗尚且年少，就已经有了如此鞭笞四夷的气魄，这是不可小觑的。虽然英宗最大的败笔是御驾亲征后被俘虏，但是至少从用意上讲是不错的，他继承了祖辈们尤其是朱元璋和朱棣御驾亲征、指点沙场的气魄，以己为表率，保卫国家边界的安全。只是不幸的是，少有作战经验的他在突围失败后被敌军俘虏，但他不慌不忙，下令随从士兵都下马端坐，自己上前询问瓦剌军的首领是谁，并一连报了好几个明朝封的蒙古王的名号。他即使被俘虏了，也没有青衣行酒，更没有坐井观天，瓦剌在他的人格魅力之下也没有侮辱他，更没有像对待其他俘虏那样对待他。一个瓦剌将领曾想要杀掉朱祁镇，但最后被一个瓦剌大臣及时制止。

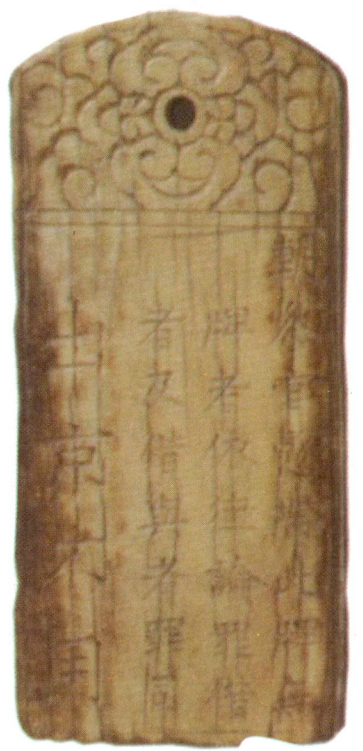

明象牙腰牌

天坛斋宫里的朱祁镇像

并且给了他很严厉的惩罚。也先也很重视他，走到哪儿都带着他。后来瓦剌要把朱祁镇送回去，瓦剌首领们还恋恋不舍地哭着说："我们以后就再也见不到您啦！"由此可见朱祁镇此人的魅力及为人。

然而，即便是在这样一种场合下，朱祁镇仍旧镇静从容，充分显示出一国之君的尊严、高贵和人格感染力。

辗转复辟以后，朱祁镇一直勤政用功，所有奏章都自己亲自过目，是明朝十分少见的勤政帝王。他每天早晨拜天祭祖，上朝，阅奏章，对于容易解决的事情，当即给予批复，而对于那些有争议的事情，则送到先生处参决再议。拥立他复辟的曹吉祥、石亨等，先后被他除掉，避免了他们的势力过于扩张而使得权力集中在个别人手上。更值得人称道的是，他"释建庶人之系，罢宫妃殉葬"，堪称明朝数一数二的大善政。

土木堡之变客观上使明朝开始走向没落，但是他在复辟后八年间的成绩也为后来明中期的稳定打下了坚实基础。尤其重要的是，在经历了长达八十年没有宰相的政治格局后，首辅制度也在他在位时逐步稳定下来。主要原因是因为他在位时年纪太小，而按照太祖立下的遗训，太皇太后和皇太后都不能参与朝政，所以朝政都是由大臣来辅佐和引导的。朱祁镇复位后，对贤相李贤的长期任用，使大学士成为实质意义上的首辅。

朱祁镇不像残暴的朱元璋和朱棣，他在位时，政治一直都很清明，他没有杀一个无罪之人，也没有派遣过一名内官外出扰民。尤其值得称颂的是，他的正宫皇后钱氏在他被俘后，因为日夜哭泣而坏掉了眼睛，而他始终没有因为钱氏的残疾而废掉她，这是他的父亲朱瞻基所不能比的。朱祁镇夫妻情深，世人皆知。他在临死时还不忘在遗诏里嘱咐，等钱氏也归西之后，一定要跟他合葬在一起。

每个人都有优点和缺点，虽然朱祁镇曾有大的过失，但是从整体上来看，功大于过，一个英明的"英"字，他完全能够担当。

明英宗朱祁镇

# 明英宗的不"英"

虽说朱祁镇被奉为英宗，但他还是有一些不"英"的地方，后人每每提起他，总有摇头的时候。不发表意见并不是说他完美无缺，而是人们不愿意对这些过失说得太多。

作为帝王，他有过错。第一，他轻信宦官王振，导致土木堡之战失败；第二，他错杀了功臣于谦。这两个错误，给他的一生都留下了污点。

据有关史料记载，明英宗在成年以后，仍然像一个未成熟的孩子，什么事都要征询太监王振的意见，为什么会这样呢？历史学家认为，首先子不教、父之过。英宗的父亲宣宗朱瞻基忽视了对他的教育，没有给他找到一个好老师，而是找了一个太监给他当

太监王振像

陪读。一个人往往对从小就最亲近熟悉的人有特别的好感和依赖，再加上王振老奸巨猾，懂得讨好皇上，所以，英宗童年时所崇拜的人，不是别人，竟是这个连字都认不了几个且品行堪忧的太监王振！英宗当了十几年帝王以后，还一直亲热地称呼王振为"先生"。

英宗做错的第二件事就是处死了于谦。于谦是个大忠臣，"粉身碎骨浑不怕，要留清白在人间"正是他的最好写照。然而好官难做，好人难当。于谦的性格很刚强，很容易得罪人，尤其是对那些奸佞之臣。所以于谦这样的人难免成为他们的眼中钉，肉中刺。

景泰八年正月，石亨和曹吉祥、徐有贞迎接朱祁镇恢复帝位后，便马不停蹄地展开了他们的阴谋，于谦和另一个大臣王文被诬陷后锒铛入狱。王文忍受不了这种诬陷，急于争辩，于谦却笑着说："这是石亨他们的意思，争辩有什么用？"对于此

于谦像

事,英宗当时是有些犹豫的:"于谦实在是有功劳的。"徐有贞却建议道:"不杀于谦,复辟这件事就成了出师无名。"因为有人不停地在进谗言,帝王便没了主意。就这样,于谦最后在闹市被处死并被弃尸街头,家被抄,家人都被充军边疆。

于谦家被抄的时候,家里没有多余的钱财,全都是皇上赐给的服装、剑器。他死的那天,阴云密布,知情者都认为他是被冤枉的,他也确实是冤枉的。皇太后开始时不知道于谦的死,听说以后,叹息哀悼了几天,而英宗也在处死于谦之后也开始后悔了。

于谦死后,石亨的党羽陈汝言所干的坏事败露,贪赃累计巨万。英宗厉声呵斥:"于谦死时没有多余的钱财,陈汝言为什么会这样多?"石亨低头不答。不久边境又有敌人来犯,可是像于谦这样的良臣不多了,英宗为此满面愁容。有大臣进谏说:"如果于谦在,局面一定不会这样。"朱祁镇无言以对。后来,徐有贞被石亨中伤,发配充军。又过了不久,石亨也被捕入狱,死在狱中。于谦的冤情到此得以真相大白。

太监王振的家庙智化寺

## 小名字，大讲究

正统初年，明英宗将皇城五个门的名字全都改了，原来的"丽正门"改为"正阳门"，"文明门"改为"崇文门"，"顺承门"改为"宣武门"，"平则门"改为"阜成门"，"齐化门"改为"朝阳门"。后来的这些名字显然是我们熟悉不过的了，可见从那时候改了之后就一直沿用至今。

在封建帝王时期，城门的命名都是很有讲究的，各有意义。这与当时的历史背景有关，具有特殊的意义。

英宗即位之时，正值仁宣之治，官吏称职，政治清平，纲纪修明，仓庾充实，安居乐业。然而朱祁镇当时毕竟是个孩子，知道的事情又太少，让他去理政他也不懂。于是宦官王振乘机秉权专政，危害朝廷。正是因为这样，皇太后才旨令先朝重臣名宰入朝辅佐帝王，以承前启后，继往开来，辅佐小帝王处理朝政，从而巩固朱氏皇家大业。

朝廷用丰富的财力修建京师九门，同时为了表明少年帝王有超人的能力，能调动军夫数万人同时修建京师九门，又决定改换门名。可以说，这已不是一件单纯改名字的事情了，而是非常有政治意义的。

古人常有"日者众阳之宗""人君之象"，因以"正阳"指帝王，所以正阳门就是帝王所在的京城的门，是至高无上、不可侵犯的。左"崇文"、右"宣武"则

英宗改名后的朝阳门

表示国家必须文治武安。而"朝阳"的"朝",有专指大臣觐见君王之意,"朝阳"则有群臣朝拜帝王之意,帝王虽然年幼,但也不能君臣颠倒,主次不分,本末倒置,可见帝王的威严暗示其间。而"阜成",则取自于"六卿分职,各率其属,以倡九牧,阜成兆民"的典故,意思是朝廷各官都要以身作则,带动亿万军民具备良好的道德,此名无异于是一番谆谆教诲。

说来说去,改名的目的就是为了维护自己的统治,使大明王朝长治久安,尤其是在帝王尚且年幼的时候。

英宗改名后的正阳门

# 明代宗朱祁钰
## ——人算不如天算的倒霉帝王

| 姓　　名： | 朱祁钰 |
| --- | --- |
| 职　　称： | 明代宗 |
| 生　　卒： | 1428—1457年，享年三十岁 |
| 最高职务： | 明朝第七任帝王 |
| 就职年龄： | 九岁 |
| 帝王工龄： | 二十三年（1450—1457年） |
| 荣誉称号： | 符天建道恭仁康定隆文布武显德崇孝景帝王 |
| 老　　爸： | 朱瞻基 |
| 老　　妈： | 吴贤妃 |
| 兄弟排行： | 老二 |
| 接 班 人： | 朱祁镇 |
| 最 得 意： | 走了狗屎运，当了一阵子帝王 |
| 最 遗 憾： | 老哥被俘又被放回国 |
| 最 痛 心： | 孩子死得早，失去了继承人，自己没了底气 |
| 最 失 意： | 皇位重新被哥哥夺回 |
| 最 擅 长： | 好施心计 |
| 现在住址： | 北京海淀区玉泉山北麓景泰陵 |
| 个性签名： | 多生儿子，少种树 |

明代宗朱祁钰像

## 捡了个大馅饼

事情往往有利有弊，一场"土木堡之变"让英宗朱祁镇从皇上变成了俘虏，却让英宗同父异母的弟弟朱祁钰从藩王变成了帝王。土木堡之变后朱祁镇被俘，生死难卜，皇太后当机立断，让朱祁钰管理国事。一个月之后，朱祁钰就登上了皇位，做了帝王，年号景泰，而英宗则自然而然成了太上皇。

帝王梦是每一个生在帝王家的皇子们的梦想，但是帝位只有一个，历尽千辛得来的九五至尊之位，是否能让他们圆梦，我们不得而知，只有去问当事人了。

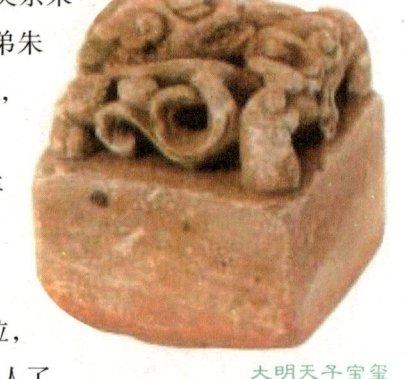

大明天子宝玺

说起来，这个朱祁钰的一生也是起起伏伏、命运多舛的。他的生母本是汉王府邸的一位侍女，汉王就是永乐帝王朱棣的第二个儿子朱高煦。在明宣宗宣德年间，帝王朱瞻基对叔父汉王朱高煦用兵，御驾亲征，生擒了朱高煦父子，并将汉王宫的所有女眷充入后宫为奴。在返回北京的路上，宣宗帝王邂逅了汉宫侍女吴氏，一见倾心，深深地被吴氏的美貌与聪灵所打动，于是吴氏一直陪伴着宣宗帝王直到回京。

按照当时的说法，吴氏是罪人朱高煦的家眷，身份尴尬。所以回北京后，身为罪人的吴氏没能被封为嫔妃，无奈之下，宣宗帝王将她安排在了一个紧贴宫墙的大宅院中，并时常过去看望她。终于，吴氏怀孕，为宣宗生下了继朱祁镇之后的第二个儿子，也是最后一个儿子——朱祁钰。

母以子贵，吴氏因此被封为贤妃，但仍旧住在宫外。明宣德八年，宣宗突然身患重病，但他没有忘记仍住宫外的母子俩，派人将朱祁钰母子召进宫里，并托付自己的母后张太后要善待朱祁钰母子，托孤之后，便驾鹤西去。

帝王的大丧，举国哀悼，没人有功夫去顾及吴氏母子的身世，母子二人也就这样被大家没有异议地接受了。张太后也没有食言，一直在照顾着朱祁钰母子，何况朱瞻基让她照顾的不是别人，而是她的亲孙子。朱瞻基子嗣少得可怜，只有朱祁镇和朱祁钰兄弟俩，张太后自然会尽心照顾。不久，朱祁钰被册封为成王，终于熬出头的母子俩入住新建的成王府，总算是苦尽甘来。

在朱祁钰看来，未来的道路似乎一眼就能看得到边际。哥哥朱祁镇无可争议地成为帝王,身为成王的朱祁钰没有别的奢求,就想安安逸逸地享受着藩王的生活。皇亲国戚,没人敢招惹他,他也不需要巴结谁,这一生似乎就是这样平静度过。

然而生活似乎并不能就这样平静地继续下去,一眼就看到结局的生活似乎太平淡索然。一场土木堡的狼烟不仅改变了朱祁镇的一生,也打破了朱祁钰的平静生活——这也是之前说的那个大馅饼。朱祁钰奉命在明英宗朱祁镇御驾亲征期间担任监国,后来英宗被俘,前途未卜,而朱祁镇的儿子,也就是当时的太子朱见深(即后来的明宪宗)还是个连话都说不好的两岁小子,当然不能担当政事。家不可一日无主,国不可一日无君,唯一的一个亲王——成王朱祁钰便顺理成章地继承了皇位,被推上了历史的台前。朱祁钰可能自己也没想到会有这么一天,一个"罪人"之子作为九五至尊,站在众人眼前。

## 帝王佬儿行贿大臣

既然已经到了这一步,既然已经得到了这天子之位,那么就只能向前。为了免除后患,朱祁钰早早就打定主意,就算朱祁镇被释放回来了,也绝不能让他再当帝王。当然,他没回来更好。可是就算朱祁镇不在,现任太子还是朱祁镇的儿子朱见深。所以,废掉他的儿子是当务之急,也只有这样,朱祁钰才能安安心心地在这张龙椅上继续坐稳下去。

明代宗时期的文物

虽然朱祁钰侥幸当上了帝王,但并不是所有的事都是一帆风顺。要废掉太子朱见深,还要堵住悠悠之口,确实不是一件容易的事。这件事情还得追溯到孙太后那里,早在朱祁钰被临时推为帝王之前,老谋深算的孙太后早已立了朱见深为太子,并清楚地表示将来一定要由朱见深继承皇位。当时朱祁钰本人也是同意的,虽说朱祁钰在成为帝王之后可以谨慎处理掉这件事,但他眼前还有一道难关必须要克服,那就是得到大臣们的支持。

明代宗时期的文物

废太子一事并不那么简单,虽说帝王金口玉言,但是没有大臣的支持,帝王也不敢轻举妄动。朱祁钰苦苦思索着良策,却一直没有什么好的对策。正在这时,他的亲信太监

明代宗朱祁钰像

兴安为他出了一个绝妙的"好主意"。

一次,朱祁钰召集内阁成员开会,内阁成员共六人,分别是首辅陈循、次辅高毂、阁员商辂、江渊、王一宁、萧镃,这六个人相当于当时文官集团的"常委"。他们进宫拜见朱祁钰,行礼完毕后,等着帝王的吩咐,可是等了半天,朱祁钰却始终一言不发。过了好一会,帝王陛下终于讲话了,可讲的内容都是些诸如"你们工作干得好、辛苦了"之类的擦边话。

这六位大臣都是官场中久经考验的老臣,不仅才思敏捷,更善于察言观色,一听朱祁钰的口气,心里就明白这位帝王有话要说,而且是很重要的事。所以他们每个人虽然嘴上不说话,看似在耐心等待着帝王陛下的吩咐,实则心里早就猜测了好几番。

谁知,朱祁钰说完这些溢美之辞之后,啥也没说,就让这些大臣都退下了,搞得这一个个是丈二和尚摸不着头脑,弄得大伙纳闷了好一阵儿,直到后来的事情发生。原来,大臣们都退下后,太监兴安分别找到他们,并给首辅陈循、次辅高毂每人送了一百两银子,其余四位阁员每人送了五十两银子。见过下级行贿上级的,还没见过上级主动行贿下级的。大臣们看着这点银子,哭笑不得。就这点银子,也叫行贿?一看就知道帝王有求于他们。这下倒好,帝王行贿,不收不行,不收就是不给帝王面子,收了呢,还不知道有什么难办的事情等在后边。这也算达到了帝王的目的。

收人钱财,替人消灾。帝王的意图很简单——改立太子。六位大臣钱也收了,接下来就是该给人办事了。领了帝王的情,就要听帝王的吩咐,否则肯定要以受贿罪处置。于是大家纷纷表示同意,并建议马上另立太子。

有了这六位大人,其余的就没什么问题了,办法还是一样,当然送给群臣的钱数不能和那六位重臣相提并论,但是效果却出乎意料的好,事情进展得十分顺利,群臣都莫名其妙收了钱,都迫于无奈同意改立太子。

这一招果真是妙,当然高超之处并不在那点钱,而是大家都知道了朱祁钰的目的,另外,大家也都有受贿的嫌疑。也有人没想到帝王会出此下策,竟公然向大臣行贿,于是他们拍着桌子,捶胸顿足喊道:"我们这些大臣今后哪还有脸见人啊!"

不管过程如何。朱祁钰终于如愿以偿。景泰三年(1452年)五月,皇太子朱见深被废，朱祁钰的儿子朱见济继任太子。朱祁钰心里的大石总算落了地，因为在他看来，立了太子就等于自己有了继承人，就好像帝王之位必然会传给自己的子孙直到千秋万世。可是事情远不止他想象的这样简单……

## 朱祁钰真的急了

事情远不止朱祁钰想象的那样，他设计好的千秋江山始终只能存在于他的幻想之中。事实上，仅仅过了一年，朱祁钰的儿子、他的未来继承人朱见济便不幸地早早离开了人世。皇子去世在儿孙成群的帝王之家并不算什么，但是对于朱祁钰来说，这是他唯一的一个皇儿，是绝无仅有的皇太子。

原本以为代代相传的千秋大业，现在到第二代就断了，更为麻烦的是，很多大臣本来就对朱见深被废掉心存不满，这次机会正中他们的下怀，最关键的是朱祁钰也找不出别的合适的继承人了，于是他们抓紧时机，要求恢复朱见深的太子之位。

话虽如此，可是朱祁钰不这么想，即使他是这么想的，但是现在的情势也迫使他不能轻易放手，他认为自己既然已经和朱祁镇撕破脸了，要是再立他的儿子为太子，那他自己又该放在什么位置，后果如何？这都是他必须慎重考虑的问题。

可是正如国不可一日无君一样，朝廷也不能没有太子。朱祁钰准备好了一切，也算计好了一切，可是一切事情就是这么巧合。现实是残酷的，朱祁钰急了，国事、家事、天下事，事事操心，前途未卜，命运难料，想到这些，他的脾气越来越暴躁，疑心也越来越重，身体也大不如前。

朱祁钰在登基之后，任用于谦主持军事，加强北京的守御。不久，瓦剌军被赶出了京郊。令人意想不到的是，他们居然愿意遣还英宗朱祁镇，这就意味着皇位原来的主人回来了。朱祁镇一回

明代宗定居的景泰陵

景泰陵

来，便被弟弟朱祁钰软禁起来，囚在南宫。

虽说朱祁镇已经被关了起来，但是朱祁钰心里还是很不安，而且越来越暴躁了。从他的俘虏哥哥意外归来后，他一直都担惊受怕、寝食难安，已经习惯了被人称为皇上，已经习惯文武百官向自己朝拜，即使有不习惯的，也没人愿意站起来让座。不得到还好，愈是得到反而愈害怕失去，他怕失去了眼前的这一切之后他会何去何从。加上立太子一事的困扰，他不但只是囚禁朱祁镇，还在时刻寻找一切足以致这个人于死地的机会，因为只有这样他才能够彻底斩草除根，高枕无忧。

朱祁钰本来不是一个暴君，就在土木堡之战之前，他还是一个温文尔雅的年轻人，和他的哥哥朱祁镇关系融洽。但是对权力的渴望将他一步步推向黑暗，推向深渊，他开始变得自私、冷酷、多疑、残忍。这种变化是他自己也没意识到的。囚禁哥哥，废黜侄子，杀害反对他的大臣，总之谁敢挡路，他就要谁的命！特别是在继任太子这件事情上，儿子的夭折，权力的难续，群臣的冷漠和反对，个别大臣的冷嘲热讽，使朱祁钰变得如惊弓之鸟一般，越来越恐惧，越来越偏激。

由于身体越来越差，他明白自己已经撑不了多久。一旦自己死去，朱见深很有可能继位，而朱祁镇也会再次出山，清算自己的所作所为。

为了权力，朱祁钰六亲不认想尽一切办法。可天命不济，他已回天乏术，却又不能停止欲望之手。面对着隐藏的危险和潜流，他唯有以更加残忍和残暴的方式来压制。歇斯底里的朱祁钰开始用武力为自己争平静的生活,但这平静的生活只有两年。

## 臣子复仇记

景泰八年(1457年)正月,按照惯例,朱祁钰应该去主持郊祀,可他病得很重,已经无法完成这件事。没办法,他便找来一个人,让他替自己主持祭祀,这个人就是石亨。

自从北京保卫战立下大功后,石亨得到了帝王最高的封赏,被册封为侯爵,而功劳最大的于谦却只得到了少保的虚名。石亨心里过意不去,便自行上书,保举于谦的儿子于冕为官,算是礼尚往来。可他没有想到,于谦却并不领情,反而对朱祁钰说:"石亨身为大将,却保举私人,应该给予惩戒!"面对于谦的反咬一口,石亨虽表面并没有表现出什么,但是从此却怀恨在心,伺机报复。

但是于谦有朱祁钰在背后撑腰,并不那么好对付,想要解决这个对手,必须先解决朱祁钰,这一点石亨非常清楚。而这次,重病缠身的朱祁钰让他代为祭祀,他马上意识到,报仇的机会来了。

为报仇,石亨找来了两个同伙,一个叫曹吉祥,另一个叫张轨。他们三个人凑

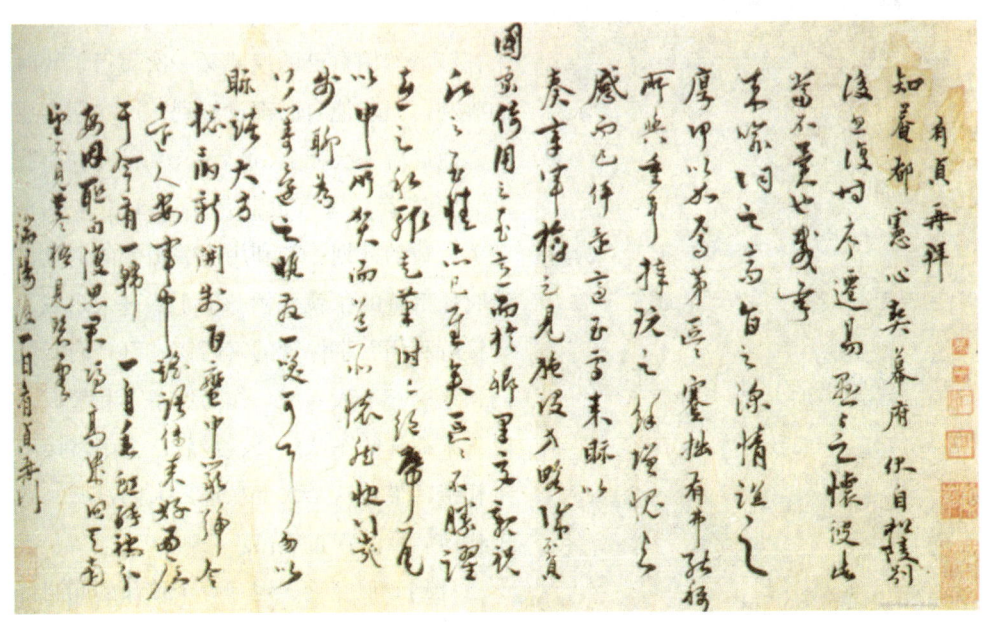

明代宗时期的文物

在一起狼狈为奸。但是阴谋造反不是儿戏,曹吉祥是太监,见识并不高;张𫐄是高干子弟,眼高手低,关键时刻并不一定能帮上忙,石亨虽说是个武将,但也不过是个粗人。这样的三个人凑在一起,喝酒还行,可要是策划实施一场谋反的阴谋,显然智商是不够的。于是他们找到了徐有贞这个早已对现今帝王不满的人,其实徐有贞等这一天太久了……

徐有贞跟那三个庸材不同,他不但工书善画,而且眼光独到,极有才干。他一针见血地指出,四个人即使谋反成功也不可能自己做帝王,所以当务之急是要和囚禁在南宫里的朱祁镇取得联系,这才方便造反,也有了造反的由头。三个大老粗茅塞顿开,马不停蹄地派人去和太上皇朱祁镇联系。

一天早朝,正在召开一个决定继承人的会议。朱祁钰虽然病情已经十分严重,但是仍然坚持参加了这个会议。会上,多数大臣都主张恢复朱见深的太子身份,因为朱祁钰没有儿子,这似乎是最好的也是别无选择的选择。当然,也有朱祁钰的亲信出来反对,他们认为即使在外去找个藩王来做帝王,也不能再立朱见深。就这样,大臣们各持己见,谁也不服谁。病入膏肓的朱祁钰坐在皇位上,心情复杂地看着下面这些吵闹的人们。他很清楚,他们都是在为自己的利益在争得面红耳赤。半晌,朱祁钰对大臣们说出了这次朝会中唯一的谕令:"我现在正在生病,十七日早朝复议。但是要想再立沂王朱见深,绝对不行!"

说罢不久群臣散去,准备三天后再来。朱祁钰虽然用自己的权威又一次赢得了暂时的胜利,但连他自己都没想到,这次朝会竟然是他最后一次朝会,最后一次所谓的胜利。

紧接着,徐有贞制定了一个看来几乎完美无缺的计划:先利用边关报警的消息,让时任都督的张𫐄率领一千军队进入京城;紧接着利用石亨保管的宫门钥匙打开内城城门,让这一千人入城,作为后备军和警戒,以防朱祁钰的军队反扑;最后,去南宫接出朱祁镇,带着这个太上皇进入大内宫城,趁朱祁钰病重,宣布复位。

计划看似完美,但却有个致命的漏洞:虽然石亨管理京城防务和内城城门,但他们

明 徐有贞绘画

并没有南宫和大内宫城的钥匙。南宫暂不说,离得比较远,但是大内宫城却是非同小可,这是帝王住的地方,没有帝王的命令,夜间宫城城门是不会开的。徐有贞安排的那些士兵并不知道他们的任务是谋反,一旦得知事情的真相,不排除不服从命令的可能。他们没胆量,自然不敢在太岁头上动土,万一事情一乱,侍卫和城防部队会立刻赶到。

此时南宫的朱祁镇也是辗转反侧,深夜难眠。他知道如果计划失败,自己便再无生路,但他还是毫不犹豫地铤而走险,因为除此之外他别无选择。

一个月黑风高的夜晚,张𫐄统领的一千军队很顺利地被放进了长安门内城,然后把城门关好锁上。

虽说这场阴谋是石亨发起的,但真的到了这一刻,他却害怕了,他怕这些士兵随时有哗变的可能。如果是这样的话,他必然逃不脱谋反的罪名,就只有死路一条了。而徐有贞却不一样,这次是他报仇的大好时机,也是唯一的机会,如果他不抓住这个机会以后就很难再有翻身之日。他冷冷地看着慌慌张张六神无主的石亨,要他把钥匙给自己。虽说是同谋,但是石亨却不明白徐有贞,他满腹狐疑,不知徐有贞想干什么,但还是把钥匙交了出去。徐有贞接过钥匙,石亨还来不及眨眼,徐有贞一挥手,钥匙被扔进了阴沟。石亨怔了三秒,接着疯了一样冲了上去,揪住徐有贞的衣服,大声吼道:"徐有贞,你疯了!你到底想干什么?"

谁知徐有贞镇定得有些可怕地说:"不成功便成仁!有进无退,有生无死!"事情发展至此,害怕也没有用了,现在他们已经是置之死地惟有后生了。几个人

明代宗时期的文物

明代宗时期的文物

景泰陵远景

在徐有贞的带领下向着南宫出发。宫门紧闭，叫门也无人应答，但徐有贞却胸有成竹地说："不用叫门，把墙撞开就是了！"

不久，军士们用木桩撞开了宫墙，那个被监禁了八年的被幽禁的太上皇朱祁镇终于从高墙之中走了出来。

东华门是宫城的大门，只要进入东华门，到奉天殿敲响钟鼓，召集百官前来，天下就将再次握在这位被幽禁的太上皇手中。然而当他们到达东华门的时候，才发现，他们进不去！

东华门守卫没有开门，他们又没有钥匙。没有南宫的门钥匙还可以把墙撞开，但南宫偏僻，就算把墙拆了也没人知道。可眼前的东华门是大内重地，有专人日夜看守，风吹草动就会引来守夜的侍卫。参与谋反的一众人面对着厚厚的宫门束手无策，大家心里明白，天一亮，所有的一切努力都白费了。

大家都愁眉苦脸地看着徐有贞，此刻只有他能想出办法，可这次徐有贞也沉默了。谁知，在这样一个最为关键的时刻，一声大喊响彻夜空："我是太上皇！快给我开门！"在场的人都震惊了，过了不久，东华门奇迹般地敞开了，一条通往至尊宝座的道路再次向这个饱受屈辱的先皇敞开了。

故地重游，朱祁镇走向奉天殿，上朝的钟鼓被敲响，宫城大门闻声纷纷开启，准备迎接百官的朝拜，又是新的一天，又是一个新的开始。

一代新人换旧人，另一边，奄奄一息的朱祁钰正躺在自己的寝宫里，迷茫之中听到钟鼓阵阵,他很清楚,这是游戏的结局。事情到了最坏的时候,人往往沉静了,显得若无其事,也许他早就厌倦了,绝望了。而他的帝王生活就此结束,连同他的恐惧和暴戾。

后来,明代宗朱祁钰在西宫病逝,终年三十岁,以藩王的身份葬在北京市郊的金山口,朱祁钰的陵墓是唯一一个建在明朝帝王宗室墓地之外的陵墓。

## 生前离婚,死后复婚

过去帝王废除皇后,大概相当于现在的夫妻离婚,既然是离了婚的夫妻,死后也就不能合葬在一起了,但是也有例外——景泰帝王朱祁钰和被他废掉的汪皇后就合葬在了一起。可能他们生前也没想到,生前离了婚,死后还能被合葬在一起。

朱祁钰取代哥哥朱祁镇做了帝王,这本来就让天底下的人颇有微词,而他即位之后又废掉前朝太子朱见深,立自己的儿子朱见济做了太子,这就更不得人心了。为此,汪皇后劝他,说:"陛下您还是别这么干的好,会被天下人议论!"

朱祁钰不但没听进去,反而一气之下竟把汪皇后给废了,贬为庶民,并立了爱妃杭氏为皇后。之后的结局没什么悬念,几年之后,朱祁镇又回到了自己的皇位上,朱祁钰则仍做自己的王爷,不过没多久就死了。

随后,英宗下令,朱祁钰的所有嫔妃都要陪同下葬,夫妻既然能同甘就得共苦。但是这个时候有人提议说被废的汪皇后不能殉葬。原因是按照现在的话说,被废的汪皇后是为了替朱见深说好话才导致这般结果的。

景泰陵碑亭

景泰陵碑亭中的石碑

朱祁镇一听,觉得有道理,从此汪氏以王妃的名义回到王府居住,朱祁镇还允许她把宫里的所有财物都带回去。汪氏去世以后,仍然以正室的身份入葬景泰陵,陪在老公朱祁钰的身边。而那位杭皇后,则被英宗削去了名号,至于死后安葬在了哪儿,无人知晓。

# 明宪宗朱见深
## ——只爱万阿姨

| | |
|---|---|
| 姓　　名： | 朱见深 |
| 职　　称： | 明宪宗 |
| 生　　卒： | 1447—1487年，享年四十一岁 |
| 最高职务： | 明朝第八任帝王 |
| 就职年龄： | 十九岁 |
| 帝王工龄： | 二十三年（1465—1487年） |
| 荣誉称号： | 继天凝道诚明仁敬崇文肃武宏德圣孝纯帝王 |
| 老　　爸： | 朱祁镇 |
| 老　　妈： | 周贵妃 |
| 兄弟排行： | 老大 |
| 接 班 人： | 朱佑樘 |
| 最 得 意： | 我又当上了太子啦 |
| 最 遗 憾： | 小时候，老爸被人抓了起来 |
| 最 痛 心： | 万贵妃之死 |
| 最 失 意： | 万妃生的儿子早夭 |
| 最 擅 长： | 宫廷姐弟恋 |
| 现在住址： | 北京昌平十三陵茂陵 |
| 个性签名： | 爱我所爱 |

明宪宗朱见深像

## 命里有时终须有

明宪宗，本来叫朱见浚，后来改名为朱见深。命运总是爱开玩笑，一场突如其来的土木堡事件不仅改变了朱祁镇的一生，也改变了他的儿子朱见深的一生。

朱见浚两岁的时候就被孙太后立为太子，这在无数太子里算得上是一帆风顺的。然而人生是曲折的，他的叔叔朱祁钰的即位，就意味着朱见浚的人生道路开始转弯。朱祁钰时时刻刻想着如何废掉他的这个亲侄子，并让自己的儿子取而代之。

还是孩子的朱见深什么都不懂，朱祁钰获得了绝对的胜利，经过一番精心的谋划，太子朱见浚被废为沂王。

道路是曲折的，但前途似乎又是光明

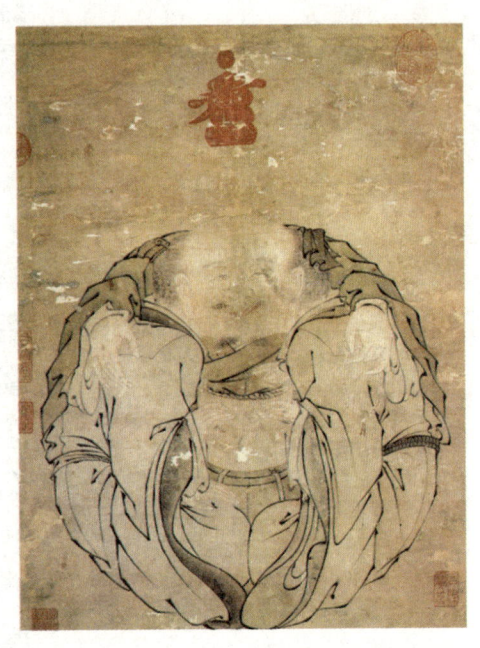

明宪宗所绘《一团和气图》

的，老天爷并不想让他一直倒霉下去，太子身份被废除只不过是一个小插曲，上天终归还是垂青于他的。或者说他的叔叔煞费心机做足了一切，却换来一无所有，而朱见浚什么也没做，该是他的最后还是他的，这似乎只能归于命运——朱见浚最终还是幸运的。

然而新太子朱见济不久后就夭折了，朱祁钰自然伤心，接着又发生了夺门之变，朱见浚的父亲夺回了皇位，他的太子之位失而复得，他父亲改年号为天顺，也将朱见浚改名为朱见深。

## 宫廷姐弟恋

虽然说朱见深最终还是做了皇位继承人，但是这样的波折也给年幼的朱见深带来了一直改不了的口吃毛病和童年的阴影，而童年的阴影是会影响一辈子的。

朱见深就好比朱祁钰的眼中钉肉中刺。为了防止朱祁钰斩草除根，为确保自己的宝贝孙子的安全，孙太后派了一个"亲信"去保护朱见深。而令孙太后万万没有想到，正是这个小小的"亲信"，改变了孙儿朱见深的一生。

这个安插在朱见深身边的"亲信"不是什么大不了的人物，而是一个普通的宫女。该宫女姓万，乳名"贞儿"，生于宣德三年（1428年），山东诸城人。她的父亲叫万贵，本来是县衙里一个小小的"椽史"，由于亲戚犯法受到株连，万贵一家被迫离乡背井，流放到了霸州。

霸州在今河北省境内，明王朝的宫婢一般也就在这个范围内选取。万贞儿四岁这年，由于家境贫困，万贞儿被送去参加了宫女之选，从此便一脚踏进了深幽的紫禁城。而这是一条不归路，进去了就再也出不来了。

万贞儿天生聪明伶俐，招人喜欢，再加上困窘的家境和生活环境也迫使她小小年纪就变得格外乖巧，既善于察言观色，又从不偷懒怕累。在经过严格的训练之后，女官将她分配到宣宗皇后的宫里听差——这位皇后，就是第一个得到金册金宝、之后又由贵妃晋升为正宫的孙氏。

乖巧的女孩谁都喜欢，很快万贞儿就得到了孙皇后的喜爱。在她七岁这年，明宣宗驾崩，孙皇后成为皇太后，万贞儿也就成了皇太后最喜爱的小宫女。她追随在孙太后身边，既学了书画文墨，又极深地接触到了宫廷内外种种争斗的内幕，更对太后的地位羡慕不已，或者说权力的欲望极早地在她幼小的心灵里埋下了种子。也许后来所发生的一切，都源于这段特殊的经历，出人头地的愿望始终成为她一切行为的宗旨，而这些行为都只围绕在一个人身上，这就是年幼的朱见深。

十九岁的万贞儿和两岁的朱见深相识了。从此这位小太子开始接受这位宫女无微不至的照料。

五岁的朱见深被夺去了太子的身份，一个被废弃的人，没有任何利用的价值，是没有人愿意接近的。从两岁时起，孤独和寂寞就不断萦绕着这颗幼小的心灵。没有父母的疼爱，也没有老师的教导，身处不测之地，过着今日不知明日事的生活，他随时都可能被拉出去砍掉脑袋，或者在某一次用膳之后突然暴病，不治而亡。对他而言，每一天都可能是生命的终点，每一天都充斥着无尽的痛苦；对他而言，童年是灰色的、阴暗的。而在这灰暗的生

大明成化年间斗彩海兽天字罐

宪宗行乐图之一，作者不详

活中，唯一陪伴着他、唯一可以给他带来慰藉和快乐的就是日夜守在他身边的万贞儿——万姑姑。虽然他的母亲周贵妃也常常来探望他，但宫中到处都是朱祁钰的耳目，为了避免不必要的麻烦，她每次总是匆匆而来匆匆而去。在朱见深那幼小的心灵中，这个不离不弃、日夜守候在他身边、与他相依为命的万贞儿不仅仅是他的母亲、姐妹、玩伴、朋友，甚至于可以说是他的一切。

漫长的五年之后，终于，这种冷清而又平静的生活被打破，朱见深的父亲朱祁镇复辟，他的苦日子也到此为止，果真是三十年河东，三十年河西，朱见深又一次搬回宫中，恢复了太子的身份。当然，二十七岁的万贞儿依旧陪在十岁的朱见深身边。

随着年龄的增长，朱见深日渐长大，他不再是那个不谙世事的小孩，而是成长为一个成熟的青年男子，他越来越离不开这个足足大他十七岁的女人，一种微妙的感情在他的心里慢慢滋长……

对于这些情况，身为父母的朱祁镇和周贵妃不可能没有察觉，但他们并没有阻止，在他们看来，这么一个小小的泥鳅是翻不起大浪的。他们的儿子只是习惯了有这样一人照顾饮食起居，等朱见深再长大一些，他自然而然就会离开她的。所以，身为父母的他们并不在意，同时在为朱见深挑选未来的皇后。

但是事实证明了朱祁镇夫妇的错误，他们不是朱见深，他们没有经历过那段痛苦岁月相濡以沫的日子。天顺八年（1464年），朱祁镇病死，朱见深继位。从此，这位年届三十五岁的万氏宫女正式成了这个年仅十八岁的帝王的妃子。据史书记载，万妃生的其实并不算美，即使美，到了这个岁数也早已失色，面貌像一个大妈了。

可宪宗就是喜欢她，这在常人眼里是不可思议的，即使是在思想已然开放许多的现代社会都很难让人接受，更不用说那个封建的明朝社会了。

据说，宪宗的母亲周太后曾好奇地问宪宗为什么这么宠爱万氏，宪宗回答说："有万氏在，才能睡得安稳。"后人有的说，宪宗患有疝气病，而万贵妃又擅长按摩，所以宪宗离不开她。

## 皇后你算哪根葱

太子朱见深成了帝王，万宫女成了万妃，两人同甘共苦、不离不弃，也算得上功德圆满。这个时候的万妃已近不惑之年，可年轻的朱见深还是把大部分的宠爱集中在这个已年老的女人身上。帝王坐拥三宫六院，后宫佳丽三千，却偏偏对万氏宠爱有加，后宫的妃子们都想不通，甚至愤怒，而最想不通、最愤怒的莫过于无法忍受自己被朱见深冷落的皇后吴氏。

要说这位吴皇后，那可是大有来头的。当初竞选皇后的时候，朱祁镇最先定的不是她，而是一位姓王的女子，可是这位吴姑娘凭着自己出身官宦和广泛的交际，使自己获得了胜利，王姑娘被挤了下去，吴姑娘最终PK成功。所以，即使后宫所有的小姑娘都怕万妃，但是年轻貌美有手腕的吴皇后也不会把这个已经三十五岁的、人老珠黄的"万阿姨"放在眼里，一个算计万氏的想法在她脑子里酝酿已久。

说是酝酿已久，其实也只是一个小念头，真正用什么方法来算计自己的情敌，吴氏并没有想太多，或者也想不出什么很高明的方法，女人容易嫉妒，但手段往往又是简单粗暴没有什么技术含量的，唯一的目的就是想泄恨，至于用什么手段、有什么后果，她们不会顾虑那么多，于是吴皇后便不管三七二十一，直接找到万阿姨就是一顿毒打。美其名曰整顿后宫纪律，打她一顿大板子也是合情合理、无可厚非的。

三十六岁的万氏哪经得起这么一顿毒打，差点没要她的小命。吴皇后风头出尽了，气也

宪宗行乐图之一，作者不详

宪宗行乐图之一，作者不详

成化年间的斗彩花蝶纹罐

全消了，后宫的很多妃子感觉也出了一口气，无不欢愉。

万妃挨了打，回去自然向朱见深喊冤叫屈。吴皇后虽有家世和身份，而万妃却有帝王撑腰。朱见深听说自己心爱的万妃被打之后，十分生气，当即废掉了吴氏的皇后名分，而此时距离她当皇后只有一个月之久。不仅如此，吴国丈也被免官充军。

虽然前有胡皇后被废的先例，但这个皇后只有一个月就被废掉，而且一向交往甚广的吴皇后一旦遭殃，她的关系网也跟着难逃一劫。所以，废后一事竟牵连了很多无辜的人，影响很坏，于是有大臣向朱见深进言，希望他三思而行，收回成命。朱见深闻而不语，仍旧一如既往地宠爱万妃。人总是更同情弱者，朱见深越发地心疼她。总之，你是皇后又如何！

此后，那位姓王的姑娘接替了吴皇后的位置，皇后之位最后还是落到了王氏的手里，只不过这个皇后当得胆战心惊，还不如不当的好。后宫里有个无冕之后，也就是万妃。皇后必须经常去万妃宫中主动问安，生怕这位万妃不高兴去帝王那里告状。

万贵妃是绝对当不了皇后的，但她俨然已经成为后宫真正的统治者，她是帝王身边的红人，只要她在朱见深耳畔吹吹枕边风，宫廷里就要掀起一阵不小的旋风。

## 痴情天子朱见深

"废后门"事件一年后，也就是成化二年（1466年），三十七岁的万妃迎来了她高龄产妇的岁月。这年正月，她顺利地为朱见深生下了一个儿子，这是朱见深的第一个儿子，而且还是他心爱的女人生下来的，朱见深自然大喜过望，立刻封万妃为贵妃，还为此去宗社祭天，感谢祖宗保佑。然而，祖宗并没有保佑这个高龄产妇的孩子，第二年就因病早夭。

在古代小孩难活，皇宫的孩子更难活，尤其万贵妃已经三十八岁了，不可能再生育。这个意外严重

明宪宗妃万氏

地打击了孩子的父母，但丝毫没有影响到二十一岁的朱见深对万贵妃的喜爱。俗话说，风流最是少年时，而朱见深却一反常态，日夜守在这个大龄女人的身边，似乎永远也不会厌倦，也许这就是传说中的恋母情结。

没有继承人对一国之君来说是件很危险的事情，而且自古就有"不孝有三、无后为大"的祖训。朱见深却一点都不急，倒是大臣们急得跟热锅上的蚂蚁一样。眼看着皇上如此只宠幸万贵妃，而这位集宠爱于一身的中年妇女很明显已经过了生育年龄，于是大臣彭时给明宪宗上了一封十分特别的奏章。

这封奏章的大意是：陛下，您的后宫有很多妃子，可是到现在却还没有儿子，臣想这应该是陛下比较专情所致，这当然是件好事，只是为了后代着想，希望陛下雨露均沾，分一点宠爱给其他的妃子，这关系到国家的大计啊！

臣子居然干涉起了帝王的私生活，而且公然上书劝帝王多宠幸别的女人，这不是欺君犯上吗！可朱见深却跟别人不一样，他不但没有生气，反而一点帝王架子也没有地回答说："这是我的私事，你让我自己做主吧！"

大臣们的忧虑朱见深看在眼里，但他并不想解释什么。当然，他心里也很清楚，即使说了这些人也不会理解的。有些事，你不去经历，就不会明白，而且是永远也不会明白。

## 跳出如来佛的手心

情人眼里出西施，纵使徐娘已老，小生依旧多情。朱见深是无论如何也不会对这样一个一路沧海桑田走来的万贵妃有所怀疑的。在他眼里，她是这个世界上最善良、最可信的人，但他不知道，纵使这样一个女人也有她的另一面。

在宫廷中深居这么多年的万贵妃心里明白，三千后宫全是帝王的游乐场。虽然她明白朱见深是一个很专情的人，可他毕竟是帝王，是不可能只宠信万贵妃一个人的，他也会时常找后宫的其他妃子或是宫女，深谙这一点的万贵妃对此从不反对。可是雨露皆沾的朱见深似乎从来没有想过，那些曾经被他临幸过的女人为何一直以来都没有给他产下一子半女呢？

朱见深怎么也想不到这是他心爱之极的万贵妃所为，到死他都不知道，或者他也不想知道。万贵妃是个很有心计的女人，她自己的孩子夭折了，而且再也生不出孩子了，或许是害怕因为自己生不出孩子而丧失了帝王的宠幸，或者是因为强烈的自私和嫉妒心理，所以她使出了心狠手辣的招数——所有怀孕的妃子或宫女都被她手下的人逼迫堕胎了！自己得不到的，也不让别人得到。这是何等丧尽天良的事情。

然而世事就是这么迂回曲折，也许你什么都安排设计好了，但总有一些意外不在你的控制范围内，万贵妃的如意算盘就是这样被彻底打破的。

成化初年（1465 年），都察院都御史、远征军指挥官韩雍带兵千里，平定了两广的土官叛乱，得胜功成班师回朝，并带走一批男女。韩雍的这个举动已经习以为常了，明朝每逢边界打仗抓到俘虏，总会挑一些男女到京城，送进王府或是宫里供其使用。女的一般会被安排

成化青花龙纹鹤颈瓶

明宪宗朱见深

做宫女,男的则会成为太监。据说,郑和就是这样入的宫。

在这批进宫的人中,有一位广西女子,姓纪,名字不详。分配入宫后,做了一名普通的宫女。纪姑娘是一个十分好相处的人,一进宫,就得到了宫中几乎所有人的喜爱。其实也可以想象她原先是广西土官的女儿,识文断字,过着养尊处优的生活,只不过她从不因为自己是从官宦之家的小姐后沦为宫女而怨天尤人,她的心态很好很平和,即使人家欺负她,交给她很多脏活累活,她也并不在意,一个人默默地做完。她真心诚意地对待每一个人,从不去计较什么,只是一心一意地完成自己的工作。这个离乡背井、没有过人容貌的女子,却有着女人最为珍贵的法宝——善良。

明成化瓷器

进宫不久,由于她在工作上的出色表现,掌权者派给了她一个重要的职务——内藏库的库管。国库里存放的就是国家的钱,是由户部管的,而内藏库里存的是帝王的私房钱,由他自己掌管,不用交给任何人。

成化五年(1469年)的一天,纪姑娘正如往常一样认真清点着仓库,这时一个男人走了进来,这个男人就是帝王朱见深,这是他们的第一次相遇。起初,朱见深对这位库管姑娘并不在意,他只是来看看他仓库里的钱,一番巡视之后,他开始跟这个小姑娘说话,内容无非是询问仓库的收支情况。可是问着问着,这位掌权者突然发现,后宫女子虽然众多,但许多人几年甚至一辈子也难得见帝王一面,所以每当见到帝王,没有人不激动得浑身颤抖、连说话也不知道怎么说了,朱见深已经习惯了别人的这种反应。可是纪姑娘虽然是初次见面,却应答如流,神情自然,不卑不亢,回答问题条理清楚并井然有序,没有一点紧张的情绪。在她眼里,好像他并不是什么君临天下的帝王,而只是一个普通人。

与世无争的她回答完朱见深的问题后便静立一旁,不多说一句话,不多问一个问题。她的心就像一潭波澜不惊的湖水,静得看不见丝毫涟漪。就是这种安静得没有丝毫矫揉造作的美深深地打动了朱见深,就在那一刻,

明朝成化年间的斗彩人物图纹杯

127

他喜欢上了这个小姑娘，并当即临幸了她。

然而，此后朱见深并没有再来找她，她也没有因此飞黄腾达，这并不奇怪，帝王见的女人太多了，可能他自己都记不清跟谁发生过关系，而她，本来也就是个与世无争的人，她更不会主动向朱见深要求些什么。就这样，她依旧管理着她的仓库，他依旧当他的帝王，她从未对他人谈论过这件事情，他更不会记起这件事情。对他俩而言，这件事情好像从来没有发生过。

可是造物弄人，不久，纪姑娘发现自己竟然怀孕了！一个女子怀上帝王的孩子，这应是三辈子修来的福气，可就当时的环境来看，这不但不是什么福气，而是一场噩梦的开始。这一切都因为一个人，那就是万贵妃。

《明宪宗元宵行乐图》局部

为了自己的地位，她必须除掉所有可能对她造成威胁的新生命。纪姑娘多方隐瞒，但不幸的是最终还是被万贵妃知道了，于是这位后宫的实际统治者派了一位亲信宫女去解决这个即将出生的孩子。

连颇有背景的吴皇后都束手就擒了，更何况这个除了肚子里的孩子便一无所有的纪姑娘！面对日益逼近的危险，她无处可逃。

万贵妃的亲信来了之后，她看了看眼前这个挺着大肚子的女人和她从容镇定的眼神，什么也没说，就转身走了。回到万贵妃的寝宫，这位亲信只说纪姑娘没有怀孕，而是患上了大肚子病。

谁也想不到，一个无足轻重的小人物，却在某种程度上改变了大明的历史。万贵妃被顺利地骗了过去，而纪姑娘肚子里的孩子终于保住了性命。

成化六年（1470年）七月，一座宫殿中传来了一声响亮的啼哭，纪姑娘像所有女人一样欣喜不已。可是这声啼哭也惊动了万贵妃。她下令溺死那个孩子，命令的执行者叫张敏，他只是一个普通的宦官，却也是一个改变了历史的小人物。

他奉命来到纪姑娘的住所，推开房门，静静地看着这对母子，一动也不动，许久过后，他走了进去，抱过孩子，说："孩子交给我吧，我会让他安全的。"纪姑娘虽然依依不舍，但是她知道这其中的利害关系，她追出门去，望着他们离去的背影。

她知道她能生下这个孩子，却没有能力保障这个孩子的安全。

张敏抱走了孩子，在宫中找了一间空置的房子安顿好。他和宫中的其他太监各自从微薄的俸禄中挤出一些钱，来喂养这个没有母亲照料的孩子。当然，在没人注意的时候，纪姑娘也会经常来看望她的孩子。

从此，这个孩子就成了后宫宫女太监们枯燥生活中的最大乐趣。他们都很喜欢这个孩子，原因很简单，这个后宫太冷酷了，他们永远也不可能有自己的孩子，而这个偌大的后宫也已经很久没有孩子的声音了。

随着孩子一天天长大，这些地位卑微的太监宫女已经养不起这个孩子了。大家一筹莫展的时候，有人突然想到了前任皇后吴氏。虽然是被废弃的皇后，但毕竟曾是权利的掌控者，后宫之主，养一个孩子自然不在话下。而且吴氏虽然被废，但是她跟万贵妃之间的恩怨并未了绝，这个孩子的到来给了她报仇雪恨的机会。

此后，这个孩子在母亲、吴皇后、张敏以及内监宫女的照料下，一直幸福地成长着。日复一日，年复一年，或许他们自己也没想到他们已经创造了一个奇迹——这个孩子一直是个秘密，人们用自己的善良保守着这个秘密。

## 有胡子的男人就是你老爸

可是这个孩子一出生下来就注定了他的不平凡，他不能被人发现，他是个秘密，但是他不能永远是秘密，之前保守秘密是为了之后不再成为秘密。而揭晓秘密的一天终将要到来，这只是迟早的问题。

成化十一年五月的一天，一个宦官正在给帝王梳头。三十岁的朱见深端详着镜中那与年龄不相符的日渐憔悴的容颜，不由得叹了一口气。

宦官问："陛下有何心事？"

宪宗说："朕到现在还没有儿子啊！"

当朱见深说出自己没有儿子的烦恼时，这个烦恼也就成了身后这位太监的烦恼——他就是宦官张敏，一个知情并一直保守着秘密的人。

宪宗朱见深像

明成化年间的甜白釉对粉天字罐

五年来，他和这个孩子朝夕相处，看着他一天一天地长大，他比谁都清楚，这件事情总会有一个了结。这个孩子最终必须获得他父亲的承认，才不枉费这么多人对他多年的庇护和养育。他必须成为大明王朝的继承者，而现在揭晓秘密的时间到了，获得宪宗承认的时候到了，可张敏却犹豫了，他不知道该说还是不该说。因为他也很明白，自己不过是一个普普通通的宦官，无权无势，如果说出真相，以万贵妃的恶毒和权势，他将必死无疑，等到真相大白日，即是遭殃时。

短短的一刻，竟成为张敏生命中最为痛苦、最为煎熬的时刻，要让这个孩子活下去，他就必须舍弃自己的生命；他要保全自己的生命，这个孩子也就没有出头之日。鱼和熊掌不可兼得，他不知道如何选择。

"陛下，您已经有儿子了。"张敏回答道。他最终还是选择了舍生取义。

朱见深蓦地回头，惊诧地打量着张敏，他不敢相信自己的耳朵。张敏便将所知道的事实和盘托出，告诉朱见深他已经有一个五岁多的儿子，正在后宫的安乐堂里。朱见深听后直奔安乐堂……

自古就是母以子贵，纪姑娘生下了一个龙种，并且保住了皇室的骨血，于情于理，她总该随着孩子的浮出水面而成为纪贵妃或者纪皇后什么的，毕竟背井离乡的纪姑娘这么多年生活在恐怖之下也不容易。现在孩子终于熬出头了，但纪姑娘并没有丝毫的喜悦，她十分清楚，虽然儿子被皇室承认了，但她知道死亡却离她越来越近了。

年幼的皇子并不知道发生了什么事情，他只从母亲和周围的人口中得知，自己就要离开这里，到另外一个地方去。纪氏告诉儿子，等见到一个有胡子的男人时，就扑上去叫"爸爸"。这句话在现在的人看来似乎是可笑的，有胡子的男人一抓一大把，然而在当时，为了做好保密工作，六岁的皇子一直生活在妇女和太监之中，根本就没见过男人或者说真正的男人，所以纪氏才会不断重复："等见到下巴上长胡子的人，那就是你的爸爸……"

孩子的出现，让万贵妃之外的所有人都欢呼雀跃，周太后更是兴奋无比，她抱着这个来之不易的孙子爱不释手,大明王朝终于后继有人了!可是万贵妃几乎快要疯掉,她嫉妒、愤怒、丧失了理智,全世界的人都知道这个孩子的存在,却没有一个人告诉她,她的心里只有复仇。

孩子终于可以正大光明地活下去了,他有了自己的名字——朱祐樘。孩子的母亲也有了自己的名分——纪妃。然而正如纪妃所预料的,她的死期将近。就在朱祐樘进宫一个月后,纪妃死于后宫住所,死因一直没有定论。虽然死因不详,但似乎大家都无一例外地想到一个人,也就是万贵妃。

纪妃这位伟大的女性就此结束了她短暂而艰难的一生,而我们甚至不知道她的名字,她的详细身世。她走了,宦官张敏清楚自己的时日也不多了,他选择了吞金自尽,舍生取义,从抱走孩子的那一刻开始,就是一条不归之路。

## 我怕有毒

纪妃死了,张敏也死了,接下来万贵妃要对付的就是朱祐樘了。

这么多年来,万贵妃阴谋不断,坏事做绝,难道帝王就真的一点都不知道吗?即使帝王不知道,难道百官们也都是看不到吗?即使百官们也不知道,难道万贵妃身边的人就没有议论吗?如此为非作歹,肆意妄为,难道就没有天理和王法了吗?

没有人不知道这些残忍的事情。能让朱见深如此着迷的女人,自然不傻。她之所以敢如此肆无忌惮地做她想做的事情,就是因为她太了解朱见深了,把朱见深从小带大,没人比她更能懂这位帝王。她深知朱见深性格懦弱,而自己在他面前有足够的资格,所以她才会这么大胆。

实际上,朱见深也不是个傻子,只不过童年的阴影使他形成了一个十分软弱的性格,再加上极强的恋母情结,所以对万贵妃,他总是睁一只眼闭一只眼,即使知道其中的一些事情,他也当什么都不知道。

虽说朱祐樘的老爸朱见深性格懦弱,可是他的奶奶周氏不理会那么多,他是帝王的老妈,帝王都得看她几分颜色,所以她没有什么

大明成化青花罐

大明成化瓷器

好怕的！当老子的不心疼儿子，当奶奶的可把这根独苗当个宝。万贵妃是个怎样的人，周太后又怎会不知道，周氏也是一个厉害的角色，这个女人也是见过大世面的，曾经沧海难为水，万贵妃耍的那点小伎俩周太后很清楚。她当然知道自己的孙子的处境危险，于是一声令下，把宝贝孙子接进了自己的仁寿宫，自己亲自照料。

玩弄阴谋者从来不会一曝十寒，他们往往有一种锲而不舍的毅力。不久，万贵妃热情邀请朱祐樘到她府上做客，无事献殷勤，非奸即盗。谁都知道的道理，何况是在宫廷内见惯了钩心斗角的周太后。朱祐樘倒是没想太多，毕竟还小，欣欣然正准备赴约。这个时候周太后千叮万嘱，让孙儿去了之后什么也别吃。

"要是非让我吃呢？"朱祐樘说道，显然还是个孩子。

周太后说："就说你吃饱了！"

果然不出周氏所料，万贵妃拿出许多精致的吃食，像哄小孩一样对朱祐樘说："来多吃点，这些都是特别好吃的东西，你多吃点。"琳琅满目的美食摆在面前，朱祐樘怎能不馋，但他是个非常听话的孩子，他记得祖母的叮咛只说："我吃饱了。"还没吃就说饱了，万贵妃心里明白，于是又说："吃饱了你就喝点汤消消食吧。"

换了句话，朱祐樘愣住了，心想，奶奶没教啊，那怎么办呢？眼前万贵妃一直盯着他，家里有祖母的千叮万嘱，朱祐樘想了半天，小脸憋得通红，一时情急，竟说出了一句大实话："我怕有毒！"

阴谋被搞成了阳谋，万贵妃心下一愣，想到了各种情景，独独没想到过这种情况。说来也怪，从此之后，万贵妃元气大伤，基本隐居深宫。而朱见深自从有了一个儿子之后，沾上了喜气，除去死了的前两个儿子和老三朱祐樘之外，又生下了他的第四个儿子，没多久又接连生了十多个儿子。

## 这个太监的变态

在韩雍带回来的那一大群俘虏中，除了有个纪姑娘，还有一个男人，他叫汪直。这个汪直虽然看起来不起眼，但是他运气很好。人这一辈子，就怕三个字——"运气好！"在成为宦官并完成培训后，汪直幸运地被分到了后宫侍候帝王的一位妃嫔。伺候妃子不算什么，只是这个妃子有点不寻常，她就是万贵妃。

汪直知道自己没什么特长，所以拼命献殷勤。善于谄媚的他得到了万贵妃

明朝锦衣卫印

的赏识，万贵妃被他伺候得十分开心，后来就将汪直推荐到了小老公朱见深那里。近水楼台先得月，汪直很快高升成了御马监的太监。御马监是仅次于司礼监的重要部门，能爬到这个位置，可以说已经是宦官中的最高位置了。可是汪直不是个容易满足的人，他又把"黑手"伸向了皇宫内最为神秘的太监管理机构——东厂。

为了让帝王把东厂的控制权交给他，汪直组织人四处收集情报，汇报京城及各地的一举一动，抓人关人，势头非常之猛，闹得鸡犬不宁。可是皇上并没有让政绩卓著的汪直接手东厂这个明朝最大的特务组织。

时任东厂掌印太监的是尚铭，此人入宫很早，办事利落，性格严谨，东厂在他的管理下搞得有声有色，财源滚滚。尚铭擅长绑架敲诈。他有一个花名册，上面记载的全是京城各大富户的情况。每当东厂有了案件，他都会把这些富户和案件联系起来，然后逐一上门抓人，二话不说，关进大牢，不拿钱不放人。虽说很不地道，

但尚铭很讲规矩，给钱就放人，从不要赖，而且他只劫富不害贫，只对有钱人下手。虽然他资历高，却从不欺负后辈，人缘很好，有一定的群众基础。皇上怎么会随便把一个优秀的对自己有利的人换掉呢？

可汪直不肯善罢甘休，在他的反复要求下，成化十三年（1477年），朱见深终于特批汪直开办另一个东厂，也就是后来的西厂。西厂的指导方针很简单：作为东厂的补充，手段比东厂残忍，做事比东厂更过分。为了突出自己的业绩，他们的手段比东厂更为毒辣，一般百姓进了西厂几乎就等同于进了鬼门关，有进无出，弄得京城上下人心惶惶，谈虎色变。

明朝锦衣卫木牌

西厂确实是很用功的，可还是不及东厂。毕竟东厂已经存在很多年了，早已把特务发展成了一种文化，西厂确实望尘莫及。汪直不容易满足，他也不容易服输，为扭转这一局面，他决定擒贼擒王，先解决几个重量级的人物，好在短时间内提升自己的威望。

他决定先拿地位仅次于司礼太监怀恩和东厂太监尚铭、时任南京镇守太监的第三号人物覃力鹏开刀。这个覃力鹏背景深厚，和许多皇亲国戚都有私人交情，虽然经常违反律令，却从来没人敢找他的茬儿。汪直收集了很多覃力鹏的罪证，覃力鹏得知汪直敢拿他开刀，连夜派人入京动用上下，打通关系，化险为夷。

虽然这次没达到预期效果，但是汪直得到了朱见深的表扬，这一夸不要紧，又夸出几件莫名其妙的事情来。当然，这些事情不外乎是抓人、整人、害人，只要别人谈他色变，他就觉得高兴，因为这就说明他有了权威。在这种变态的权力欲望驱使下，他寻找到第二个重点打击的对象——杨晔。杨晔官小名气小，但来头不小，他的曾祖父是大名鼎鼎的"三杨"中的杨荣。汪直派人逮捕了杨晔和他的父亲杨泰，并给关在牢里的杨晔表演了"弹琵琶"。这是一种酷刑，是用利刃去剃人的肋骨，让人生不如死。杨晔被折磨的生不如死，最后死在大牢里。喜欢把事做绝的汪直觉得还不够，接着又判处杨晔的父亲杨泰斩首，简直嚣张到了极点。

西厂无缘无故，无令无证，胡作非为，事情闹大了，也满不在乎。然而多行不义必自毙，虽然杨荣已死，但在文武百官中的威信仍旧很高，连这样的楷模之家都遭受这般歹毒的残害，是可忍孰不可忍！于是群臣起而攻之，朱见深也意识到汪直已经成了一个对自己的朝政有威胁的人，于是下谕撤销西厂，将汪直逐回御马监。

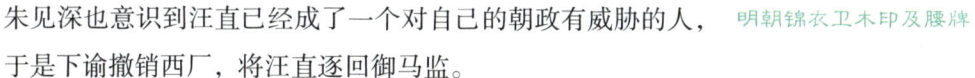
明朝锦衣卫木印及腰牌

这次惩罚其实并不能抵消汪直的罪行，而汪直也并不沮丧，他清楚软弱的朱见深仍然需要自己。果然如他所料，不久，他就又回到了原来的位置。汪直是一个听话的人，朱见深喜欢这样的人。可复出的汪直仍旧死性不改，他好出风头，唯恐天下不乱。他的这些恶行竟惹恼了鞑靼和辽东各部落，使得原本相安无事的边境突然战报频传。朱见深了解后，才发现所有的事情都是汪直惹出来的，喜欢过安逸日子的朱见深当然不希望有人打破他宁静的生活，一怒之下，立刻下令，关闭西厂，将汪直贬回南京御马监。后来，东厂的头目尚铭又告了他一状，这回汪直连南京御马监也做不成了，被贬为奉御，干起了杂务。

初进京时就是奉御，最后又被免为奉御，从起点回到原点，朱见深时期的一棵毒草就此退出历史舞台。

## 万贵妃去了，朕还活着干什么

成化二十三年（1487年）春天，五十八岁的万贵妃在后宫的安喜宫去世。这个陪伴了朱见深三十八年之久的女人终于离开了他。其实，万贵妃本质不坏，只是嫉妒心理彻底毁灭了她的理智，或许这正是因为万贵妃太在乎朱见深了。朱见深是她生命中不可或缺的一部分，甚至是全部，她用错误的方式想把朱见深拴在自己的身边，不许任何人把他抢走。但是她不知道，不管她的容颜如何变老，不管她是否能生孩子，朱见深对她的爱都不会改变的。

据传，万贵妃是暴毙而亡的。关于她的死因也有多种说法，有人认为她是因为谋害太子后失败畏罪自杀的，有人说她是突然发病而死的，也有的说万贵妃身体肥胖，一天，她用拂子殴打宫人，一时用力过猛，盛怒之下，一口痰上来阻塞了气管气绝身亡。

万贵妃断气的那一刻，朱见深也彻底崩溃了，一时间痛哭流涕，如丧考妣。他

明茂陵

明成化年间花瓶

宣布为万贵妃罢朝七日,以皇后的礼仪将她下葬在天寿山西南,并给她一个上等的谥号:"恭肃端慎荣靖皇贵妃"。

这个世界上最疼他的那个人走了,朱见深忽然觉得孤独无助,仿佛天塌了。他常常哭着说:"万贵妃去了,朕还活着干什么呢?""亲爱的贵妃去了,朕也要跟着她去了。"精神上的打击和无所寄托,身体积郁成疾,再加上几十年来,仙丹对他身体的摧残。不久,也就是成化二十三年八月,朱见深也一病不起,十天后,病入膏肓的他不治而亡,年仅四十一岁,距万贵妃之死才八个月的时间,真可谓生死相随,情比金坚。

其实历史上,帝王宠爱一人的事情也很常见,但像明宪宗朱见深这样终身宠爱一个女人,而且是一个比自己年长十七岁的女人,甚至在她死后不久也追随而去的帝王还真是只此一个,绝无仅有。

朱见深这个在感情和人格上都非常奇特的帝王,因害上"相思病"结束了他的一生。正如万贵妃所了解的那样,他性格温和懦弱,没有什么大的追求,只求相安无事,安心度日。但正是这样的一个人,在客观上就纵容了像汪直这样的恶人,东厂西厂专横跋扈,弄得民不聊生,社会昏暗。随着土地兼并的严重、官吏对百姓的压榨,

明茂陵

　　许多农民流离失所,大规模的内乱不断恶化,百姓终于忍无可忍,湖北爆发了刘千斤起义,广西爆发了少数民族起义。虽然这些起义最终都以失败告终,但已经为明朝的政治敲响了警钟。而这一切都归结于他的懦弱,这种懦弱源于那段不堪回首的童年。

　　当然,明宪宗也并非一无是处,他在拨乱反正方面就做得不错,先是为于谦昭雪,博得了朝野的一片称颂之声。之后,他不念旧恶,不顾明代宗朱祁钰曾经废掉自己的太子之位,以德报怨,恢复了叔叔景泰帝的帝号,对他的陵寝进行了整修。再加上一些名相的辅佐,明宪宗朱见深在即位之初还是颇有些明君风范的。

# 明孝宗朱祐樘
## ——只有一个老婆的帝王

姓　　名：朱祐樘

职　　称：明孝宗

生　　卒：1470—1505 年，享年三十六岁

最高职务：明朝第九任帝王

就职年龄：十八岁

帝王工龄：十八年（1488—1505 年）

荣誉称号：达天明道纯诚中正圣文神武至仁大德敬帝王

老　　爸：朱见深

老　　妈：纪妃

兄弟排行：老三

接 班 人：朱厚照

最 得 意：修《会典》，立制度

最 遗 憾：独自留下爱妻张皇后在人间

最 痛 心：从小就失去了母亲

最 失 意：就一个儿子

最 擅 长：信用大臣

现在住址：北京昌平十三陵泰陵

个性签名：无论如何，老婆还是一个好

明孝宗朱祐樘像

## 没办法，老天都帮他

成化二十一年三月，后宫内藏库，朱见深来查看他的私房钱。这个时候的仓库管理员是一个叫梁芳的太监。这个梁芳原是万贵妃的物品采购员，后来转行给朱见深研究春药。在一番卖力研究之后，也还有一些成果，因而深得朱见深的欢心。

忙于炼丹等事情的朱见深已经很久没来这里看看自己的私房钱了，可当他打开库门时，顿时傻眼了——里面空空如也。要知道，十几年前，这里还是金满屋，银满仓的，而如今……朱见深大为恼火，质问梁芳。梁芳大言不惭地说："这些钱我拿去修宫殿祠堂，给皇上您祈福去了。"花了钱还能找个充足的理由，还真是高明，朱见深无言以对，半晌后，说："我不管你，将来自然有人跟你算账！"估计是气得昏了头，居然说出这么一句莫名其妙的话。说罢，忿忿而去，留下百思不得其解的梁芳。

自然有人跟他算账，这句话什么意思？梁芳这样理解："朱见深现在不处置他，是要等着他儿子来处置他？他儿子不就是朱祐樘么！于是，为了活命，他跑到后宫，找到了万贵妃。

事隔十年前的那次"我怕有毒"之后，万贵妃很久没出后宫了，但是她对朱祐樘的仇恨却并没有因此而减少。而且，最重要的是，她杀死了朱祐樘的母亲，一旦朱祐樘登基，她自知自己没有什么好下场。梁芳的到来在万贵妃的仇恨之火上又添了一把柴，五十五岁的万贵妃又活跃起来。这时候，朱祐樘已经十五岁。

万贵妃使出的还是老招数——枕边风。就这样，在这股强劲的枕边风的吹拂下，朱见深又动摇了，他同意废掉太子。朱祐樘的地位很

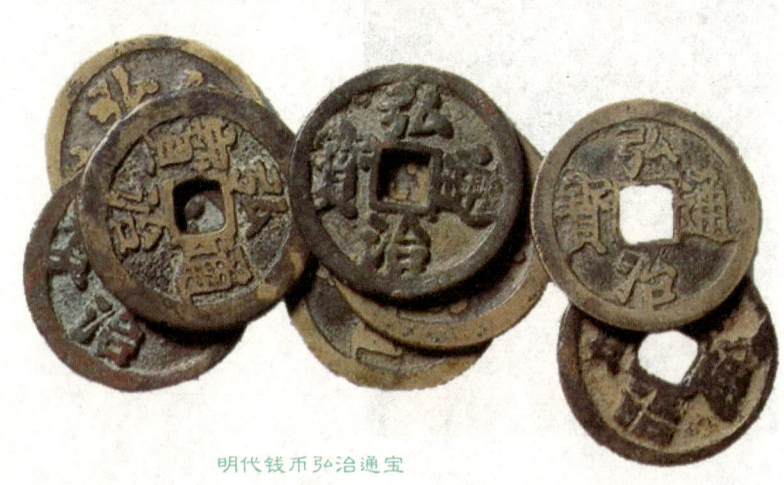

明代钱币弘治通宝

危险。

成化二十一年四月，泰山地震。自古以来，地震都不是什么稀罕的事，只是这次地震有点不一般，震源地是泰山。众所周知，泰山，是古代帝王封禅的地方，只有天下枭雄才有资格上去。

地震之后，朱见深有点措手不及，占卜后才知道原来是因为东宫不稳，连老天爷都发了怒。东宫也就是太子朱祐樘的住处。朱见深一听这话，连老天爷都帮着自己的儿子，那他还有什么理由要废太子呢。朱见深还不想死，宁可不理万贵妃，也不能开罪老天爷，于是打消了废太子的念头。

看来朱祐樘不但不倒霉，还不是一般的幸运，从纪妃将他生出来，在宫中养大到得到祖母庇护，朱祐樘似乎每次都能化险为夷。

## 生母之谜，抱憾终生

朱祐樘一即位，群臣纷纷上书，建议皇上进一步追究万贵妃的罪状。有的请求除去万贵妃的谥号，有的明确指出皇上之母纪淑妃的死与万贵妃有莫大关系，有的则要求逮捕当年为万贵妃看病的太医以及万氏家属，并严加审讯，查清纪氏死亡的真相。

这些大臣之所以这么做，或许有为迎合皇上心理，讨好皇上，以求功名的嫌疑。母子连心，朱祐樘也十分清楚是谁杀死了自己母亲。而且万贵妃在世时，确实做了不少见不得人的勾当，她的裙带关系也仗着万贵妃的势力干了许多恶的事情，所谓恶有恶报，也是该惩罚。所以，于情于理，这么做都没错。但是朱祐樘却做了一个出乎所有人意料的决定——他退回了要求严惩的奏折，并说：

弘治年间的素三彩官像

弘治成套厌器

"到此为止。"

对于一个从小失去母亲的孩子而言,万贵妃这个名字就意味着仇恨。可是为什么在朱祐樘有能力报复的时候,他选择了宽恕呢?

朱祐樘是个孝顺的孩子,他考虑到惩罚万贵妃是对父亲的大不敬,于是决定不追究万贵妃的事情,只是惩治了那些靠万贵妃的势力而贪赃枉法的佞幸无耻之徒。而这个姓万的女人,幸运地逃过了死后暴尸这一劫,同样也是因为要尊敬老爸的原因,善良的朱祐樘不能为那个废了的吴皇后恢复皇后、太后的名分,但他不会忘记她给自己的照料之恩,虽然当年吴皇后的动机并不单纯,但对于朱祐樘而言,有恩必报,其他的事情并不重要。他将吴氏的待遇一律升格到"母后"的级别,后来宪宗的第二位皇后王氏对纪氏也还不错,懂得感恩的孝宗也非常感激,也把她当母亲一样孝敬。这个在善良的氛围中成长起来的孩子是不一样的。朱祐樘就是一个这样的人,不复仇,只报恩,难怪老天都帮他。

为了纪念生母,朱祐樘曾经发动无数人去探寻母亲的家世。广西各级官员都自发动员起来,从布政使到县令,甚至包括当年曾经出征广西的韩雍手下的将领们,纷纷动员起来调查,大有挖地三尺的势头。就这么兴师动众地找了将近十年,可最终还是没有觅到半点蛛丝马迹。

由于年深月久,也因为纪氏本人未曾留下任何说明,更有可能是当年平民动乱时,纪氏的家属都已经在屠戮中死去或在之后远走他乡。总之,与纪氏有关系的任何人或踪迹都是空白,就连她究竟是不是姓纪,都弄不清楚。

别的"母亲"都被安顿好了,可生母的情况却一直是个谜,无奈的孝宗终于放弃了寻找的打算。为了表达对母亲的生养之恩和对她的崇敬怀念,弘治三年,朱祐樘在广西桂林树立了祠堂,为自己的母亲上谥号为"孝穆慈慧恭恪庄僖崇天承圣纯皇后",并将母亲的坟地迁葬茂陵,别祀奉慈殿。

该做的都做了。"睹汉家老母之门,增宋室仁宗之恸。"明朝大学士尹直被孝宗帝王广西寻根一事所感动,专门写了一篇文章,以告诫天下百姓要像孝宗那样敬老不忘根。孝宗每次读这篇文章,都不禁老泪纵横。

如今,四百多年过去了,那座纪氏祠堂早已经消失得无影无踪,只有一口水井,据说是当年纪氏被送入皇宫之前,在桂林停留时曾经洗脸梳妆过的地方。这口井至今还在,地方上一直称它为"太后井"。

## 只羡鸳鸯不羡仙

一个帝王一辈子除了有一个妻子之外,再无任何一个嫔妃,这简直太不可思议的事情了!先别说后宫佳丽三千的帝王了,也不说男人妻妾成群的古代,就现在的婚姻也是有再婚这么一说的,所以更不用说在那个封建的古代社会,尤其还是皇上。也就是说,在这么不可能的环境中,明孝宗居然能恪守一夫一妻,这个帝王,简直太让人佩服了!

其实,后宫女人多,也未必就是说帝王风流。在那个年代,讲究的是多子多福,而帝王子孙的多少,则关系到国家的传承大计。所以,出于国家的需要,帝王的后宫需要三千佳丽。也正因为这个缘故,当时的大臣多次上奏要求明孝宗多置内宠,但朱祐樘

明孝宗像

泰陵照片之一

并没有这么做。他之所以这样,与他苦难的童年和母亲的悲惨遭遇有着千丝万缕的联系。

明孝宗的皇后姓张,岳父张峦是大明帝国最高学府太学院的学士,岳母为金氏。张皇后的出生颇有几分传奇色彩。据金氏自己说,一天晚上梦见一个月亮突然跑进了自己肚子里,于是就生下了这个女儿。张皇后还是个婴儿的时候,就已经闻名遐迩了。因为名气大,人又长得漂亮,所以在成化二十三年,她无可争议地被选为太子妃。

有的太子妃可能当几年、十几年、二三十年,有的甚至和太子一块被牵连。但张氏很幸运,因为万贞儿死了没多久,明宪宗也跟着去了,所以张太子妃很快就升成了张皇后。

明孝宗和张皇后可谓患难之交。这对恩爱夫妻,两人每天读诗作画,听琴观舞,谈古论今,游山玩水,朝夕与共。这些不经意的举动中蕴含着深深的爱意,创造了前无古人、后无来者的情感和婚姻纪录。

执子之手,与子偕老。他们夫妻二人虽然如胶似漆,恩爱有加,但是却没能够白头偕老。朱祐樘驾崩得早,据说他只是偶染风寒,但几位御医未经诊疗就开了药,孝宗因错服药物,导致病情加重,鼻血不止而死,留下张皇后独在人世。张皇后在没有老伴儿的后半生里,过得不怎么幸福。

1505年,明孝宗去世,他们唯一的儿子朱厚照,也就是明武宗继位,在刘瑾的误导下,明武宗在宫廷和民间肆意妄为,为非作歹。作为太后的张皇后对朱厚照束手无策。慈母出败子,独生子就是太过溺爱,到最后根本就不听劝告。

不久,武宗朱厚照死于豹房,结束了他荒唐的一生。由于武宗没有子嗣,皇位不得不落于皇室旁系之手,孝宗一脉从此结束。从政治的角度来说帝王的后宫三千佳丽还是有必要的。

张皇后像

## 称职的君主,却不是一个合格的父亲

虽说朱祐樘出生于皇宫,但是从小生活艰辛。他后来之所以成为一位贤明的君主,与幼年时期备受磨难、坎坷不幸的生活经历是分不开的。

继位之初,孝宗便着手改革弊政,大刀阔斧地整肃朝纲。明宪宗在位期间,许多佞幸小人混入朝中,侍郎李孜省、太监梁芳、万贵妃的弟弟万喜等人狼狈为奸、祸乱朝政。他们与巴结万贵妃而得升阁臣的奸邪之徒万安结成朋党,压制打击忠臣,培养亲信,搜刮民脂民膏,成为朝廷第一大害。

泰陵照片之一

弘治年间的黄釉碗

宪宗时期的内阁以外戚万安为首，不务正业，整日看万贵妃的脸色行事，并受太监梁芳的控制，都是一些无能之辈，所以当时有"纸糊三阁老""泥塑六尚书"的说法。孝宗可不允许这样的内阁存在，即位的第六天，孝宗便把太监梁芳贬下牢狱，随后又将李孜省流放边陲，罢免了劣迹斑斑的万安，并逐出朝廷。而那些通过贿赂、攀附的官员也一律被罢免撤换，天下正直人士无不拍手称赞。

宪宗时期，常常因崇信佛道而荒误朝政，导致朝廷局面一片混乱。于是，明孝宗继位后又做出了一项重要决策，将宪宗时期所封的法王、国师、真人、国子等封号一律革除，处死"妖僧"，禁止朝廷崇信佛道。

在罢黜奸佞的同时，明孝宗还大量任用正直贤能之士，给朝廷注入许多新鲜的血液。他制定了严格的官吏考核制度，规定提拔选调官员要以政绩为主要标准。也正是因为明孝宗注意任用贤能，所以弘治一朝，名臣辈出。朝中的许多重臣都是正直贤能之士，像王恕、怀恩、马文升、刘健、谢迁、李阳东等人都受到孝宗的重用。

孝宗为彰显正义、褒扬忠烈，还为在英宗朝冤死的忠烈于谦建造旌功祠，平反昭雪。孝宗十分重视人才，礼贤下士，从未鞭打过一个大臣。对深负众望的大臣刘健、谢迁格外器重，孝宗还总是尊敬地称呼他们为"先生"。

明黄釉暗刻二龙戏珠盘

只有先严格要求自己，才能要求别人。孝宗在继位之初，对自己要求非常严格。他下令恢复正统年间被停的午朝，每天坚持上朝听政。据说有一天晚上，仁寿宫突然失火，孝宗帝王一夜没有睡好，第二天早晨神情恍惚，不想去上早朝，但是他不想违背自己所定的制度，只好让自己的贴身太监前往朝堂知会大臣，这才感觉安心一点。明朝中期以来，帝王荒淫，常常身居后宫，不问政事，大臣们的奏折自己不看，直接让司礼监的太监代批，这是造成明朝中后期宦官专权的一个主要原因。明孝宗即位以后，勤于朝政，天下臣工的奏章往往由自己批阅，在一定程度上限制了太监专权带来的诸多弊政。

孝宗还十分注重选拔太监，任用正直有才的人执掌司礼监。如大太监怀恩，为人正直，敢于直谏，是弘治朝不可多得的忠臣。

在做好人员任用的安排后，孝宗又对前朝的弊政进行了大规模的变更。减轻赋税，停征徭役，对于发生水旱

明孝宗时期战士的盔甲

灾害的地区及时赈济，在全国范围内兴修水利，发展农业，繁荣经济。经过明孝宗几年的精心整治，成化年间形成的朝政荒乱、人民困苦局面终于有所改观。弘治一朝，阶级矛盾缓和，人民生活改善，外无大的战争，内无大的内乱，名士贤臣层出不穷，孝宗礼贤下士也被传为美谈，史称"弘治中兴"。孝宗帝王也就成了"中兴之世令主"，与太祖、成祖、仁宗、宣宗齐名——总而言之，明孝宗不愧为一代贤君。

然而可惜的是，他在教育儿子方面并不在行，可能是小时候没有得到父爱的缘故吧，不知道如何做好一个父亲。即使有父爱，他的老爸朱见深也给不了他更多好的教育，所以轮到他自己教儿子了，便显得捉襟见肘。所以，虽然他是个好帝王，但历史是残酷的，他半生辛辛苦苦建立的基业最后全都毁在了儿子的手上，到头来还是一场空。

上有庸父明宪宗，下有狂儿明武宗，明孝宗朱祐樘成了夹心饼干，反而在明史中不那么显眼，几乎是个被人遗忘的角色。

弘治十八年（1505年）五月，告别的时刻终于到了。年仅三十六岁的朱祐樘走到了人生的尽头。在这最后的时刻，面对着跪在地上哭泣的臣子，他回顾了自己几

乎毫无缺憾的人生，唯一放心不下的就是太子朱厚照，他说："太子很聪明，但年纪太小、贪玩，希望诸位先生劝他多读书，做一个贤明的人。"阁臣们明白他的担忧，发誓不辱使命。看着这些治世能臣，朱祐樘闭上了眼，永远离开了这个世界。他这一辈子没有享过什么福，却遭了很多罪，受过无数恶毒的伤害，却选择了无私地宽恕，他很少体验帝王的尊荣，却承担了帝王的全部责任。

明皇宫内苑

## 明武宗朱厚照
——美女、野兽、离经叛道、亘古未有

| | |
|---|---|
| 姓　　名： | 朱厚照 |
| 职　　称： | 明武宗 |
| 生　　卒： | 1491—1521年，享年三十一岁 |
| 最高职务： | 明朝第十任帝王 |
| 就职年龄： | 十五岁 |
| 帝王工龄： | 十六年（1506—1521年） |
| 荣誉称号： | 承天达道英肃睿哲昭德显功弘文思孝毅帝王 |
| 老　　爸： | 朱祐樘 |
| 老　　妈： | 张氏 |
| 兄弟排行： | 长子 |
| 接 班 人： | 朱厚熜 |
| 最 得 意： | 应州大捷 |
| 最 遗 憾： | 没有一儿半子 |
| 最 痛 心： | 落水染病而亡 |
| 最 失 意： | 英年早逝，还没享尽天下美色。 |
| 最 擅 长： | 声色犬马 |
| 现在住址： | 北京昌平十三陵康陵 |
| 个性签名： | 随心而动，随意而行，玩儿才是最重要的。 |

明武宗朱厚照像

## 一棵好苗子就这么毁了

明孝宗朱祐樘一生只宠爱张皇后，可是他俩结婚四年了，张皇后仍旧没有生下皇子，为此，孝宗和张皇后特别着急。弘治四年，在没有传出皇后怀孕或者其他任何征兆的情况下，宫中突然宣布张皇后诞下贵子。而就在朱厚照生下后的第六个月，明孝宗便开始酝酿册立东宫太子，这在明朝历史上也是相当罕见的。因此，就在朱厚照被册立为太子之后不久，都城北京便有传言说朱厚照不是张皇后的亲生儿子。虽然这属于没有真凭实据的传言，但张皇后是否是朱厚照的母亲确实是一个存在不少疑点的问题。三年后，张皇后又生下一个皇子朱厚炜，但不幸的是，这个孩子很快就夭折了。因此，明孝宗夫妻俩最后只有一个独生子，也就是朱厚照。

京剧《法门寺》刘瑾脸谱

据史书记载，朱厚照相貌奇伟，面质如玉，容光焕发，年少时便已举止异于常人，聪明过人，老师教他的东西总能很快学会，且有帝王风度。按理说他应该成为一个很好的帝王，但朱厚照深受明孝宗宠爱，自幼娇生惯养，再加上周围全是一些心怀鬼胎的太监，他并没有很健康地成长。

东宫太子的随侍太监中，有八个太监号称"八虎"，以最为狡猾阴险的刘瑾为首。为了讨好日后的新帝王，他们每天都找来一些奇特的玩具和动物，还经常组织各式各样的演出、体育活动等，所以，当时的东宫被人们称为"百戏场"。那时，朱厚照还是一个孩子，孩子本身就好玩，再加上这么一些稀奇古怪的东西的诱惑，试问小厚照怎能自拔。他沉溺其中，越陷越深，最终荒废了学业和政事，成为明朝历史，也是中国历史上嗜玩如命的帝王。

孝宗去世后，十五岁的武宗即位，开始了他的帝王生涯。但新生活的到来并没有使他从此停止玩乐，反而在"八虎"之首刘瑾的引导下，越玩越离谱。

由于弘治时期的政治还算清明，所以给朱厚照留下了一群非常刚正廉洁的大臣。

他们为了不辜负老帝王的嘱托,不顾身家性命,联名上书,请求严惩"八虎"。武宗刚刚即位,还没有能力驾驭群臣,见到如此声势浩大的进谏,自然有些招架不住,便想与群臣妥协,除掉"八虎"。可是,老谋深算的刘瑾在帝王面前声泪俱下地哭诉了一通,武宗一时心软,再加上他们是自己从小玩到大的伙伴,感情深厚。于是第二天,他不但没惩治"八虎",反而先惩治首先进谏的大臣。虽然内阁成员谢迁、刘健以告老还乡相威胁,但武宗并没有妥协,顺水推舟,欣然批准,群臣一下子失去了领头人,此事也就这么不了了之了。

沉溺于玩乐之中的明武宗常常荒废朝政,总是让刘瑾来替他"分忧"。他常常趁朱厚照正玩在兴头上时,把奏章拿给他过目,在这个时候的帝王当然很不耐烦,挥挥手,就交给刘瑾去办,于是刘瑾大权独揽,权势熏天。

谢迁像

当时京城都在传,北京城有两个帝王,一个坐帝王,一个立帝王;一个朱帝王,一个刘帝王。这位"刘帝王"权倾天下,自然忘不了报一箭之仇,把那些曾经要除掉他的朝臣们当作眼中钉肉中刺。一次,刘瑾让那些写匿名信骂他的朝臣,在中午的大太阳下集体罚跪,有些老臣受不了这样的毒太阳,不久就晕死过去了。

不过树大招风,很快,权势滔天的"刘帝王"召来"八虎"中其他人的侧目,于是朝臣们抓住这个机会,让其中一位名叫张永的宦官,天天在武宗面前哭诉刘瑾要谋反。帝王开始自然不信,后来在刘瑾家里真的搜出几百套战服,朱厚照这才大惊失色,立即下令将刘瑾凌迟处死。

在刘瑾被凌迟的时候,人们竟争相买他的肉吃,朱厚照虽然杀了刘瑾,却依然不改顽主本色,玩闹得更加厉害了。

## 朱厚照夜夜笙歌，皇宫宛如"活春宫"

宫里有皇后夏氏，还有两位妃子，皇后和妃子都是他老爸百里挑一给挑出来的，但是朱厚照对她们一点兴趣也没有。所以说像朱厚照这样的帝王还真是少见。

其实，明代皇宫的管理是很严格的，帝王的一举一动都有人管着，而且还要专门记下来以备后查。对这样的制度朱厚照自然是恨之入骨，但是他也很无奈，他自己也知道，这是祖宗定下来的规矩，要想改变是很困难的，所以，他只有另想办法。

明代豹房勇士铜牌

"豹房"是朱厚照设置在宫外的大本营，坐落在皇宫西华门外太液池的南岸，本来是皇家豢养猛兽的地方，国外进贡的稀奇动物都放在这里，说白了也就是一个皇家动物园。选择用动物园来建立自己的温柔乡，并在原来的基础上加以扩建整修，对于这个"新宅"，朱厚照十分满意。所以后来，武宗一直都住在这里，最后也安眠在了这里。

豹房虽然从广义上来说也可以算在皇宫的范围之内，但毕竟不属于大内，所以武宗在这里非常自由。他再也不用受那些繁文缛节的困扰，再也不用看到那一张张板起面孔启奏的老臣们的脸，这仿佛是一个新天地，从此他便是自由的，随性所至，随心所欲，至于他要在这里批奏章公文，证明自己还是帝王，而且是个敬业的帝王，那也无可厚非。

朱厚照的兴趣十分广泛，而且天资聪颖，不管什么，一学就会，哪怕是斗鸡走狗、骑马射猎、吹拉弹唱，甚至于梵文和阿拉伯文，他都无所不通。

豹房原本就是个动物园，从武宗搬进去后，又养了不少凶猛的虎豹，他闲来无事便观赏这些猛兽斗来斗去，有时还亲自下场跟虎豹斗上几回合，甚至不惜被抓伤。

此外，他还召集天下善搏虎豹的人，百里挑一，让他们入豹房做勇士，将他们养在豹房里，封为义子。

好玩的人往往对任何一件事情的热情都不会太持久，很快，朱厚照的兴趣又从豹子转到了另一项爱好上——荒淫好色。

武宗好色的"美名"远近闻名，而且他也有自己的特别之处。因为他对后宫的嫔妃完全不感兴趣，而是喜好带点异国风情的。

锦衣卫都督同知于永是个色目人，擅长房中术之类的把戏，朱厚照便把他召入豹房，很重视他。于永向武宗推荐色目女子，说她们个个容貌美艳，姿色妖娆，皮肤白皙，柔滑细嫩，比起中原女子来，简直要胜过一百倍。武宗听了很心动！当即召集几个来见，果然不同凡响，朱厚照很高兴，天天去观赏歌舞。更甚的是，他在京都里进行大肆搜索，把女子都招来歌舞，尤其是美艳的，就留下来供他玩弄。

后来，朱厚照听说于永的女儿特别漂亮，就让他把女儿也献上来。于永不愿意，就把邻居家白回子的女儿拿来冒名顶替。帝王看那女子美若天仙，高兴得忘乎所以，也没觉察出什么来。可是于永知道自己犯了欺君之罪，做贼心虚，整日里提心吊胆，后来就假装得了风痹告老还乡，让他的儿子来承袭自己的职位。

有一个女子，叫王满堂，朱厚照也非常喜欢。王满堂是霸州百姓王智的女儿，从小生得娇俏动人，曾经参加过帝王选妃，但以落选告终。王满堂对自己的美貌一向自信满满，所以对这一意外的打击有点受不了。一天，她做了一个梦，梦见一个叫赵万兴的人要迎娶自己，这个人"贵不可言"。于是她发誓非"赵万兴"不嫁。可是随着姑娘一年一年大了，家里人看不过去，没办法，只好四处给她打听这个叫赵万兴的人。当时，有个道士听说了这

豹房所在的太液池

武宗常玩乐的太液池

件事情,又得知王家姑娘貌美如花,就起了冒名顶替的念头。他先买通了一个和尚,让他对王家人预言说明天家里会有个大贵人要来。第二天,他就前往王家,说自己就是赵万兴。王家人被等待多时又突如其来的兴奋冲昏了头脑,也没多想,马上便让他和王满堂成了婚。

计谋得逞,也就该知足了。但可能是王满堂经常给道士灌输"贵不可言"之类的意识,他一时有点分不清楚,连自己的骗子身份也忘到了九霄云外,真把自己当成未来的贵人了。只是他成为贵人的方式有点特别——谋反。他先煽动不少人成为他的手下,然后给自己定了个年号,叫"大顺平定",于是,他成了帝王。这种谋反简直是掩耳盗铃、自欺欺人!大概是因为在他看来,谋反就是小孩子过家家。结果可想而知,这个"帝王"还没采取什么实质行动,就被当地官府抓了起来。

谋反是滔天大罪,帝王听说后,大概因为也觉得他太讽刺,所以,释放了那些跟着起哄的愚民,只处死了道士。而其实,真正的罪魁祸首不是这个自作聪明的道士,而是王满堂!武宗听说她是个美人,立即降旨赦免。为掩人耳目,先把她送到宫中的浣衣局,接着又把她召入豹房,宠爱备至,甚至戏称她为皇后。王满堂怎么也想不到，她想嫁个大贵人的梦，竟然在这里成真了。

这些在朝臣眼里荒谬绝伦、没有资格纳入皇宫循规蹈矩的嫔妃制度中去的女人，却是朱厚照的最爱。他把她们统统安置在豹房，这个昔日里的动物园一时间佳丽如云，变成了藏娇的大院子，原先是野兽，现在是美女。不管是野兽还是美女都只为取悦一个人，那就是明武宗。

即便如此，朱厚照仍旧不满足，玩已经不是他的目标，雄心壮志的他还要把这个大院当成一个产业来经营。他在豹房里开设了一条街市，街市里有六个店铺。他自己则像演戏一样，穿着商人的衣服或戴着小太监的帽子，在这六个店铺里做买卖，时不时拿着算盘拨一拨，时不时跟人讨价还价，假戏真做，玩得不亦乐乎。这个街市确实很热闹，各种杂耍、跳猿赛马、斗鸡逐犬应有尽有，当然，还有卖酒的美妇，风流漂亮。

即使是这样，朱厚照还是觉得不过瘾，他又让那些美人们都扮作歌妓粉头，自己则扮作嫖客挨家挨户地进去听她们弹琴唱曲，兴致一来即淫乐一番。

没过多久，明武宗玩够了美女，又有了新的想法——玩男人。他在内臣里选取一些俊美俏悦、聪明伶俐的男人，给他们取名叫"老儿当"。里边尤其宠幸的叫"金刚老儿当"，不仅陪他玩，还干预政事，权势很大。

朱厚照最宠爱的是一个叫钱宁的男人，他俩天天厮混在一起，朱厚照经常枕着钱宁的大腿睡觉。百官们要是见不着帝王了，通过钱宁的举动就能判断出帝王的下落。一看到钱宁打着哈欠走出豹房，便知道帝王也快要出来了。

"正德通宝背龙凤纹"压胜钱

## 游龙戏凤

到后来,武宗的胃口越来越大,已经不满足于在豹房里玩乐,他希望有更广阔的天地。于是他置国家朝政于不顾,开始西巡,到处寻花问柳。所到之处,百姓都怨声载道。

明武宗嗜酒如命,《武宗实录》里记载朱厚照经常随身携酒,随时喝酒。正德十四年年初,朱厚照决定南征宁王,谁知受到朝臣的极力反对,担心武宗酗酒太多影响正事。但是似乎他又不能不喝,所以这个问题是大家最担心的。

武宗好酒,酒后难免神魂颠倒,曾经因为醉酒而在徐霖家里失足落水。

一次偶然的机会,朱厚照在江南打听哪里有好酒,意外听说梅龙镇有个小酒馆的店主貌若天仙,于是他携带随同,慕名前往。来到这个小酒馆后,一进门,便被店主李凤姐闭月羞花的美貌所倾倒。凤姐知道朱厚照不是一般人,便亲手给他烹制了一款美味菜肴,而朱厚照醉翁之意不在酒,故意与这位美艳老板娘周旋。

武宗民间寻春

武宗问:"这个菜叫什么名字?"

凤姐也故弄玄虚,并不点破。这样一来,武宗更加神魂颠倒,没过一会便把自己真龙天子的身份和对凤姐的渴慕之情都暴露了出来。凤姐也不傻,眼前摆着这么个对自己颇有好感的真龙天子,这是自己的机会。所以,凤姐后来随朱厚照回了京城,据说还被封为娘娘。她那道曾经进献皇上的美食也被赐名为"游龙戏凤",被正式列入宫廷名菜谱中。

也有传说,朱厚照看上李凤姐之

后，便纳她为妃，并封她的哥哥做了大官。谁知这个李凤姐命薄福薄，在返京路上就去世了，武宗非常悲痛。

## 跟猪较劲

正德十四年十二月下旬，明武宗朱厚照在从扬州到南京的南巡路上，突然发布了一道圣旨。这道圣旨既不关乎南征宁王朱宸濠，也不关乎叛乱平息的善后事宜，更不关乎国家重大的政策举措。谁也想不到，朱厚照心血来潮发布的竟然是一道关于禁止民间养猪、杀猪、吃猪肉的命令。

关于这个荒诞的举动，确实不是后人故意诬陷他的，《明实录》里有确切记载："时上巡幸所至，禁民间畜猪，远近屠杀殆尽，田家有产者悉投诸水。是岁，仪真（县）丁祀，有司以羊代之。"

一条突如其来的"禁猪令"让农民不得不把家里养的猪全都杀尽吃光，连小猪也一起扔掉，生猪和猪肉在市场上开始绝迹，全国的猪几乎到了断子绝孙的地步。更搞笑的是，有一次，仪真县逢丁祀日要拜祭孔子，祭品中必须有猪肉，可是当时猪肉绝迹，所以只好改供奉羊肉。

好端端的干嘛跟猪较上劲了？用意何在？

根据一些历史资料的记载，原来，朱厚照禁止养猪的"理由"有二：一是"猪"与帝王姓氏"朱"同音，所以要避讳；二是朱厚照生于辛亥年，也就是猪年，因此他认为养猪、杀猪无异于把矛头指向了他这个堂堂九五至尊，是对他的大不敬，是大逆不道，其实就是朱厚照自己忌讳，于是就有了这条滑天下之

明正德年间花瓶

大稽的"禁猪令"。

这条诏令不但颁布了，而且严格执行，一旦违反，就要进行非常严厉的处置，违犯者及其家属都要被发往极边充军。按《明律》，流刑分为三等，分别是两千里、两千五百里和三千里。禁猪令中所说的"发极边永远充军"则是流刑中最重最远的，也就是说犯人与全家都要被流放到三千里之外，而且流犯死于流放地后，家人也不许还乡。从这里看，明武宗

青花缠枝莲纹青釉罐

已经把养猪、吃猪这件民间寻常事看成了对专制君主十分严重的大逆不道行为。整个禁猪令充满了愚昧、迷信和滑稽可笑的逻辑。办这种可笑的事情，下这种糊涂命令的帝王，除了明武宗还真找不出第二个。

明武宗发布这一可笑的禁猪令，其实都与他当时的处境和心理失衡的诸多因素分不开。而这些因素又和正德末年的整个政局形势有密切关系。

正德时期，社会动荡愈来愈烈，宦官专政，吏治败坏到了极点，贵族势力的扩展趋势不可遏止，全国陷于极度动荡和危机四伏的情势之中。

明武宗十五岁就举行了大婚，可始终没有皇子。皇权继承是国家大计，不可避免地成为贵族内部争夺皇位的导火线。贵族内部的夺权斗争本来就不是什么稀罕事，常常致使社会动荡，政局不稳。而明武宗没有皇位继承人，则又使这种夺权斗争更加激化。

明武宗把国家决策权力集中在豹房，而豹房中的边帅、宦官势力之间也在进行着权力斗争。其中一些人正准备抛弃武宗，另寻新主。连武宗最信任的豹房大管家钱宁等人，也与宁王朱宸濠夺取皇权的斗争配合起来，他们勾结在一起，等待机会，出卖武宗，想做新朝新贵。这种阴谋的暴露，使武宗既感到被出卖，又感到皇位的岌岌可危，时时有被赶下台、死无葬身之地的可能。

在南巡出发之际，朝臣就已经不断向他提出建议：南巡路上并不太平，时时处

处都埋伏着危险。大江南北有成千上万的饥民在酝酿起义,更有人早就设下埋伏,伺机暗杀。虽然这位正德帝王在南巡路上,时而寻欢作乐,时而悠然垂钓,显得那样轻松,但他的神经却处于高度紧张状态。

再加上明武宗本来就不是一个神经健全的人。在此之前,有很多事情都可以说明这一点。一座诺大一座乾清宫被大火燃烧时,他却满不在乎地称赞说:"好一棚大烟火!"他提出南巡计划时,大批朝臣为了阻止南巡,进行了一次大请愿。武宗情急,竟然拿起刀子放在脖子上,表示要自杀。这种行为,不止一次。他有时还以帝王之尊参加抢夺妇女的强盗行径。

就这样,神经不太健全的朱厚照,在皇位继承无人和自己处于众叛亲离境地的双重压力下,心理负担愈来愈重,时时有一种危险感,常常出现被杀的幻觉。

被身旁一些无知者的误导下,朱厚照见自己生肖刚好属猪,又姓"朱",而猪又是日常生活中每天每时都被宰杀的牲畜,觉得十分别扭,于是颁布了这么一条荒诞的命令。企图通过禁猪,使自己在心理上得到一种莫名其妙的安慰,或者是一种自己也说不清楚的安全感。

明朝皇宫正殿

次年清明节，要用猪来祭祀祖先，一时间竟找不到猪。此后，经过大臣们的婉言劝谏，朱厚照才不得不废除这道被后世笑话的禁猪令。

## 自编自导自演

明朝的帝王除了太祖朱元璋和成祖朱棣之外，称得上有勇有谋、有作有为的帝王确实没几个，草包和窝囊废倒是不少。而这里面，最典型、最有个性的草包帝王非明武宗朱厚照莫属。

朱厚照在位十六年，先是太监刘瑾掌权，惑乱朝政、流祸四方，后又用外臣江彬、钱宁，他二人为非作歹，积恶十年，百姓痛恨。用人无方，最终导致国力日衰。朱厚照为君无能，可偏偏又是个好大喜功的主儿。

1519 年，宁王朱宸濠反叛。身为一国之君的朱厚照忽然心血来潮，要御驾亲征，并自封为"奉天征讨威武大将军镇国公"，蓄势待发，踌躇满志。可是，就在他准备亲征的时候，却传来宁王被王守仁打败并俘虏的消息。

王守仁像

按常理，将军在外边打了胜仗，这是重大喜讯，尤其是作为一国之君，听到这个消息应该是特别高兴，并对有功之臣大加封赏才对。而这个帝王却比较有个性，他反倒一点也不高兴，因为他想自己当一回胜利将军，所以当捷报频传的时候，他却非常失落，认为自己错失了一个驰骋沙场、大获全胜的机会。无可奈何之下，他想出了一个常人难以想象的"好主意"。

一定要过过当将军打仗凯旋的瘾，这个谁也挡不住。于是朱厚照自导自演了一出滑稽闹剧——朱厚照与随身侍从穿着战服，出城数十里，把朱宸濠释放，再将他抓获，然后大摆庆功宴，庆祝自己平叛的胜利。就这样，朱厚照如愿以偿，很认真地过了一把当将军的瘾。而王守仁，最后无奈之下，只好去九华山当了道士。

堂堂一国之君、九五之尊，却把国家大事当过家家，这样荒唐的事，也只有朱厚照能干得出来，一个国家的命运竟然寄托在一个如此荒唐的人身上，真是悲哀至极。

好就好在，这个造反的宁王也不是干大事的人，当然，也好在有王守仁这样的良将及时将这个成不了事的宁王俘虏，及时阻止了一场祸事。要不然以这个帝王的本事和才能，加上他的那些所谓的低能近侍，让他们去征讨反叛的宁王，可想而知，只有一个结果，那就是重蹈英宗帝王土木堡之战的覆辙。而且，不单纯的是重复一条错路这么简单，其后果肯定比明英宗朱祁镇当年要凄惨许多。因为当年瓦喇人捉明英宗只不过是想索要点钱粮而已，在他

宁王朱宸濠像

们达到目的之后，便放回了英宗。而这个宁王显然不是什么省油的货色，他摆明了就是来造反的，是一场不是你死就是我亡的游戏。

## 朱厚照纳妃马姬时竟已有身孕

朱祐樘一辈子就一个老婆，儿子朱厚照却大相径庭，阅女人无数，从黄毛丫头到大姑娘，再从大姑娘到寡妇，甚至连孕妇也不放过。

这里要说的孕妇是一个姓马的女人。当时有一武夫，名叫马昂，本是延绥总兵官，却因骄横奸贪丢了官。丢官的马昂，在家郁闷非常，于是想起了帝王身边的大红人江彬。希望走走后门，在帝王面前求求情，恢复原职。

马昂去后，道明来意，江彬故作为难道："这个忙我倒可以帮，但你总得对皇上表示表示吧。"马昂问他皇上最喜欢什么。江彬淫猥一笑："这还用问吗？马兄家里

康陵侧景

现就藏着皇上最想得到的东西。"原来,马昂有一个妹妹,天生漂亮,江彬早就垂涎于她,眼下马昂自己找上门来,他心念一动,料定朱厚照会喜欢得不得了,这样自己的功劳簿上又可以大添一笔。马昂一听皇上最想要的东西是他妹妹,倒也不慌,回家给妹妹做了做思想工作便献了上去。

果然,马昂的妹妹进入豹房后,立即受宠,而且不是一般地受宠。这个女子虽说是汉人,但却懂胡乐,会鞑语,善骑射,简直就是全才的美女。朱厚照犹如获至宝,而马昂也平步青云,马上被擢升为右都督。

无非是宠幸一个女人而已,对朱厚照来说是稀松平常之事,但是这个史书上管她叫"马姬"的女人事实上并不简单。她早已成亲,并且被送入豹房的时候正怀着身孕!

对于马姬的身世,江彬并没有隐瞒。也就是说朱厚照是清楚她有老公的,也完全清楚当时她是个孕妇。人们都说,谁不喜欢黄花大闺女,可是这个男人偏偏是个特例,他丝毫不在乎马姬已经怀孕,而且他对她还不是一般的好。究其原因,只能说朱厚照是个十分多样化的男人。因为朱厚照就偏爱这些番教、胡女、豹房等边缘与非正统的事物,甚至是男人,堪称历史上新潮前卫的代表人物。

## 到死也风流

正德十五年，明武宗朱厚照仍旧在南巡玩乐的路上。这天，他在清江浦（今江苏清江市）垂钓，一不小心掉进了水里。时值九月天气，江水寒冷，因严重受寒，加之朱厚照本来身体就不好，健康状况每况愈下，这一病就再也没有起来。之后，武宗一行人匆匆回到京城，虽然太医们尽心治疗，可还是没有挽回武宗的生命。

然而，就在朱厚照一病不起的时候，他仍旧终日缠绵酒色。临终时，他说话已经含糊不清了，还让美人坐在他身边。这些都是他平生最喜爱的美人。他控制不住自己，搂着她们让她们侍寝，但终日因病体难支，虽服用了大量的春药也于事无补。临死之前，人们发现他的双手还死死地搂着这些美人。到了第二天，五更刚过，众美人醒来，推了推冰凉的武宗，发现他的身体已经僵硬。他在他的安乐窝——豹房里离开了这个对他来说充满了声色犬马的世界，结束了他荒诞的一生，终年三十一岁，葬在昌平金岭山东北，也就是十三陵中的康陵。由于武宗没有子嗣，皇位不得不落于皇室旁系之手，孝宗一脉从此结束。

明朝万历末年，在郭良翰撰写的《明谥纪集编》中说到武宗所追谥的"武"字，有十一个意思："克定祸乱曰武，威强敌德曰武，刚疆直理曰武，刑民克服曰武，夸志多穷曰武，保大定公曰武，刚强以顺曰武，开土斥境曰武，折冲御侮曰武，除伪宁真曰武，赴敌无避曰武。"都是一堆大高帽子。

说起明代，从太祖朱元璋到崇祯这十六个帝王中，除了太祖、成祖、世宗、神宗活过了五十岁和建文帝下落没有考证之外，其他的

康陵一隅

极致的皇权 历代帝王 明朝篇

康陵

各位帝王，活过四十岁的也就仁宗和宪宗两个人。

而朱厚照一生，贪杯、好色、尚兵、无赖，他的所作所为大多离奇怪诞、荒谬不经，为世人诟病。其实，大明王朝从英宗朱祁镇开始，国势就已经日渐衰退，而武宗则是明朝由强转衰的拐点。如果武宗朱厚照能够兢兢业业，尽心尽力，是完全有可能在老爸朱祐樘的基础上做一代明君、成为中兴之主的。但他恣意妄为的行径毁了自己，也将明王朝进一步推向衰亡。

黄仁宇在《中国大历史》中分析明朝帝王普遍的荒诞行为时说："……在和战的关头，君主与臣僚通常意见一致，很少有争辩的地方，反而他们的私生活倒成为公众的问题，百官争吵不清，通常牵扯着帝王御前的行止和他家庭中的纠纷，好像人世间最重要的事情不发生于他们祖庙之内，即发生于宫闱之中。"

朱厚照的一生是奇特的，正因为奇特所以被后人不断评说。

# 明世宗朱厚熜
## ——被宫女谋杀的帝王

| | |
|---|---|
| 姓　　名： | 朱厚熜 |
| 职　　称： | 明世宗 |
| 生　　卒： | 1507—1566 年，享年六十岁 |
| 最高职务： | 明朝第十一任帝王 |
| 就职年龄： | 十五岁 |
| 帝王工龄： | 四十五年（1522—1566 年） |
| 荣誉称号： | 钦天履道英毅神圣宣文广武洪仁大孝肃帝王 |
| 老　　爸： | 宪宗第四子兴献王朱祐杬 |
| 老　　妈： | 蒋氏 |
| 兄弟排行： | 独苗 |
| 接 班 人： | 朱载垕 |
| 最 得 意： | "大礼狱"事件中获胜 |
| 最 遗 憾： | 八个儿子只剩下了一根独苗 |
| 最 痛 心： | 曹端妃被凌迟 |
| 最 失 意： | 壬寅宫变 |
| 最 擅 长： | 权术、房中术 |
| 现在住址： | 北京昌平十三陵永陵 |
| 个性签名： | 连宫女都敢杀我……呜呜 |

明世宗朱厚熜像

# 吃着"红苕"进京做帝王

一般说来，在老帝王驾崩前，对于谁继承帝位，皇族内部早有明争暗斗。明武宗死的时候，怕他的亲王世子为争皇位乱了朝政，特地留下遗诏，说："不管哪个亲王世子，先进京的为君，后进京者为臣。"

湖广安陆府（现湖北钟祥市）兴献王（朱祐杬，明孝宗的堂兄）的儿子朱厚熜离京城最远，可他又非常想做帝王，怎么办呢？朱厚熜心想，另一个世子离京城近，当帝王是十拿九稳的事情，进京时必定大张旗鼓，一路上各府、县关员为了巴结他，必然三天一小宴，五天一大宴的迎送，一定会耽搁些时日。为了赶时间，朱厚熜的幕客严嵩想了一个妙招，让朱厚熜坐上囚车，假扮钦犯，这样就可以日夜兼程、出其不意地赶到京城，抢在他们前头。

朱厚熜是藩王的世子，平日奢华，要他坐囚车可不是件容易的事，旅途奔波不说，吃饭问题就是件大事。囚犯就要有囚犯的样子，吃的东西也必须是下三烂的食物，这样才不至于露馅儿。可朱厚熜从小在皇宫里长大，吃的都是色形味香俱佳的山珍海味，现在要扮作钦犯，粗茶淡饭的他怎么吃得下！于是，朱厚熜吩咐府上的厨师，让他们做一种吃鱼肉却不见鱼肉的菜，如果做不出，则性命难保。

一位名叫詹多的厨师，心灵手巧，却也没能做出一道符合要求的菜。一天，詹多的老婆见丈夫很晚了还没回来，十分牵挂，知道肯定在想办法给朱厚熜做菜呢。于是带了煮熟的红苕去给丈夫充饥。相濡以沫、同甘共苦的夫妻俩都想把吃的留给对方，推来让去的，一不小心竟把红苕的皮给弄破了。詹多见状，灵机一动，悟出了配方！

就这样，众厨师齐心协力，做出了吃鱼肉而不见鱼肉的食物，也就是把鱼肉剔骨，去皮剁碎，泡去血水，再用上红的蛋皮裹起来蒸熟，用手拿着吃，这就和红苕一样了嘛！而这个看上去是"红苕"的东西吃起来却美味可口，且营养丰富而不油腻。就这样，朱厚熜一边吃着"红苕"，

色形味俱佳的蟠龙菜

一边进京做了帝王。在他成功登基后，有功之臣詹多也奉命进京，担任帝王的御厨。

没想到的是，当上了帝王的朱厚熜吃红苕吃上了瘾，要将之定为宫廷菜天天吃。囚犯可以啃红苕，可帝王怎么能啃红苕呢？詹多很聪明，将这个所谓的"红苕"切成片，如龙的身形一样盘在碟子里，用筷子这么夹着吃，也就不用拿在手上啃这么落魄了。嘉靖帝王见这么一改进，还真不错，于是把这道"红苕"改名为"蟠龙菜"，也就是蟠龙（帝王的尊称）所吃的菜。不仅在外观上有所创新，口味方面也在原有基础上大有改进。嘉靖帝王吃了后，赞不绝口，命令手下的人将它载入宫中食谱，从此"蟠龙菜"便成了明宫的一道美味佳肴。

经过近五百年的历史沉淀，蟠龙菜已成为钟祥老百姓饭桌上时常能见到的传统特色菜。一般在重大节日或喜庆的日子里，饭桌上的第一道菜就是蟠龙菜，这道菜在钟祥城南一带，也被称为"压桌菜"，简称"压桌"。

## 我当帝王我做主

虽说朱厚熜是一边吃着红苕一边进京做了帝王，但是他跟以往的继承人有所不同。

明朝皇统的继承有两次变化：一次是明成祖朱棣起兵靖难，叔叔取代侄子成为帝王。另一次就是明世宗，他不是嫡长子，而是前帝王的胞弟，他的父亲原被封为兴献王，后尊称恭穆献帝王，是明宪宗朱见深的第四个儿子朱祐杬。没有儿子的武宗驾崩，皇位继承出现危机。按常理，应在近支子侄辈中挑选继承人，也就是应该立"载"字辈，但"载"字辈只有刚出生的宪宗曾孙一个人，明朝又定有"兄终弟及"的祖训，于是，大家决定在孝宗的侄儿里选择继承人。

当时有两种选择方法：如果按在世的宪宗之孙的年庚来排列，那么益府世子朱

大明门，皇城的第一道门

明世宗生父恭穆献帝王
朱佑杬像

厚熜排在前边，如果按宪宗之子的年庚来排序，再从中选择长子，便轮到朱厚熜名下。最后，张太后和内阁大学士杨廷和采用了后一种方法，于是兴献王之子朱厚熜得以入继大统，这个时候他才十四岁。年幼好控制，这很可能是张太后选择他的原因，但历史往往出人意料，新迎来的十四岁的朱厚熜竟是如此难以对付。

杨廷和用刚去世的武宗的语气起草了一份遗诏，说："皇考孝宗敬帝王亲弟兴献王长子，聪明仁孝，德器夙成，伦序当立，已遵奉祖训兄终弟及之文，告于宗庙，请于慈寿皇太后，与内外文武群臣合谋同词，即日遣官迎取来京，嗣帝王位。"遗诏中最关键的是最后四个字"嗣帝王位"。所以，当正德十六年（1521年）四月二十二日，朱厚熜到达北京城外的时候，进城的礼仪就成为首要问题。

杨廷和请求按既定的皇太子礼仪行事，由东宫进入，也就是说朱厚熜要想当这个帝王，就先得接受一个条件，那就是以明孝宗朱祐樘儿子的身份进驻皇宫。当个帝王还得管别人叫爸爸，朱厚熜坚决不答应，以遗诏为依据，说："遗诏是让我来做帝王的，我不是皇子。"

被多番劝说的朱厚熜就是不同意。最后，张太后命杨廷和等人先实施"劝进"的办法，先在形式上确认朱厚熜的帝王身份，然后再按帝王的仪式让朱厚熜入京。这办法还是挺受用，至少没有刻意让自己当别人的儿子，朱厚熜也就答应了，由大明门进入，朝见张太后、武宗皇后，御奉天殿，即帝王位。"继统不继嗣"，看来，十五岁的朱厚熜早在心里做好了准备。

## 谁是我老爸

一个月后，也就是正德十六年五月，内阁大学士杨廷和又提出，朱厚熜应该称孝宗为爸爸，而改称自己的亲生父亲兴献王朱祐杬为皇叔，母亲为皇叔母，因为朱祐杬只有朱厚熜这么一个儿子，如果将朱厚熜过继之后，那么就没人继承朱祐杬的王位，考虑周到的杨廷和于是提出将益王的第二个儿子朱厚炫过继给朱祐杬，以继承兴献王。

绕来绕去，还是个老问题——让朱厚熜过继给孝宗当儿子，也就是给武宗当弟弟以继承皇位。这个拐弯抹角的主意，可别以为兜了一大圈，朱厚熜就会乖乖就范。这种大义灭亲的阴谋条款他怎么会答应！

但是，礼部尚书毛澄等人依旧坚持说："为人后者为人子，自天子至于庶人一也。"虽然唱着高调，朱厚熜还是没答应，只同意继续讨论。直到七月，事情仍旧悬而未决。这个时候，终于有人帮助朱厚熜说话了，新科进士张璁上疏，针对"为人后者为人子"的说法，指出如果兴献王朱祐杬健在的话，继承皇位的肯定是他，如果按照毛澄的逻辑，那么他是不是也得管原本是哥哥的孝宗叫爸爸？这不是滑天下之大稽么。张璁还认为朱厚熜所继承的大统，实际上是太祖的血统，说近一点则来自祖父宪宗……朱厚熜听了这番议论，自然很高兴。然而，

张璁像

明显陵

在大臣们看来，张璁的议论无疑是奸邪之论，是为了讨好帝王。因此，纷纷上疏要求惩办张璁和桂萼。

朱厚熜可不傻，他怎么会惩办给自己撑腰的人？相反，他让张璁、桂萼进京，与这些顽固的大臣们展开辩论，于是形成了对立的两派，两派进行了激烈的讨论，朱厚熜则在旁边旁听。

事情总要有个解决的时候。一次，朱厚熜的母亲来京，礼部主张用王妃的礼节加以迎接。朱厚熜明确反对，下诏用母后的礼仪来迎驾，这个矛盾在相持了一段时间之后又开始激化起来。

朱厚熜与杨廷和等大臣之间的关系，无异于一种博弈。双方相互妥协、相互要求，试探对方的底线。刚刚即位的朱厚熜毕竟势单力薄，而且因为初出茅庐，对帝王这个职位还不是很熟悉，所以有时候，朱厚熜难免处于弱势，他甚至开始哀求："请你们就接受我的命令，不要再拒绝了吧，勉勉强强实施总可以了。"其实这个时候，朱厚熜的要求已经被逼得比较简单了，他只要求不称自己的父亲为叔叔就行。不久，张璁等人也被以各种理由放到外地去做官，只剩下朱厚熜一个人与这些老顽固抗衡。

一年的时间足以让朱厚熜的翅膀变得坚硬起来。嘉靖元年（1522年）十二月十一日，他传谕："以后，要称我的爸爸兴献帝为'兴献帝王'，称我的妈妈为'兴国皇太后'！"但是，毛澄等人还是据理力争。朱厚熜便派了一个太监去见毛澄，向毛澄长跪叩头，毛澄当即吓了一跳。太监说："这是圣上的意思。圣上说：'人谁没有父母，为什么不给我机会尽尽孝道？一定要请你改变主张！'"或者这个时候的毛澄已经被朱厚熜的孝道感动了，但他又不想让老祖宗的礼法毁在自己手上，于

1542年世宗帝王做道士时为玄修斋醮建立的大高玄殿（位于今景山西街）

是决定再也不参加议礼，坚持辞去礼部尚书一职。

转眼到了嘉靖三年正月，"挺皇派"桂萼上疏请求改称孝宗为皇伯考，称兴献帝为皇考。这一主张不但拒称孝宗为父亲，而且更进一步地要求把朱厚熜的父亲也直接尊为帝王。此疏一出，朝廷立即再掀起轩然大波。两个月后，帝王与大臣之间达成了和局：尊称世宗的亲生父亲朱祐杬为"本生皇考恭穆献帝王"。

这回，帝王总算胜利在握了。但是，对于张璁和桂萼二人来说，这场议论令他们犯了众怒，如果不彻底弄垮反对派，势必在朝廷无法立足。于是，张璁等人又向帝王上了一道奏疏。大意是："称自己的父亲为'本生皇考'，其实还是把自己当作是伯父孝宗帝王的儿子，与称自己的父亲为'皇叔父'其实没有多大区别。那些大臣们表面上是尊重了您的意见，其实暗地里还是割裂了您作为儿子对父亲的孝情。"

到了这个时候，当初反对帝王最激烈的几个大臣如毛澄、杨廷和蒋冕等人，去世的去世，退休的退休。朱厚熜看了这道奏疏，觉得有道理，于是也不和大臣商量，直接下诏去除"本生皇考恭穆献帝王"中的"本生"二字，但这种过度尊崇亲生父亲的做法还是引发了大臣们的一致反对，随之而来的是一场哭门事件——以杨廷和的儿子杨慎为首的群臣集体跪伏于左顺门前，怎么劝也不走。帝王没办法了，于是杀鸡给猴看，抓了几个大臣。杨慎等人见状，撼门大哭，一时间，哭声震动宫阙。朱厚熜也怒了，采取了武力解决，该发配的发配，该坐牢的坐牢。这就是历史上有名的"大礼狱"事件。终于，孝宗被尊为"皇伯考"，昭圣太后张氏为"皇伯母"，朱厚熜的老爸被尊为"皇考"，老妈尊为"圣母"。

至此，在这场耗时三年之久，涉及两百多人，牵动着整个嘉靖初年政局的"谁是帝王父亲"的斗争上，朱厚熜取得了最后的胜利。富贵不能淫，威武不能屈，朱厚熜的一片孝心并没有因为要当帝王而有所丧失，他坚持下来了，这是难能可贵的。

## 上辈子是道士

据说，嘉靖帝王朱厚熜的出生与道观有关。

一天，兴献王朱祐杬与元佑道人下棋。下得意兴正浓时，朱祐杬一抬头，发现元佑道人不见了！朱祐杬惊诧不已，在元佑殿内到处寻找。正在大家找得不亦乐乎时，元佑道人的小徒弟传来讣告，对朱祐杬说："师傅，元佑道人坐化了！"刚刚还在下棋，怎么好端端地就坐化了呢？朱祐杬还没从疑惑和震惊中回过神来，岂料另一边，

**明代炼丹炉**

明代炼丹炉，青铜制作，造型美观，为明代炼丹炉中较普通一种。是用来提炼矿物药的灶具。

兴王府的宫女传来喜讯："王爷，王爷！世子降生了！"

惊魂未定的朱祐杬于是又马不停蹄地往王府跑。来到房内，果然见自己的娘子手里抱着一个刚出生的娃娃。朱祐杬还未坐定，只听孩子他妈说："我在分娩前，梦见元佑道人来到王府内宫投入我的腹中，而且当时红光满室，我看是祥瑞之兆。"

朱祐杬听了，不禁想起前天晚上也梦见一道人，说自己的儿子与道人有着不解之缘。长久以来，朱祐杬膝下没有一子半嗣，所谓不孝有三、无后为大，朱祐杬一直盼子心切。后来，经元佑道人指点用药，房间渐渐有了红光之兆，且民间也出现了"一麦九穗"的丰收景象。

如今，元佑道人坐化遁去，与妻子蒋氏分娩是同一个时刻，如此巧合，难免不让朱祐杬认为儿子朱厚熜就是元佑道人投胎转世。本来就求子心切的朱祐杬对这个道人投胎的儿子更是万般疼爱，唯恐有什么闪失。朱厚熜果然不负众望，从小天资聪颖，表现出极强的文学天赋。朱祐杬哪敢怠慢，对儿子的教育很是重视。

朱祐杬对道教是情有独钟的，在当地道教气氛的熏陶和父亲的言传身教之下，朱厚熜很小开始便接受道教思想。在继承皇位以后，他又重新修建了元佑宫，并亲笔题匾"元佑"二字，以此作为纪念，之后还不断扩建。

这样传奇的出生故事，再加上父亲的影响，也就不难想象这个出生于兴王宫、读书学道于元佑宫的嘉靖帝王后来二十年不理朝政、一心信道的缘由了。

## 不惜挑选少女炼制红铅丸

这个"由道人投胎转世"的帝王朱厚熜虽然天赋异禀，聪明过人，但是他的聪明用错了地方，全用在了一系列荒诞不经的事情上，原本可以流芳百世的美名却被恶名取而代之。

如果没有正德帝王朱厚照这个名副其实的顽主，好运不会降临在这位兴献王的儿子身上。按说一个从小地方来的年仅十几岁的小孩子一步登天，坐上帝王的宝座，多少会有些怯场,但朱厚熜并没有,恰好相反,他表现出少有的老成,让那些以为他年纪小好控制的朝廷大臣们吃惊不小。

在为父母正名这件事上,朱厚熜表现出少有的执着,并最终以胜利告终。嘉靖帝王在明朝历史中以性格专断出名,这场大礼仪之争让君臣之间的关系出现了裂痕,隔阂极深。特别是让曾经

道士炼丹图

也想有所作为的新帝王一度心灰意冷,于是干脆不闻不问,一心一意地求仙问道。

谁都想长生不老,何况是拥有普天之下的帝王?有秦始皇、汉武帝、唐太宗做前辈,朱厚熜也没什么不行的。可不同的是,他信奉道教,几乎就把自己封为了道教的神仙,真的把自己当成道人转世了。如果说前期朱厚熜是为长生不老,那么后期却是因为女色,也就是古人所说的"房中术"。他十六岁便开始信奉道教,一直到死也没有停止,以致后来到了不理朝政的地步。

他筑坛向神仙祈福,整天和几个道士混在一起。更为荒唐的是,为了能长生不老,他要服用"红铅丸",这种丸子可不是一般的药丸,而是由十三四岁少女初潮时的经血炼制而成的。为了得到这一粒小小的长生不老丸,朱厚熜在民间广选少女。当时,朱厚熜从民间挑选了数千少女,一方面是为炼制先天丹铅提供原料,另一方面则是充当他泄欲的工具。由于朱厚熜暴戾、好色,许多宫女都不幸惨死在他的魔爪下,宫女们不堪其苦。

喜欢修道其实并不是什么坏事,朱厚熜的脾气很大,是一个严厉又刻薄的帝王,不是像道家所提倡的有谦和的态度。不过他求道炼丹这么多年,脾气一点也没小。最关键的是,朱厚熜毕竟不是道士,而是堂堂一国之君。平日没事儿的时候修修练练,大家无话可说,可常年累月这样,天下百姓何以安生。但朱厚熜不管,他想要长生,误信方士,服用大量仙丹,所以他的身体不但没有强壮起来,相反,这些药丸中含有大量可以引发慢性中毒的有毒金属元素让他本来就孱弱的身体每况愈下,而且还生了一个近似痴呆

明嘉靖古砚

的儿子,这也就是他的继承人明穆宗。嘉靖四十五年(1566年),朱厚熜一病不起,离开人世。

## 跟帝王拼命的宫女

1542年十一月二十七日晚,朱厚熜回到端妃曹氏的住处喝酒休息。当他酒过三巡,端妃和她的侍从都不约而同地退了出去,只留下一个醉醺醺酣睡的他。没过多久,端妃的一个侍女领着几个宫女悄悄地进入了卧室。她们手上拿着一条系床帘的丝带,打上结,偷偷地绕在朱厚熜的脖子上,准备一边用力向两个方向拉,一边用她们头上戴着的有尖的发夹去刺朱厚熜的腹股沟。这时世宗惊醒,拼命挣扎。过了一会,一个宫女想看看朱厚熜死了没有,结果却发现他并没有死,没见过什么世面的宫女顿时惊恐起来。内室的动静很快引起了一个值班太监的注意,他赶紧奔赴方皇后的住处报告。

明嘉靖年间五彩罐

皇后一听,立即跑到端妃的住处,松开绕在朱厚熜脖子上的圈套。原来,宫女们虽然决心谋害皇上,但毕竟是杀人,不是平日里扫扫地洗洗碗那么简单,她们的慌乱可想而知,就在这样一种慌乱中,匆匆打的死结由于勒索的力度不够,这条被打了死结的丝带怎么拉也拉不紧,帝王虽然看上去不省人事了,但依旧"顽强"地活着。

方皇后见状,马上召来御医。御医当即开了一付猛烈的药方。可八个小时过去了,朱厚熜仍然不省人事,直到下午过半,他才缓缓醒来,咯出已经凝结的血块。

参与进这次阴谋的所有妇女都被可怕地处死,这里边当然也包括端妃。可是好好的,宫女为什么要谋杀皇上呢?

原来,朱厚熜脾气急躁、作风苛刻,招来许多人的怨恨不说,就连最想跟他套近乎、渴望得到他宠幸的嫔妃们也都渐渐害怕他的来临。为了摆脱他的魔爪,有人甚至愿意铤而走险、与这个暴戾的君主拼命——在这场 1542 年的宫女谋杀帝王事件中，被逼得走投无路的宫女差一点就成功了——这就是有名的"杨金英案"。

具体的导火索还得从头说起。明世宗中年服食丹药，性情暴躁，动辄鞭打宫女。宫女们每天提心吊胆，生怕出一点小错。在世宗身边服役的宫女中，有一个叫杨金英的宫女，年近三十。她和另一位年龄较大的宫女邢翠莲一起带领三四十名宫女干活，每天天色微明时就要起床，到花园中为帝王采集甘露。一点一滴，把树叶、草叶上的露珠收进杯中。这种劳役十分折磨人，腰弯背酸，弄湿了衣服不说，还枯燥乏味。多少天下来，宫女们的怨气无处发泄，只好装病。世宗对杨金英等人的工作很不满，斥责她们偷懒，还将杨金英、邢翠莲狠狠鞭打了一顿。杨金英自忖在宫中服役了这么多年，还要常常挨打，毫无生存的乐趣。

然而祸不单行，杨金英等人又犯了一场大错。世宗笃信祥瑞，大臣们为了讨好帝王，不停地进献祥物。其中有一只五色龟，据说是只千年神龟，得来不易。世宗异常珍惜，将它放在水中，令杨金英等人小心看顾。而实际上，这只五色龟是严嵩党羽赵文华假造的，龟背上的颜色乃染料染成。放在水中，颜料发散，这只龟因颜料中毒，不久就死了。杨金英等发现神龟死了，大为惊恐，知道要死到临头了，帝王是绝不可能宽恕她们的。

活着虽无乐趣，但谁又甘心去死。杨金英和姐妹们决定冒险刺杀帝王，帝王一死，宫中忙着治丧，谁也不会再管死龟的事。于是在嘉靖二十一年十月某日的凌晨，杨金英等四名宫女潜入世宗的寝室……

中国宫廷第一次透露出来的宫女对暴君的激烈反抗是 4 世纪九十年代的张贵

明嘉靖年间黄釉盘

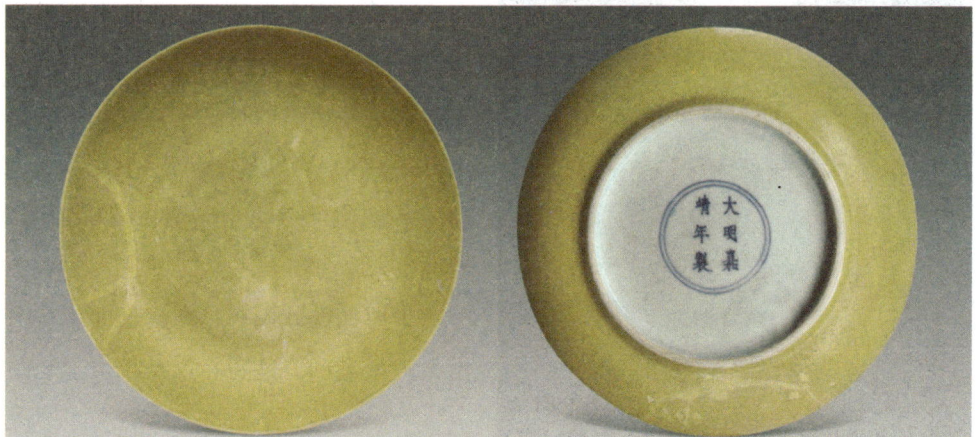

人谋杀晋朝帝王司马曜，而这次的杨金英事件则是史上第二次。虽然这次行动失败了，但是作为像蚂蚁一样平凡得不能再平凡、甚至可以说是卑贱的宫女，敢于向命运抗争的勇气却是可嘉的。他们的行为与历史上众多的揭竿起义并没有本质区别。

只是，在这次事件以后，刚刚步入而立之年的朱厚熜便落下了一个心病，总觉得皇宫里面鬼影幢幢。此时，他完全退出了朝廷和紫禁城的正常生活，干脆搬到西苑的万寿宫，专心修炼丹药，再也没有在紫禁城内的寝宫里居住。此外，他全面禁止了惯常的朝觐。除了一些信臣，他和官僚们已经中断了直接的接触。可是谁也不甘心放弃皇上的权威，朱厚熜也一样。他虽不上朝了，但他拒绝放弃任何权力，继续通过这个核心小集团进行统治，逐渐组成了一个"朝廷中的朝廷"。

在以后的三十年中，朱厚熜继续痴迷于通过药物、宗教仪式和秘教的养生之道追求他的长生不死之梦。

## 朱厚熜老当益壮，晚年还纳尚氏为妃

明嘉靖官窑五彩瓷瓶

既想长生不老，又想尽情娱乐，尝遍天下美色，这样的帝王，中国还真是不少。估计每个帝王都有这种想法，只不过在理智和欲望的边缘，有的帝王能做到洁身自好，他们有责任感、有事业心，而有的帝王则贪恋欲望，在追求欲望的道路上渐渐迷失。

在这些迷路的帝王中，有六位最为出名——汉成帝刘骜，南朝齐明帝萧鸾，唐高宗李治，唐宣宗李忱，明武宗朱厚照，明世宗朱厚熜。

朱厚熜的壮阳药是在自己的后宫中由专人配制的。这药不仅有长生不老的

明嘉靖年间青花缠枝花卉纹罐

功效，还可以壮阳。这一秘方由南阳一位名叫梁高辅的八十多岁老方士所献，梁高辅胡须都花白了，却精力旺盛过人。经道士陶仲文引荐，梁老汉便进宫专门给朱厚熜炼制性药，供他服用。

据说，这种药的药性很烈，朱厚熜从全国各地挑选来的数千宫女不过十多岁，个个如花似玉，朱厚熜命人将这些少女聚集起来供他玩乐。

有一次，他服食了壮阳药后药性大作，浑身燥热难忍，朱厚熜立即拉过在醮坛边为他诵经的一位十三岁的姓尚的女孩，这女孩生理还没有发育成熟，她痛苦地嚎叫着，哀求朱厚熜停止。可朱厚熜一时性起并没有应她的要求。

关于这个尚姓女子的故事，还有别的版本。说的是有一次，朱厚熜正手敲铜磬在念经，忽然一失手，敲错了地方。在场伺候帝王的宫女没一个敢吱声，在这么安静的环境下，只听一声大笑，原来一个年幼的宫女情不自禁笑了起来。这一笑吓坏了所有人，所谓天威难犯，何况是这么一个秉性暴躁的帝王。以朱厚熜的脾气，这个天真的女孩必死无疑。谁知帝王当时只是抬眼瞄了一下，又兀自闭目念经。帝王的经终于念完了，大家担心的那一幕并没有发生，这个宫女不但没有受到惩罚，反而得到了皇上的宠幸，成为朱厚熜晚年最宠爱的女人！这时，这个女孩还不满十三岁，

明·陈洪绶绘：朱厚熜修仙炼丹嗜食壮阳药，30年不理政事

后来被称为"尚美人"。只可惜红颜命苦，她得宠不到一年，"大树"朱厚熜就归西了。没有了依靠的尚美人却以惊人的生命力，一直活到万历后期。

不管哪个版本更接近事实，有一点却是相同的——世宗晚年因药导致身体燥热，不分场合，不分时间，随时有"临幸"女人的兴致。万恶淫为首，纵欲多灾难。朱厚熜终究没有长生，十五岁登基，在位四十五年，六十岁去世。

## 海瑞骂帝王

海瑞像

明世宗一朝，最出名的臣子，不是权倾天下的严嵩，不是用兵如神的戚继光，也不是功成名就的王阳明。那这个人究竟是谁呢——是海瑞。

海瑞这个人，堪称一流的清官廉吏。他以刚直不阿、廉洁奉公、不畏权贵而为世人称道。一个官的可贵之处不在于他一时的清廉，而在于他一辈子都清正廉明。而纵观海瑞的一生，贯彻始终，没有丝毫懈怠，这就不那么简单了。

海瑞不避亲、不避贵、不避嫌，是个绝对的好官。而他最出名的就是骂帝王一事。历史上所说的著名的海瑞骂帝王，骂的也就是这位明世宗朱厚熜！

嘉靖四十四年，海瑞上奏《治安疏》又名《直言天下第一疏》，直斥时政弊端，其中有一句："嘉靖者，言家家皆净而无财用也。"意思是说"嘉靖嘉靖"，家家干净，一穷二白。这句话简直就是公开骂帝王。以往历朝历代并不是没有刚直的朝臣，但是像海瑞这般清正廉洁而又敢直接骂帝王的那可是少之又少。

海瑞不疯不傻，他知道自己在干什么，也知道自己这样做的后果，不就是一死以谢天下吗，他不怕死。上疏之后，他回到家，买了口好棺材，告别妻子，遣散僮仆，托人料理后事，准备受死。

不出海瑞所料，明世宗朱厚熜果然震怒，立即下令抓捕海瑞。然而，当朱厚熜得知海瑞的种种事迹后，又反复看了看奏章，却没有判海瑞死罪，而是把他关进大狱，并不急着马上处死他。看来，海瑞只猜对了一半。

嘉靖四十五年十二月，世宗驾崩，这时候的海瑞仍旧关在大牢里。大臣徐阶草拟遗诏，改变了世宗的一些做法，释放了海瑞等惹怒世宗下狱的官员，甚至假托世宗，反省自责。假如世宗活着，他会不会反省呢？

# 不得好死的皇后们

明世宗朱厚熜以孤傲自负、冷酷残暴而著称于世。他生前的皇后虽然都是些美丽的女子，却没一个有好结局，历史学家对此的评论是："世宗后，不善终。"

### 陈皇后——一脚被踢死了

朱厚熜之所以可以一步登天当上帝王，很大程度上仰仗了没有孙子的张太后。朱厚熜的第一位皇后陈氏，就是张太后选的。

陈皇后出自书香门第，天生丽质。刚开始新婚燕尔，她还颇受嘉靖帝王喜爱。问题就出在陈皇后是张太后选出来的，为

陈皇后像

了报答张太后的知遇之恩，一切就开始改变了。

在北京德胜门内，有一条胡同叫"尚勤胡同"，"尚勤"是"皇亲"的谐音，这胡同在明朝的时候叫作"张皇亲胡同"。既然叫"张皇亲胡同"说明这里的老张家在宫里"有人"，而且这个人还不是个一般的主儿，她就是嘉靖年间的太后——张太后。

张太后的弟弟张延龄就住在德胜门的这个尚勤胡同里，人称"张皇亲"。宫里边张太后和嘉靖帝王正在闹矛盾，宫外边张延龄却为非作歹，仗势欺人。正好被要伺机报复张太后的朱厚熜抓住了小辫儿，于是一声令下，张延龄人赃并获，被关进了大牢。这下，张太后慌了，赶紧找得宠的陈皇后求情。虽说张太后不是亲妈，但也得叫声婆婆，而且有知遇之恩在先，陈皇后想都没多想就答应了。

在一个元旦的晚宴上，陈皇后拐弯抹角地给张延龄开脱了几句。这不说还好，一说反而坏了事儿。朱厚熜听后勃然大怒，拂袖而去。陈皇后也就这么被冷落了。

但陈皇后是个聪明人，她知道帝王老公痴迷于拜道求仙，于是不惜用重金贿赂正得宠的道士。在道士的巧妙周旋下，陈皇后又得到了帝王的宠爱，最重要的是她还怀上了龙子！

一天，心情甚好的朱厚熜来到皇后宫中小酌，夫妻恩爱。两位宫女上前奉茶，其中一位姓张的宫女出落得花容月貌，尤其是有一双玉手，立即引起了帝王的注意。好色的朱厚熜见此怎能不心动？陈皇后见老公色迷迷的，目光下流，于是醋意大发，站了起来，猛推了张宫女一把，谁知茶水一不小心竟泼在了朱厚熜的衣服上。唯我独尊的帝王立时震怒，一脚踢在陈皇后的肚子上，扬长而去。毫无防备的陈皇后顿时晕死过去。

流产是必然的，一个已成形的男胎就这么没了。由于惊恐过度，流产后引起大出血，陈皇后很快奄奄一息。死前，她想见自己的父母一面，谁知这个小小的请求朱

明嘉靖年间青花缠枝花卉纹罐

厚熜都不允许，陈皇后只得含恨死去。陈氏当了七年皇后，享年二十二岁，可谓是红颜薄命。

虽然陈皇后惨死，但朱厚熜依旧愤恨未消，只按普通妃子的礼遇将其埋葬，而且给了她一个恶谥——"悼灵"。十年后，嘉靖依然没有儿子，而这个时候朱厚熜对死去妻子的愤怒也早已烟消云散，颇有些后悔的他这才又给她改谥为"孝洁"，重新以皇后的礼仪改葬。

## 张皇后——病死冷宫

可能是出于愤怒故意气陈皇后，也可能是那位玉手美人实在太有诱惑力，张宫女一步登天被朱厚熜封为顺妃。陈皇后死后一个月，她就被立为皇后，可见朱厚熜对她还是很有好感的。

有一个失败的例子在前，张皇后的言谈举止变得分外小心，对老公那叫一个百依百顺。朱厚熜热衷于追寻古礼，差不多每天都要拜道求仙，而且每次仪式都相当繁琐，张皇后没办法，只能强装笑脸，每天率领一大群妃子去听道士讲解《女训》。就这样，日复一日，年复一年，了无生气的生活就一直在继续，张皇后早已身心俱疲，心里难受却不敢吱声。

一次，张皇后在率领众妃出宫拜祭时突遭暴雨，大病一场。实在忍无可忍的张皇后终于鼓起勇气请求帝王批准自己不再参加那些索然无趣的活动，朱厚熜当场爽快答应。张皇后如释重负，却不知朱厚熜心里并不高兴，且决定要给这个胆敢违抗自己意愿的皇后一点颜色瞧瞧！

一天，朱厚熜得到几支号称有长生不老功效的千年灵芝，也是怀着将信将疑的态度，他命令侍从将灵芝熬汤，并赐给张皇后喝。看上去是一

明嘉靖年间凤云纹罐

番好意，张皇后没理由拒绝，喝下去才悔不当初，上吐下泻，差点小命不保。朱厚熜知道后，不仅没半点关心，还嘲讽张皇后没福气，糟蹋了他的宝贝灵芝。

自己平日忍气吞声，只为迁就脾气不好的老公，如今他不仅不心疼自己，反而冷言冷语相对，再怎么性格温顺的人也受不了啊，张皇后终于在沉默中爆发了："如果陛下真认为这灵芝是宝贝仙药，那陛下自己为什么不喝？分明是拿臣妾来试试药效。"不说还好，越说越气，几年来的苦水、怨气在此时一爆而发，狠狠指责这个没良心的帝王老公。朱厚熜身为大明帝王，当即恼羞成怒，下旨废后，谁劝也没用。当时是嘉靖十三年正月，废居冷宫的张氏悲伤过度，两年后凄惨死去。她做了五年皇后，死后连谥号都没有。

### 方皇后——葬身火海

时间过得很快，朱厚熜即位十年了，可是仍然没有儿子。为了生出儿子，也为了满足自己的欲望，嘉靖十年三月，朝廷挑选了九位嫔女，方氏就是其中之一。

方氏很快脱颖而出，得到了帝王的宠爱。张氏被废后，方氏便成了国母。跟上两位姐姐不同，这个方氏精明世故，加上前两任的教训，她为人做事既小心又圆滑，颇有母仪天下的气度，连朱厚熜这个挑剔的主儿也对她较为满意。以她这样的性格，保住凤冠霞帔不难，可不幸的是，她无意卷入了一次后宫女人间的战争，最后还是以悲剧收场。

新选出来的这九个嫔女中有个叫王宁嫔的姑娘，论姿色她在九嫔中最差，但心计最强，曾经一度得宠，但没多久宠爱她的朱厚熜又迷上了端妃曹氏。失宠的王宁嫔心里气不过，大骂端妃，端妃也不是省油灯，加上恃宠而骄，便在帝王前添油加醋地哭诉。朱厚熜大怒，便将王宁嫔脱光衣服一顿毒打，然后发配去采甘露。王宁嫔不敢不从，但仇恨与日俱增。据说杨金英等宫女谋害帝王一事，即是王宁嫔的主谋。

东窗事发，主谋王宁嫔自知难逃一死，但她也不想让别的人好活，于是将平日与自己不和的人都牵扯进来，尤其是对端妃，死咬着不放，诬陷栽赃。事情刚好发生在端妃房间里，端妃有口难辩，再加上有人栽赃，更是沉冤不白。大家都清楚正受宠的曹氏绝不会谋杀帝王，因为她不会笨到在自己宫里动手，那不是此地无银三百两吗？只不过方皇后对端妃的恃宠骄横也早心怀嫉恨，借此机会正好下手，何乐不为！再说那个要死不活的皇上不省人事，正是自己行使权力的大好机会。于是，方皇后下令将杨金英等宫女全部斩首示众，王宁嫔、端妃被凌迟处死。

方皇后救驾有功，朱厚熜当然明白，于是对其更加宠爱，整个方家也都因此加官进爵。但是宫廷是个是非之地,每个人为了自己的利益,难免讨好一些人,也难免得罪一些人。方皇后经常劝朱厚熜远离那些道士,善待宫女,这引起了一些人的不满。于是后来有人旧事重提,认为端妃是冤死的,是方皇后别有用心,更无法辩白的是方皇后对端妃用的是极刑,这就有点过了。闲言碎语使朱厚熜对方皇后的感激变成了仇恨。想到心爱的端妃惨死,虽然表面上朱厚熜对方皇后还是恩宠有加,但心里已大为不快。

嘉靖二十六年十一月某日深夜,皇后所在宫殿突然失火。因是半夜,宫门锁着,宫里人逃不出来,宫外的人又进不去。最残忍的事,无论左右太监如何哀求,朱厚熜始终不下令救火,而且还带人登上高台观赏,自言自语说:"烧了好烧了好,烧了旧宫殿朕再建一座新的!"就这样,方皇后和几百宫女太监就这样被活活烧死,这场大火也成为明史上的一大疑案。有人推测,这火很可能是怀恨在心的朱厚熜叫人

天坛斋宫里的朱厚熜像

放的。

可是方皇后死后，朱厚熜似乎又想起她生前的好处来，时不时对着百官说："皇后救了我而我不救她，我应该用最隆重的葬礼来报答她。"于是给方氏封谥号为"孝烈皇后"，并亲自参加葬礼，十分隆重，可人都死了，这些所谓的厚遇也只是做给自己和天下人看的。

世宗游乐图

所以，在朱厚熜的身边，躺着三个女人，一个被他踢死，一个死在冷宫，一个被火烧死。一个帝王换了三个皇后，不能说不是他的问题。此外，除了这三任皇后，嘉靖还有一任皇后，是他儿子明穆宗给他的，那就是穆宗的生母康妃杜氏，尊谥"孝恪渊纯慈懿恭顺赞天开圣皇太后"，简称孝恪皇后。

# 明穆宗朱载垕
## ——被女色掏空身子的帝王

| | |
|---|---|
| 姓　　名： | 朱载垕 |
| 职　　称： | 明穆宗 |
| 生　　卒： | 1537—1572 年，享年三十六岁 |
| 最高职务： | 明朝第十二任帝王 |
| 就职年龄： | 三十岁 |
| 帝王工龄： | 六年（1567—1572 年） |
| 荣誉称号： | 契天隆道渊懿宽仁显文光武纯德弘孝庄帝王 |
| 老　　爸： | 朱厚熜 |
| 老　　妈： | 康妃杜氏 |
| 兄弟排行： | 老三 |
| 接 班 人： | 朱翊钧 |
| 最 得 意： | 俺答封贡，海上开禁 |
| 最 遗 憾： | 纵情声色，在位时间不长 |
| 最 痛 心： | 大臣对自己的宫内生活多有谏诤 |
| 最 失 意： | 年长而不能早获储位 |
| 最 擅 长： | 无为而治 |
| 现在住址： | 北京昌平十三陵昭陵 |
| 个性签名： | 无语 |

明穆宗朱载垕像

## 老三变老大，媳妇熬成婆

1566年，朱载坖终于登场了。这一等就是三十多年，人生最美好的时光，竟然只用来等待老爸的死期，等自己的皇位。真可谓多年的媳妇熬成婆，守得云开见月明，四个字——不容易啊！

明世宗嘉靖十六年（1537年），朱载坖作为嘉靖帝王的第三个儿子，来到这个世界。既然是第三个儿子，也就是说无缘帝位，但是后来的事实却是他成功地坐上了龙椅。

按照明太祖制定的那一套严格的皇位继承制度，"有嫡立嫡，无嫡立长"，可朱载坖既不是皇后的儿子，也不是皇子中的老大，他也就是帝王的儿子里一个最不起眼的藩王而已，但是命运却特别眷顾他。

朱厚熜的嫡长子没福气，老早就夭折了。老大没了，那就老二。于是，皇次子朱载壑成了理所当然的继承人。嘉靖十八年，朱载壑被立为皇太子。就在授予仪式上，哭笑不得的事情发生了——太监们误把太子的册宝交到了同一时间受封裕王的朱载坖手上。这显然是个无意的过失，但是在当时迷信思想严重的封建王朝里，这似乎是某种暗示——暗示着朱载坖有"真龙天子"的命运。果然在十年后，皇太子朱载壑一病不起，一命呜呼。老大老二都不在了，那就老三名正言顺的上呗。于是，朱载坖成了皇长子。可是，顺理成章的事情也不一定就板上钉钉，原以为即将成为太子的他却一直无缘太子之位，这都是因为朱载坖有一个与众不同的老爸。

朱厚熜性格怪异、脾气暴躁，这早就不是什么新闻。他希望自己长生不老，能够永享富贵和拥有权力。可皇太子是未来皇权的继承人，有继承人就意味着自己有亡故的一天，而这是他最不想面对的。在他眼里，皇位继承人便成了长生美梦的破坏者。为了长生，他几十年如一日地求仙问道，同样为了长生，他的脑子里闪过荒唐的一念——不设立皇太子！对，不设立

明隆庆钱币

继承人，就无所谓继承，不需要继承，也就说明自己长生不老。而且术士先生也说了："二龙不相见"，意思就是亲生儿子就是朱厚熜潜在的威胁者，要与他们长期隔离，切断亲情，才能保他长生不老，永享天年。于是，在皇太子朱载壑死后，太子问题被长期拖延，直到明世宗去世，太子的人选仍旧悬而不决。

对朱厚熜来说，这是一件开心的事，但是对他的儿子以及那些虎视眈眈的权谋者来说，却意味着一场旷日持久的明争暗斗。

朱厚熜一共有八个儿子，最后成年的只有两个，即裕王朱载垕和同父异母、仅比朱载垕小一个月的弟弟老四——景王朱载圳。一个月的时间差，决定了排行的先后，也决定了各自命运的差异。

明代隆庆六年鎏金铁文官像

在通常情况下，母以子贵，可到朱载垕这里却是子以母贵。这两兄弟都住在自己的府邸里。虽说朱载垕现在是皇长子，但朱载圳却仗着母亲卢靖妃是父亲朱厚熜的宠妃，便可以时常进宫和父母团聚。在朱载圳出生时，朱厚熜爱屋及乌特地作了一首《嘉善歌》表达自己喜悦的心情。不立太子，其实也就是给朱载圳留下一个争夺皇位的机会。可朱载垕不一样了，他只能孤零零地守在自己的王府里，一家人团聚的天伦之乐对他而言是那么的遥不可及。

没有父爱倒也罢了，可是内向寡言的朱载垕还被他可憎的父亲夺去了应有的母爱。在母亲病重时，作为父亲的朱厚熜居然不许身为儿子的朱载垕前去探视，使得母子二人连最后一面都没见上。嘉靖三十三年，他的母亲康妃去世。朱厚熜甚至还降低了康妃的葬礼规格。这些还不够，心态严重失衡的朱厚熜不但反感朱载垕和他的母亲，甚至连朱载垕的儿子也就是后来的万历帝王朱翊钧都十分厌烦，甚至十分震怒。根据史料记载，朱翊钧出生两个月都不敢剪头发，就连宫女们提到这个小婴儿时，朱厚熜也是勃然大怒，吓得宫里的人个个胆颤心惊的。

父爱和母爱的缺失，兄弟之间的不平等待遇，也引来那些唯利是图的权贵大臣们的冷落。大家都看好景王朱载圳的政治前途，都十分看好朱载圳。这样一来，朱载圳的生活总是优裕富足，而朱载垕的境遇却窘困难熬。

高拱像

在帝王老爸的纵容下,景王可以为所欲为,朱载坖却只能在家闷着,更过分的是,他和他的家人竟都得接受锦衣卫的监视,特务们严密观察着裕王府里的一切,像是在过一种被软禁的生活。

还好,老天爷还是很公平的,前边两个障碍的清除,就已经为朱载坖打开了方便之门。剩下的困境,只能让他自己去隐忍,去等待。一个好汉三个帮,他身后也有一批朝臣拥戴,正是这些大臣们为他开辟了一条通向帝王宝座的胜利之路。

第一个功臣叫高拱。高拱在裕王府做了九年的侍讲,和朱载坖建立了深厚的友情。高拱进入王府时,朱载坖正失意。高拱审时度势,为朱载坖分析大局,指出他的劣势和强势,建议他安心在家,韬光养晦,谨言慎行,避免是非,伺机而动。正是这些建议改善了朱载坖的困顿局面,使他成为一个谦和谨慎、安分守己、生活朴素的皇子,与景王朱载圳跋扈的形象截然相反。这样一来,朱载坖赢得了大多数朝臣的拥戴,一个"好皇子"的形象在人们心中渐渐确立。

陈以勤是裕王府的另一位侍讲,他的文笔很好,帮助朱载坖起草了许多文件。为了维护裕王的地位,他同严嵩及其子严世藩进行了针锋相对的斗争。当时,严嵩把持着朝纲,而严家父子是景王朱载圳的支持者,显然,他们的政治势力比朱载坖大得多。

一次,严世藩试探裕王朱载坖对严嵩的态度,以此窥视裕王阵营的情况。陈以勤不卑不亢地回复严世藩:"裕王十分尊重严嵩的首辅地位,希望首辅不要多心。另外,裕王的名字从"后"从"土",象征着天下,当今帝王为他取这个名字,暗示着朱厚熜对朱载坖的厚望,其地位不可动摇。"陈以勤一番话,使严氏父子不得不忌惮,自此稳定了朱载坖的地位。

张居正、殷士儋两人也曾在裕王府做事,和高拱、陈以勤一起辅佐朱载坖。在中国传统士大夫的眼中,按照从长子继承制来说,朱载坖才是君主的最佳人选,随着严嵩父子的倒台和朱载圳的逝世,朱载坖成功地脱颖而出。自此,他的命运发生了转机。老爸驾崩后,等待了一生中六分之五时光的朱载坖便毫无争议地坐上了大明宝座,成为明王朝的第十二位帝王。回顾其历程,这条继位之路充满了艰辛和痛苦,所谓"天将降大任于斯人也"上苍就是要用这三十年的时间来考验这位真命天子。

## 此时无声胜有声

被老爸冷落了多年的朱载坖终于当上了帝王,终于出人头地了,有了唯我独尊的权力。支持他的大臣们也都兴奋异常,群情激动。可是这个皇上却不苟言笑,经常坐在龙椅上半天不说一句话。无论底下的朝臣们有多热闹,似乎都跟他没有多大关系。

朱载坖是一个庄严肃穆、沉默寡言的帝王,没什么主见,朝会的时候一言不发,任凭大臣们在下面如何争论不休,即使到了非得他出来表态的地步也三缄其口,以至于有些大臣认为他是个哑巴。虽然说沉默是金,可不管怎么沉默,他的小金库还是没什么金银财宝。或许,这也与他的性情有关。

在做皇子期间,朱载坖就处处小心,时时谨慎,懂得隐忍,很少张狂,从小就养成贞静仁义的性情。所以这么长的时间,性格也养成了。

当时朝廷人才济济,朱载坖深深明白言多必失,也明白不管他怎么说大臣们都要挑刺。那就不说好了。多一事不如少一事,臣子们想说就让说去吧。

张居正曾经在他主持修撰的《穆宗实录》中对刚刚过世的穆宗评价道:"上即位,承之以宽厚,躬修玄默,不降阶序而运天下,务在属任大臣,引大体,不烦苛,无为自化,好静自正,故六年之内,海内翕然,称太平天子云。"这个评价对于帝王而言是相当之高的。虽然朱载坖只做了六年帝王,

朱载坖像

明隆庆矾红龙纹碗

但是他的明静、宽仁的性格,让大臣们有足够的空间来施展抱负,所以他在位其间人才辈出,徐阶、张居正、高拱都是人中豪杰,青史留名。在他们的主持下,隆庆一朝确实是一个太平盛世。《明史》对穆宗的评价也不错,说他"端拱寡营,躬行俭约。"每年光吃的一项省下来就达到几万两银子。不过,穆宗是一个"宽恕有余而刚明不足"的人,所以,在他统治期间,内阁之间的权力斗争加剧。

不过朱载垕的政治命运一直都不错,所以隆庆和万历年间成了明王朝最后辉煌的时期,社会比较稳定,经济有了重大改观,可以说朱载垕在使明王朝向最后一个繁荣时期发展的过程中,起了重要的过渡作用——确实是无为而治啊!

## 被女色掏空身子

说起明朝的这第十二位帝王,也就是明穆宗朱载垕,可以用八个字来概括他的性格:谨慎、仁义、懒惰、好色。其中,好色是他的最爱——仅仅当了六年的帝王就死在美女的石榴裙下。

在文臣徐阶、张居正、高拱、杨博和武将谭纶、戚继光、李成梁等的辅佐帮衬下,这位穆宗帝王可谓高枕无忧。没办法,臣子太出色,帝王想不闲着都不行。历代帝王中好色的占绝大多数,漂亮姑娘都聚集在皇宫中,想想都很幸福,像明孝宗朱祐樘那样的帝王毕竟是少之又少的,也只能当作神仙瞻仰瞻仰。不过,话说回来,像明穆宗朱载垕这样忘我好色的帝王也不在多数,连性命都搭上了。

据说,朱载垕因沉迷女色,做了六年帝王却只主动见过两次大臣。做一个帝王,见美女的时间比见大臣多的时候,那就危险了,不管是对自己,还是对朝廷。

为此,群臣也是苦口婆心,隆庆三年,大臣郑履淳上疏:"陛下御极三祀矣,曾

明穆宗 朱载垕

召问一大臣,面质一讲官,赏纳一谏士,以共画思患豫防之策乎?高亢睽孤,乾坤否隔,忠言重折槛之罚,儒臣虚纳牖之功,宫闱违脱珥之规,朝陛拂同舟之义。回奏蒙谴,补牍奚从?内批径出,封还何自?"隆庆四年,刑部陆树德奏道:"上下交为泰,今睽隔若此,何以劘君德,训万几?"

这些规劝如果要放在别的帝王身上,不是要廷杖就是要砍头的,但朱载垕不一样,讲和不讲,听和不听,没什么区别,该怎么着还怎么着。朱载垕想,毕竟整个社会政治稳定、经济繁荣,按理说我朱载垕在明朝历史

明隆庆青花龙纹大盘

明昭陵

上还是一难得的好帝王呢。于是，懒于朝政的朱载垕对后宫女色却非常勤奋。为了满足自己的色欲，他不仅吃春药，就连宫里的茶杯、龙床的图案也都是男欢女爱的内容。

1572年，朱载垕因为纵欲过度，早上起来刚上朝，就头晕眼花，手打颤，一连休养了两个月才勉强恢复体力。或许朱载垕自己也知道不能再这样下去了，但他控制不了自己，怎么也收不了手。于是，他自己也急了，把张居正等三位大臣找来，立了遗嘱："遗诏与皇太子，朕不豫，帝王你做。一应礼仪自有该部题请而行。你要依三辅臣并司礼监辅导，进学修德，用贤使能，无事荒怠，保守帝业。"果然如自己所料，他从此一病不起，不到一年，就驾崩了，终年三十六岁，死后葬于十三陵中的昭陵。

# 明神宗朱翊钧
## ——喜欢钱的帝王

| | |
|---|---|
| 姓　　名： | 朱翊钧 |
| 职　　称： | 明神宗 |
| 生　　卒： | 1563—1620年，享年五十八岁 |
| 最高职务： | 明朝第十三任帝王 |
| 就职年龄： | 十岁 |
| 帝王工龄： | 四十八年（1573—1620年） |
| 荣誉称号： | 范天合道哲肃敦简光文章武安仁止孝显帝王 |
| 老　　爸： | 朱载坖 |
| 老　　妈： | 李贵妃 |
| 兄弟排行： | 老三 |
| 接班人： | 朱常洛 |
| 最得意： | 万历三征三胜 |
| 最遗憾： | 身体虚弱，疾病缠身 |
| 最痛心： | 萨尔浒一战丧师十万 |
| 最失意： | 皇三子朱常洵做不成太子 |
| 最擅长： | 罢朝 |
| 现在住址： | 北京昌平十三陵定陵 |
| 个性签名： | 帝王就不能喜欢钱吗？！ |

明神宗朱翊钧像

## 与"儿子"大叔的恩怨

明穆宗死后,他的第三个儿子朱翊钧继位,即明神宗。

明神宗朱翊钧跟他老爸一样,都是家里的第三个儿子,本来都与皇位无缘,但谁知大哥二哥都没福气,早早地见了阎王,所以老三便成了幸运儿,这父子俩确实还是无独有偶。朱翊钧的老妈本来是裕王府的宫女,得到了当时还是裕王的朱载垕的私幸,于是生下了朱翊钧。仅仅这两个巧合,便决定了朱翊钧真龙天子的命运。

朱翊钧从小就非常聪慧,博闻强记,凡是读过一遍的经史皆过目不忘。这个小孩小时候非常乖,朱载垕想不喜欢这个儿子都不行。还是六岁时,小翊钧见老爸在宫里骑马驰骋,便上前拦住,用稚嫩的声音说:"父王是天下之主,宫里边毕竟道路不宽敞,这么单身匹马地奔驰,万一不小心有什么闪失,那可不得了。"穆宗听了,深受感动,当即下马,立他为皇太子。

四年后,十岁的朱翊钧继位。这瘦弱的小肩膀自然担当不了大任,但他的亲爹为他留下了一套非常好的朝廷班子,很多贤臣辅助着他,他自不必担忧。这些贤臣里,最有影响的是内阁首辅张居正。

张居正,湖北江陵人。他全心全意地辅佐着朱翊钧这个小帝王,无比忠心,甚至忠心得有些肉麻了。

一次,张居正在奏疏中对帝王说:"今伏荷皇上天语谆谆,恩若父子。"一个四十岁的张大叔将一个十岁的小朋友比作父亲,果真肉麻得有趣。但是,实际上,这句话还真不夸张。张居正对于小帝王的辅导和关怀,那简直到了无微不至的地步。他为帝王安排了详尽的视朝和讲读的日程表。大至朝廷用人之道,小至宫中的一些小节,他都要细细地讲给皇上听。一天,小帝王突发奇想,想做一次元宵灯火活动,张大叔说:"元宵灯火可以搞,但只需将灯火挂一些在殿上尽尽兴就可以了,不需要再搞什么灯棚。接下来的几年还有许多大事要做,皇上的大婚、潞王的出阁,每件事都要花很多钱,天下民力有限,玩是可以玩,但要懂得节省。"小帝王也听话,愿意按先生说的去办。

大叔照顾小帝王无微不至,小帝王对于张大叔也非常尊敬,从来不称名道姓,而是一口一个"先生"。每次下诏令,只要提及张居正的,都写成"元辅"。一次,朱翊钧听说张大叔肚子痛,立即亲手调制了一碗辣面给他吃,以辣热攻治腹痛。冬天上课的时候，明神宗总是嘱咐太监将厚厚的毛毯放在张居正的脚下，以免冻着他的脚。听说张居正的父母都还健在，小帝王也尊重有加，经常赐给其父母很多好东西。为了感激帝王的知遇之恩，张居正则更加事必躬亲，披肝沥胆，将大明王朝治理得井井有条。

神宗不仅天资聪颖、勤奋好学、每日苦修不辍，而且非常明白自己的责任是什么。在张居正的教导下，神宗亲笔写下"谨天戒、任贤能、亲贤臣、远嬖佞、明赏罚、谨出入、慎起居、节饮食、收放心、存敬畏、纳忠言、节财用"这十二条警言放在御案上当作座右铭，以鞭策自己成为一代英明之君。

万历在位的前十年，张居正大展雄才，从政治、经济上进行了大刀阔斧的改革。在军事上，加强武备整饬，平定西南骚乱，重用抗倭名将戚继光总理蓟、昌、保三镇，稳定了边境。一时间，明朝出现了短暂的繁荣。当时中国的国力位于世界第一，各项指标都远远超过其他各国，据说当时存放在国库中的银子因为用不完，放得太久都发霉长毛了，而粮仓里的粮食也因为吃不完很多都腐烂了。

万历十年，张居正病逝。明神宗为了感激这位"儿子叔叔"，将其风光大葬。可谁知，世事难料，第二年，也就是神宗亲政之后，他做的第一件大事，就是清算已死的张居正。简直是翻脸比翻书还快，他不但夺了张居正的各种封号，连他的家里人都不放过，抄家、

张居正故居

张居正为十岁的朱翊钧编的图文教科书——《帝鉴图说》中的一图

逼死其长子、将张居正重用的人统统罢免。这样做，仿佛他们二人之间的仇恨比山还高，比水还深，往日相敬如宾的一幕似乎从来也没有发生过。

为什么前后会有这么大的反差呢？

翻看历史就知道万历十年的政绩，都是张居正的功劳。只不过，张居正也许忘了，十年的时间里，国家财富在激增，小帝王的年龄也在增长，他也已经不再是之前的那个小帝王了，而是一个二十岁的青年男人。所以，在他那颗年轻的心中，除了有对张居正的感激之外，或多或少也有无法施展身手的遗憾。如果朱翊钧真的要独揽大权的话，那么他就必须摆脱张居正在朝廷的影响。所以，朱翊钧这种三百六十度的大转变，显然是他长期处在张居正约束下的心理变态后的大发泄，张居正以前对神宗太过约束，使得本来没有察觉的神宗在旁人的挑拨下，反感情绪迅速升温。

而从张居正的角度来说，他死后的政治悲剧，很大程度上也与他自己有关。首先，张居正过度束缚帝王，没有给帝王足够的自由，威高震主，最后才引来了帝王的报复。其次，张居正辅政的时期过于专权，得罪的官员太多，而且他主张的是新政治国，损害了一批官僚的利益，因此死后，那些反对新政的官僚就纷纷起来攻击、诬陷他。张居正死后不久，就有他生前的政敌弹劾他和他的支持者。如此看来，张居正确实是一个极其自信的人，不能虚己待人，从而过于刻毒专制。因而，从某种层面上来说，招来报复也是他咎由自取。但是，对于神宗来说，清算张居正是自己开始亲政的基础，推倒张居正，也就树立了自己的权威。

张居正恐怕生前绝对想不到，他死后竟会遭到自己一手扶持的神宗如此无情的惩处！另一方面，神宗说张居正是"罔上负恩"，其实朱翊钧自己又何尝不是忘恩负义？时过境迁，物是人非，恩恩怨怨，如今也只能付之一笑。

## 这个妈妈有点辣

隆庆六年五月二十二日，宫中传出穆宗病危的消息。三天之后，内阁大学士高拱、张居正、高仪被召入帝王寝宫。当时穆宗坐在御榻上，榻边帘后坐着皇后、皇贵妃，右边站着十岁的太子朱翊钧。穆宗抓住高拱的手，临危托孤。随后，司礼监太监冯保宣读了给太子朱翊钧的遗诏："遗诏与皇太子，朕不豫，帝王你做。一应礼仪自有该部题请而行。你要依三辅臣并司礼监辅导，进学修德，用贤使能，无事荒怠，保守帝业。"这里说的三位辅臣，即高拱、张居正、高仪三人。司礼监的地位也很重要，所以，司礼监秉笔太监兼提督东厂冯保其实也在顾命的行列。第二天，明穆宗在乾清宫驾崩。六月初十，皇太子朱翊钧正式即位。

按照穆宗的布置，高拱是外廷的顾命大臣中排名最前的，而在宫中，小帝王的生活主要还是依靠冯保。但是，冯保与高拱的关系非常恶劣。后来，冯保技高一筹，赶走了高拱。高拱一走，高仪的地位也不保，呕血三日，死了。也就是说，三位内阁顾命大臣只剩下张居正一人。从此以后，万历前十年，小翊钧的生活基本上受这三个人的规范：一个是他的母亲慈圣李太后，一个是司礼监掌印太监冯保，一个是内阁大学士张居正。

神宗上边有两位老妈要侍奉：

万历凤冠

极致的皇权 历代帝王 明朝篇

明神宗金丝翼善冠

一位是嫡母仁圣皇太后，也就是老爸的皇后陈氏；一位是慈圣皇太后李氏，也就是他的生母。

仁圣皇太后体弱多病，所以没办法生育，因此十分疼爱朱翊钧这个别人的儿子。朱翊钧当太子的时候，经常去皇后那里玩。陈氏每次听见太子的脚步声，就十分高兴。也因为这样，两人建立了深厚的感情。后来，为了尊崇生母李氏，神宗一改过去帝王生母只称"徽号加太后"的惯例，给自己的生母也加了个"皇"字，即称"慈圣皇太后"。当然，神宗也没有忘记陈氏，同样尊敬有加，履行孝道。这一孝行一度为世人称道。虽说母以子贵，但李氏丝毫没有仗势欺人的派头，对陈氏非常恭敬，两人情同姐妹。只是，小帝王的监护人主要还是生母李氏。

李氏在教育儿子方面算得上是位辣妈。"教帝颇严"的她一心想让儿子成为一个有为之君。每次小帝王不读书，李太后就命他跪在地上。要上朝的那天，五更时分太后就到帝王睡觉的地方叫他起来，催他上朝。

一次，小翊钧在宫中喝酒，兴致正浓时，便命内侍唱歌。内侍不会唱，小帝王大怒，以抗旨之罪拿起剑就要刺。后来，在左右的劝解下，小帝王这才玩耍般地割了两个内侍的头发，算是将他们斩首了。李太后知道后非常生气，便罚儿子在地上跪了很久，并历数他的过错。小帝王吓得涕泪横流，请求母亲给改邪归正的机会，这件事才算了结。

还有一次，帝王在太监的引导下喝了酒，受其蛊惑将冯保的两名养子打伤，又骑马直奔冯保的住所，冯保吓得抱起巨石撑住大门。第二天，冯保将此事禀告太后。李太后立即换上青布衣服，不带首饰，命召阁、部大臣，要谒告太庙，将小帝王废了。朱翊钧吓坏了，赶紧上前去请罪。太后说什么也要改立神宗的弟弟潞王。神宗没办法，跪在地上哭了半天，皇太后这才宽恕了他。

见过儿子怕老妈的，没见过这么怕的。

明神宗朱翊钧

## 亡明之徒

万历前十年，由于有张居正的辅佐和新政的实施，国势渐强，出现了中兴的局面，国库增多，钱财多达四百余万两，处于统治危机之中的朱明王朝出现了短暂的复苏和繁荣的景象。

可惜好景不长，张居正死后，朱翊钧亲政，新政被废，朝廷又一天天走向没落。本来好好的一个景象，怎么一到朱翊钧手里就衰败下去了呢？不是他不聪明，其实中国历史上的昏君大都有些小聪明，像隋炀帝、唐玄宗、宋徽宗、李后主、明武宗等等，都是如此。而明神宗的聪明则是不可思议的懒惰，不可思议的贪婪！

普天之下，莫非王土。连天下都是帝王的，还有什么是帝王得不到的呢？但明神宗偏偏没想明白，他对金钱有强烈的渴求。钱对他其实没什么实际意义，但朱翊钧的血液中就是有这么一股不可抑制的贪性。所以说，假如他不是帝王，一定是个成功的商人。回顾一下大明朝的这些帝王，贪恋女色、不理朝政、痴迷道教、胡闹荒唐的，都出现过，但唯独贪财的只有他一个。

帝王想要钱，最方便、最有效的方法自然就是加大税收。朱翊钧将所加的税不收入国库，而是直接收入自己的私人库房，就是之前说过的"内库"。他加紧征收商税，把本来有的，除了书籍与农具免税之外，一切商品交易都收税百分之三。为了疯狂敛财，他又发明了一种税收，叫"矿税"。收税的恰恰是一大批没有受过教育、因心理自卑多多少少有些不正常的太监，朱翊钧就是用他们来作为自己的私人征税代表。只要这些所谓的"矿税使"认为什么地方可以开矿，就要当地的所有人交矿税。

在张居正辅政期间，全年税收收入是四百万两左右，皇宫每年的费用是一百二十万两定额，差不多占了税收的三分之一。可是仅仅在万历二十七年的五天之内，明神宗就搜刮了矿税商税二百万两。不单这样，他还让官吏向他进奉，并把进奉财物的多少作为衡量官吏是否效忠皇上的标准。

对于帝王来说，向百姓伸手要钱并

明神宗时铸造的钱币

明朝文物

不是什么难事,民间连养只鸡也要缴税,帝王为什么要这么多钱呢?原来,他的这些钱几乎都投入到了自己的享乐事业上。朱翊钧是一个喜欢纵情享乐的帝王,他不仅在世时要享受,死后还要安乐,所以很早就为自己筹划陵寝,光是建造定陵就花了六年时间。

作为富有四海的帝王,明神宗除了贪财还贪权。这种极度贪婪是很有个性的,他把所有的大事都揽过来,自己不做,也不让别人做。许多奏折他都"留中",拖而不决。后来连朝也不上了。嘉靖曾经二十多年不上朝,万历破了这个记录,连续二十五年不上朝,长年深居禁宫享乐。就拿选太子这件事来说吧,那些老臣们也被他气得不行。朱翊钧曾经说过一年之内谁都不要提立太子这件事,他偏偏不选太子,弄得朝廷上下哭笑不得。

神宗不仅贪,还很懒,这个问题就严重了。他不让别人做,自己也不做。作为帝王,连奏章都不理,这可是分内的事情。好多大臣老了死了,他也不启用新人,就让职位一直空着。万历四十二年,首辅叶向高奏称:"六部尚书中,现在只剩下一部有尚书了,全国的巡抚、巡按御史、各府州县的知事已缺了一半以上。"

朱翊钧可谓是神龙见首不见尾,隐居深宫数十年,不见朝臣,不理朝政。大臣的奏章,他的谕旨全靠内侍传达,这样一来,统治阶级内部更加矛盾重重。册立太子的大事又久拖不决,导致官僚集团各派之间互相火并,党争愈演愈烈。东林党人与邪党的斗争水火不容,持续了很久,明王朝到了崩溃的边缘。万历四十八年(1620年),朱翊钧在内外交困、风雨飘摇中死去,终年五十八岁,葬于定陵。

"明之亡,实亡于神宗。"《明史》神宗本纪的结尾如是说。从迷信的角度来说,可能明朝也应该没落了,到了万历三十年之后,年年不是"日有食之"就是"京师地震"或者干旱或者水涝。其中万历三十一年农历五月"凤阳大雨雹,毁皇陵殿脊",到第二年"雷火焚长陵明楼","昌平大水,坏长、泰、康、昭四陵石梁"——天象示警,这些亡国之兆令人触目惊心。

## 帝王的女婿不好做啊

常言道，帝王的女儿不愁嫁。可是朱翊钧的这个女儿还真有点令朱家犯愁。这位公主排行老八，年过二九，早到了谈婚论嫁的年龄，可惜她的一只眼睛有点毛病，所以一直待字闺中，高不成低不就的。或许正因为嫁不出去，神宗帝王对这个女儿格外疼爱。

万历十八年，这天一大早，明神宗因为女儿的婚事一大早就醒了，闷闷不乐地带着两个随从，漫无目的地来到皇家园林内。只见前方不远处，一个五大三粗脸面乌黑的小伙子正弄着什么工具在井口上安装。朱翊钧立时来了兴趣，主动上前帮忙。两个随从知道皇上的脾气，就由着他去了。

不久，两人用了不到一个时辰的工夫就把东西安装好了。接着，小伙子在木架辘轳缠着的绳子上拴了只大瓦罐，"咕喽咕喽"地转着放进井里，瓦罐在井里灌满水后，小伙子拧着辘轳上的摇把，很轻松地把水提了上来。神宗感到很稀奇，就问小伙子那是什么，小伙子说这是他发明的提水工具，很方便很好用，只是刚做出来，还没起名字。

正在这时，帝王身边的两个随从上前提醒神宗该回宫了，小伙子一听是皇上，吓得"扑通"跪倒在地。神宗笑笑，说："年轻人平身，恕你无罪！"小伙子心灵口快："万岁！就请您给这个东西起个名吧！"神宗本来也喜欢鼓捣这些玩艺儿，他略一沉思，想起这个东西转起来"咕喽咕喽"地响，于是脱口而出："把它称为'咕喽'吧！"后来，这"咕喽"传到民间，成了一个很重要的提水工具，名字叫成了"辘轳"。

古代辘轳

这人说了一声"谢主龙恩"便爬起身来，不知所措地站在那里。神宗眼瞅着小伙子，长得不错，而且是个能工巧匠，心中不由暗喜，马上想到了女儿的婚事。于是问小伙子的情况。原来此人名叫高炯，祖孙三代为皇家看林护园。神宗心想这是个本分人家，也没说什么，转身就走了。

神宗回到宫内，还在想着这件事。他认

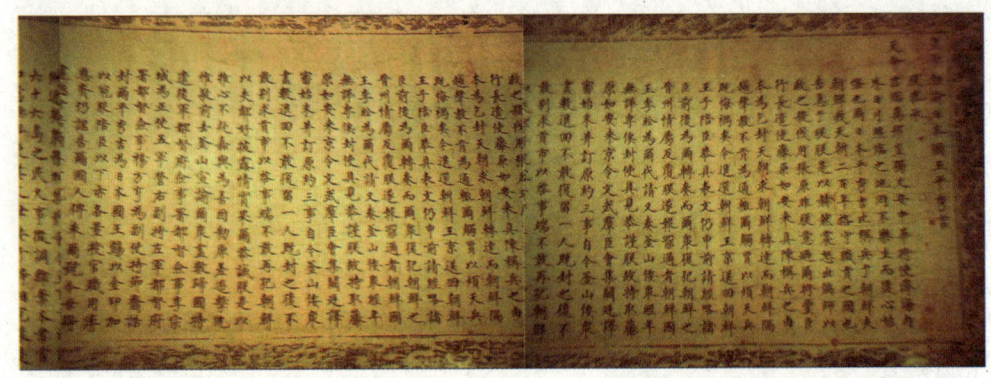

明神宗致日本丰臣秀吉国书影印件

为小伙子心灵手巧，老实憨厚，以后把他弄到身边来，是自己搞建造的左膀右臂，把女儿嫁给他，也算般配。他又转念一想：公主嫁给一个看园林的，这不叫天下人笑话吗？他又犹豫起来。八公主的生母王皇后一听神宗的意思，便想到一个好办法，说送给小伙一个封号不就行了？这一句话提醒了神宗，他一想小伙子长得人高马大，身强力壮，就封他个武状元吧！看园林的小伙子接到圣旨，搬进了状元府，当起了武状元。

时逢三年一度的武科开考，科试结束后，神宗帝王亲自设宴款待新高中的举子们，同时宣布就在这些人中为公主挑选一位驸马。他特地叫高炯前来参加，想趁这个机会，成全女儿和高炯的婚事。席间，金榜题名而又有望成为驸马爷的举子们非常兴奋，一个个你敬我让，杯盏交错，切磋武功，抒襟壮怀，唯有高炯一人闷着头坐在那里大杯喝酒，大块吃肉，因为他知道自己虽然是个武状元，但武功一点也不会，是个假的，皮肤黑得如同炭块，皇上挑也挑不到自己头上。谁知神宗把公主也一块带来了，他要让公主自己在暗中挑选。公主在这些举子中看了一遍又一遍，目光最后落在高炯身上。她看到这人吃东西时狼吞虎咽，捞着什么吃什么，就想这个男人虽然长得黑点，但是好伺候，以后不用受气，而且自己的眼睛并不是很好，是个有缺陷的女子，条件不能太高，他不帅，我不美，挺般配的。于是，她把自己的意思对父皇说了。神宗帝王一听，大喜过望，正对自己的心思，果真是缘分！事情就这样定了。不久，神宗选了个良辰吉日，为女儿举行了隆重的婚礼。

有道是天有不测风云，人有旦夕祸福。正当高炯一帆风顺之时，一场杀身大祸却降临到了他的头上。

这天夜晚，公主和高炯一边开着玩笑，一边上床就寝。公主说："你长得这么黑，你妈生你的时候是不是吃了锅底灰？"高炯并没生气，说："你们皇家金银财宝满头抢，眼里都镶着玉翡翠。"说者无心,可听者有意。公主因为自己眼里长着萝卜花,最忌讳别人提这事,随即大怒,猛地起了高腔:"黑炭头!你敢笑话我眼有毛病,你等着瞧吧!"高炯一看,知道自己说错了话,于是一个劲地赔不是,可不管用,公主一边哭着,一边找她帝王老爹告状去了。

神宗一看女儿夜晚来找,哭成个泪人儿一般,急忙问原因。公主抽泣着说:"都是你的驸马爷,他说咱皇家金银财宝满头抢,连我的眼珠子都是玉翡翠,这不是成心耻笑本公主吗?"神宗一听,勃然大怒,心想这小子一步登天,才当了几天驸马爷,就敢犯上作乱了,反了不成!于是抄起御笔,拟了一道圣旨,说高炯欺君罔上,免除一切官职,先打入死牢,待秋后问斩。

明朝龙椅

首辅大臣方从哲认为高炯一案实在突然,便立即去狱中问明原由,准备力保高炯无罪开释。王皇后听说后,把女儿传来,了解了情况,并禀告神宗。第二天,方从哲上奏道:"陛下,臣认为高炯高驸马一案实属冤枉,应该无罪释放!"神宗心中对这事也明白过来了,当时是疼爱女儿,现在是一言既出,帝王的面子自然不能失,就问:"有何冤枉?"方从哲继续奏道:"臣已查明,驸马爷和公主千岁是因为开玩笑引起事端,可请来公主千岁予以证实。"神宗马上把公主传来,方首辅问公主:"当时您和驸马爷开玩笑,是在床下,还是在床上?"公主如实回答说是在床上。方首辅提高嗓音说:"陛下,公主千岁和驸马爷床下是君臣,床上是夫妻,玩笑是在床上开的,是夫妻之间的私房话,没有什么欺君不欺君之说,所以驸马爷应该无罪释放。"神宗一听十分在理,要怪只怪自己一时糊涂,差点误了大事,他金口玉牙一开,说:"准奏!高炯无罪释放,官复原职,其九族之人,免除诛灭,退朝!"

经过这一场生死变故,高炯真正体会到了无情最是帝王家和人情世事的炎凉。他出狱后悄悄地带着父母,躲进原籍的沂山隐居起来,直到明朝灭亡,才回到老家过起了平淡而安宁的日子。

## 罢工二十五年

在明朝历史上有个怪异的现象，越是明君越是短命，越是庸君，越是长寿。朱翊钧享年五十八岁，是比较长寿的一个。另外，朱翊钧的爷爷嘉靖创造了二十多年不上朝的记录，没想到他的孙子青出于蓝而胜于蓝，打破了爷爷创下的记录，竟然连续二十五年里一天朝都没上过。但是应该说清楚的是不上朝并不等于不办公，万历年间的国家大事，还是由他来处理的，如万历三大战，特别是明朝的抗倭寇战争，一直都是在朱翊钧的指导下进行的。

朱翊钧为什么不上朝呢？莫非是脸上破了相，羞于见人？原来，这与一场"国本之争"有关。

明代真红大袖衣原图

所谓"国本"，指的是太子的人选，立太子的原则是皇后的大儿子自然是太子，若皇后没儿子，就立帝王的长子为太子。朱翊钧的皇后王氏没儿子，长子是王恭妃所生的朱常洛。所以按惯例，应立朱常洛为太子。但是，帝王最宠爱的却是三子朱常洵，因为这个儿子是他心爱的郑贵妃所生，所以明神宗打算废长立幼。

太子人选问题关系到下一任的帝王问题，所以必须十分慎重，可朱翊钧想不按章办事，这自然引起了大臣们的反对。一位户部大臣上书请帝王立长子为太子，此举违逆了朱翊钧的心意，这位官员被贬。但是其他大臣并没有因此而停止上书。一时间，主张立皇长子为太子的奏章铺天盖地而来，弄得他晕头转向，心烦不已。但是废长立幼，这本身就不占理，于是，他想了个自以为不错的妙计——拖！

万历二十一年（1593年），神宗准备把皇长子朱常洛、皇三子朱常洵和皇五子朱常浩一并封王，说等他们长大些再择其善者为太子，以此来搪塞朝臣。

这些大臣也不糊涂，大家一致反对，神宗无奈，不得不作罢。后来这件事情一直争论不休，结果还是李太后出山摆平。她问儿子："为何迟迟不立常洛为太子？"

朱翊钧慌不择言："他不过是个宫女的儿子罢了"李太后原本也是穆宗帝王的宫女，因为生了神宗帝王才被晋封为贵妃，后来儿子即位才成了皇太后，现在听到帝王儿子说出这种话来，立刻大怒："你也是宫女的儿子！"吓得朱翊钧赶紧叩首请罪。

有了李太后的支持，又加上群臣的压力，朱翊钧只好不情愿地立皇长子朱常洛为太子。至此，"国本之争"才告一段落，朝野上下才安静下来。

群臣虽然取得了胜利，但帝王仍心有不甘，你们既然不让我达成心愿，那我就"不郊、不庙、不朝、不见、不批、不讲"，干脆"罢朝"！想到做到，第二天，朱翊钧果然没有上朝，也不召见大臣，慢慢地连内阁大学士们也很少能见帝王一面。后来，发展到不批奏章，臣下们的奏章一概"留中"不发。帝王很明白，对于那些他不喜欢的奏折，只要一加以贬斥，马上就会给朝臣们找来更多的上奏理由，又使他们得到了"讪君卖直"的机会。现在干脆都不搭理，于是这帮"忠君爱国"的臣子们也只能一个巴掌拍不响了。

后来的近三十年里，明神宗只有三次出现在群臣面前：一次是在万历二十年（1592年）十一月，御午门，受宁夏俘；第二次是在万历二十七年（1599年）夏四月，御午门，受日本俘；最后一次是在万历二十八年（1600年）十二月，御午门，受播州俘。这三次公开露面，都是帝王举行受俘大典，但群臣只能在午门下远远地看着，连内阁首辅也不能例外。历届内阁辅臣都千方百计想请神宗视朝和接见大臣，可他却懒得理会。

做一件好事并不难，做一辈子好事那是多么难能可贵。用在朱翊钧身上就是：一天不上朝并不难，二十五年不上朝那是多么不容易啊！

## 与老婆们的爱恨情仇

明神宗不但朝政处理得不好，连后宫也跟进来瞎掺和，直弄得宫廷上下乌烟瘴气。后妃卷入政治斗争并导致严重政治危机，这在明朝二百多年来还是第一次。而在后宫诸多后妃中，以三个女人为代表，她们分别是：皇后王氏、恭妃王氏、皇贵妃郑氏。

### 始爱终弃的王皇后

虽说皇后母仪天下，但这个皇后可有点狼狈，备受帝王冷落。皇后姓王，浙江余姚人，但生长都在北京。万历六年（1578年），十三岁的王氏被慈圣太后选中，

明定陵出土的明神宗帝王御用宝剑

册立为后,成为十四岁的朱翊钧的妻子。

王皇后相貌端庄,举止稳重,个性严谨,但体弱多病,虽不是神宗心中的佳偶,但婚后最初几年,两人的关系倒也过得去。皇后不仅悉心照料神宗的衣食起居,而且经常帮神宗整理朝臣奏章。凡是神宗看过的奏章,皇后都认真封识,然后一一收好。神宗只要提起某件事,皇后就能迅速准确地取出有关的奏章,交给神宗。神宗对她做事仔细麻利颇为满意,因而对她的爸爸和兄弟们也不断加官进爵,但由于张居正等内阁大臣的反对,神宗只好作罢,为此他还不高兴了好几天。

四年后的一天,十八岁的神宗再次结婚,这一结,竟然是跟九个美女同时结婚。当日,大老婆身着礼服,带着这九个小老婆去拜告祖庙。谁也不愿意有更多的女人跟自己争宠,王皇后自然不开心。她看着这九张嫔妃的脸,发现有一个姓郑的女子生得最俏丽。皇后心里马上一沉,直觉告诉她,此人将成为她的大敌。

预感不久就成为现实,神宗果然对郑氏宠爱得不行,整日与她卿卿我我,而皇后那里自然是冷冷清清。冷落皇后也就罢了,可朱翊钧居然还削减皇后的膳食、服饰及侍从,她生病时侍候在身边的宫人也就几个人。皇后被冷落的遭遇很快传遍京师,大臣们没有不吃惊的,于是纷纷上疏,谁知神宗大怒,不是辱骂就是打下监狱,他还下谕说皇后的罪过。但是迫于朝臣没完没了的进谏,神宗只好不情不愿地改善皇后的生活条件。

虽然神宗不善待皇后是不对的,但皇后也确有一些"不是"。不过这也是被神宗逼的,一个女人长期得不到丈夫的爱,心理上难免变态,于是将情绪发泄在宫人身上。她在位的四十二年中,死在她棍棒下的管家和宫女不下百余人,侍候过她的宦官中绝大多数也被她关过禁闭和降谪。

万历十四年起,朝中大臣接连不断地上奏章,要求神宗册立皇长子朱常洛为太子。当时神宗最宠爱的郑氏刚生下皇三子,被册为皇贵妃,跃居皇长子生母恭妃之上,地位仅次于皇后。大臣们很清楚,再不督促神宗册立皇长子为太子,皇三子极有可能"雀占凤巢"。可神宗就是要老三做他的接班人。为此,他竟在皇后身上做起了文章:皇后还很年轻,完全有可能生下嫡子,如果现在立皇长子,一旦皇后生下嫡子,岂不违背了立嗣原则?朱翊钧心里想着:皇后经常生病,肯定死得早,一旦她归天,就可以册立郑贵妃为皇后,到时候,皇三子就成了嫡子,立他为皇太子,大臣们自然会无话可说。

明神宗与王皇后像

在册立太子一事上,皇后毫不犹豫地站在皇长子一边。她对神宗已没有影响力,无法通过自己的力量促使神宗及早册立皇长子,只好在保护皇长子少受欺负上出一份力。神宗是一个心胸狭窄、寡恩薄义之人,他没办法达成所愿,就把私愤发泄到皇长子身上。皇后看在眼里,急在心里,常常将皇长子召到自己宫中照料、安慰,倾注母爱。

后来,女儿出嫁,但婚姻并不幸福,这无疑又给皇后脆弱的心以致命一击,因而变得更加疯狂,变本加厉地折磨宫人。

皇后虽然一直体弱多病,精神上受尽煎熬,但她却活了很久,使神宗等她死后册封郑贵妃为皇后的如意算盘化为泡影。万历四十八年,备受冷落的皇后终于离开人世,享年五十五岁。三个月后,神宗也死了。皇后和神宗葬在一起,一对冤家最后还是朝夕相伴。太子即位后,为了报恩,封皇后王氏为"孝端贞恪庄惠仁明媲天毓圣显皇后"。

## 大喜大悲的王恭妃

接下来说的是大喜大悲的恭妃。恭妃也姓王,河北直隶人,出身贫寒。万历初年,朝廷在北京及附近郊区挑选了一批出身清白、年龄在九到十四岁的女孩子入宫当宫女。经过多次甄别与淘汰,王氏被选中,分到慈圣太后的宫中。

一次偶然的机会,帝王去看望太后的时候,邂逅了美丽的王氏,并临幸了她。按宫中的规矩,皇上临幸任何女人,都要赏赐若干件物品,但神宗没有,他心满意

明·杜堇《宫中图》局部

足地走了。不久,王氏怀孕了,她喜极而泣。身为宫女不仅得到皇上的临幸,而且怀上了龙种,王氏做梦也想不到这样的好运竟会降临到自己身上。

慈圣太后知道后,有一天,神宗陪她宴饮,她告知神宗:"我宫中一个姓王的女子被你临幸后,现在已经有了身孕。"神宗一听,脸腾地红了。王氏是母亲身边的人,自己背着母亲临幸了王氏,为了不被母亲训斥,他当然不愿坦白。慈圣太后见儿子矢口否认,便命内侍去取《内起居注》。原来宫中设有文书房,专门负责记录帝王的起居,哪一天、哪一个妃嫔或宫女在何处承幸,赏赐了什么,上面记得一清二楚。神宗看后,只好承认。这时,太后和颜悦色地对他说:"我老了,还没有孙子,如果她能生一个儿子,也是宗社的福分,母以子贵,不能因为她是宫中的下等人,就抵赖不认。"一听老妈不是来找茬儿的,神宗心里的石头顿时落了地,便册封王氏为恭妃。不久,王恭妃生下一个儿子,取名朱常洛,这是神宗的第一个儿子。

由宫女升为恭妃,且生了皇长子,可谓幸运至极。可是王氏没有想到,好运来得快去得也快,噩运正向她走来。

神宗临幸王氏,完全是心血来潮,图一时痛快,过后对她再没有兴致。自郑妃进宫后,恭妃更不在他的眼中。可怜的皇长子也因为母亲的缘故,一生下来就受到冷落,与郑氏生下来的三皇子朱常洵待遇那简直是一个天上一个地下。

长达十五年的"国本

明·杜堇《宫中图》局部

之争"不得不使王恭妃日夜为儿子担惊受怕。由于想立老三为太子不能如愿,神宗便把恭妃母子视为敌人,非常仇视,对皇长子更是百般刁难,到了匪夷所思的地步。虽然后来慈圣太后出面摆平了此事,册立皇长子为太子,但恭妃的处境并没有改善。

定陵地下宫殿

儿子虽册立为太子,但为了报复,神宗竟不让他们母子见面。骨肉生而别离,这对一个母亲来说无疑是最痛的折磨。她终日以泪洗面,度日如年,最后泪水流干,双目失明。

多年之后,恭妃的长孙出生,她才在大臣们的一致要求下,被册立为皇贵妃,这比郑贵妃整整晚了二十年。没多久,王贵妃重病在床,太子恳求父亲允许他去看望母亲,总算得到批准。太子走到王贵妃宫前,只见宫门紧锁,寂然无声,他找来钥匙开门进去,只见床上的老母亲瘦如枯槁,双目紧闭,便忍不住失声恸哭。王贵妃听见儿子来了,哭着说:"我儿都长这么大了,我还有什么可恨的。"说完咽了气,结束了大喜大悲的一生。

王贵妃死后,有大臣建议厚葬王氏。可绝情的神宗置之不理,不仅不厚葬,还故意不给膳田,不供香火,任坟园荒芜。太子继位后,准备给母亲封尊号,谁料他只做了一个月的帝王便死了。他的儿子熹宗继位,追封祖母为"孝靖温懿敬贞慈参天胤圣皇太后",并迁葬定陵,和皇后一起陪在既是恩人也是仇人的神宗身边。

## 得宠失意的郑贵妃

郑贵妃,北京大兴人。她是一个嗜权如命的女强人,野心勃勃,为达到总揽大权的目的不择手段,诡计多端。她搅得朝廷内外不得安宁,腐败堕落,人心涣散,她搅得万历江山危在旦夕,致使宫廷斗争波澜起伏,成为明末社会不安定的重要因素。

郑氏容貌艳丽出众,机智聪敏,爱读书、有谋略,善于逢迎。因此,不久即得到神宗的宠爱,晋升为贵妃,地位甚至跃居已生有皇长子的王恭妃之上。由于郑贵

明定陵

明皇宫

妃对神宗十分关心，鼓励他亲政，被神宗视为相见恨晚的知音。于是，神宗对郑贵妃的宠爱和倚重达到了无以复加的程度。

转眼间郑贵妃生下一子，也就是三皇子朱常洵。母以子贵，随后郑贵妃又晋升为皇贵妃。皇贵妃是仅次于皇后的封号，在名分上高出皇长子母亲恭妃两级。郑贵妃在宫中地位变得更加稳固，但她的野心和私欲却没有因此而停止，反而有过之而无不及。在封建宫廷中，一个女子的最高愿望无非是争得帝王的宠幸，当上皇后，从而光宗耀祖，显达门庭。郑贵妃显然明白，为了达到这一目的，首先要把儿子推上太子之位，然后母以子贵，晋升皇后。

为了让儿子当上王储，郑贵妃可谓机关算尽，人前虽是朱翊钧在演戏，人后却是郑贵妃在使坏，许多鬼点子都是她想出来的。可最后，在这场马拉松式的较量中，郑贵妃还是以惨败告终。

郑贵妃不仅一心想当皇后，而且对金银财宝等财物也贪得无厌，达到了登峰造极的地步，跟神宗真的是太般配了。神宗派人到各处去搜刮金银财宝，郑贵妃则大肆挥霍，仅胭脂费每年就白银十万两，而万历初年全国的田赋收入每年才四百万两。

朱常洛立为太子后，朱常洵随之被封为福王。按规制，福王朱常洵受封藩王后应该立刻到藩国就任，但他迟迟不肯前往。在群臣的一再呼吁和坚持下，郑贵妃自知无法让福王留京，便以此为借口，提出种种条件，趁此想大捞一把。她提出要为福王在洛阳修建好藩邸方才就任。神宗一看大势所趋，这次福王是非去不可了，只好命朝廷拨款二十八万两巨资在洛阳为朱常洵修建福王藩邸。然而，全部完工后，郑贵妃却出尔反尔，又要求划给福王庄田四万顷。这严重不符合朱元璋定下来的规矩，所以群臣坚决反对，神宗不得已，只好在原有条件上减半。

福王到洛阳后，横征暴敛，胡作非为，造成黄河南北、齐楚河淮骚动，河南数年大荒，人民相食。而福王藩库有金钱百万，竟然超过了大内的仓储。

郑贵妃得宠后，其家族飞黄腾达，经常为非作歹，仗势欺人。郑贵妃见朝廷中有许多官员攻击自己，也害怕神宗被这些官员说服，于己不利，便极力唆使神宗尽量少和朝廷官员见面。于是神宗从万历十八年开始，不再上朝理政，终日与郑贵妃厮守在一起，或是与太监、宫女做游戏，到处寻欢作乐。他除了关心废长立幼外，其他任何事情都不愿与大臣商量处理，诸如地方和中央官员补缺、有关国计民生的措施，甚至到了宫廷失火都懒得过问的地步。

郑贵妃故居

万历四十二年，李太后去世，郑贵妃没了顾忌，决定采取非常手段放手一搏，制造了万历年间的明宫三大案：梃击案、红丸案和移宫案，终于将眼中钉明光宗置于死地并企图控制朝政。

明熹宗年间，郑贵妃的权力欲望虽不减当年，但毕竟已年过六旬，有点力不从心了。崇祯三年（1630年）七月，这位一生享尽荣华富贵、连做梦都想做皇后的女人，最终仍未能实现自己的梦想而结束了颇富传奇色彩的一生。然而，就是这样一个阴险、毒辣的贵妃，把大明江山搅得天昏地暗，遗祸之深为历代罕见，而她本人却有惊无险，竟安然地度过余生。郑贵妃死后，被谥为"恭恪惠荣和靖皇贵妃"埋葬在银泉山。

## 棺椁开启，惊现天大秘密

朱翊钧一生有两个皇后：孝端、孝靖。定陵是他与两位皇后的合葬陵寝。随着定陵的发掘，一个天大的秘密被公诸于世，那就是朱翊钧的独特"葬式"（葬式，即尸体在棺椁内摆放的姿态）。

根据考古常识，开启梓棺一般是发掘古墓的最后一道、也是最重要的一道考古程序，要求相当严格。当时，发掘人员小心打开神宗棺椁后，现场专家都大吃一惊——朱翊钧的尸骨放置在一条锦被上，锦被两边上折，盖住尸体。尸体头朝西脚朝东仰卧，肌肉已经腐烂，仅剩骨架。面向上，头顶微向右偏，右臂向上弯曲，手放在头右侧，左臂下垂，略向内弯，手放在腹部。手中拿念珠一串。右腿稍弯曲，左腿直伸，两脚向外撇开。

孝端皇后的尸体放置在织金妆花缎被上，被两侧上折，盖住尸体。尸体已经腐烂，骨架头西脚东，面向右侧卧，左臂下垂，手放在腰部，右臂向下直伸，足部交叠，左足在上，右足在下。

孝靖皇后的尸体也放在织锦被上，被两侧上折，盖住尸体。尸体已腐烂，仅剩骨架，脚朝东放置。面稍向右侧卧，右臂向上弯曲，手放在头下，左臂下垂，手放在身上腰部。

按常理，传统的葬式为"仰身直肢葬"，而朱翊钧及其皇后的葬姿不同寻常，堪称考古史上的惊世发现！这种怪异葬姿的内里极有可能包含了一个丰富而深奥的信息——为什么朱翊钧在棺椁内会"曲肢侧卧"？难道被人动过？这让专家们一直不得其解。

考证期间，由于经历了"文化大革命"，直到2004年才有专家就此作出推断，比较合理地破解了帝王葬式密码，引起了当年学术界的注意。

2004年3月份，明清陵寝学术研讨会收到了一篇由"明十三陵特区办事处"专家王秀玲提交的题为《试论明定陵墓主人的葬式》的论文。这份论文在当时很有新闻亮点，是最有价值的参会论文之一，也是大陆最早关于定陵主人葬式的报道。

从帝王和皇后的骨架情况看，三人葬式稍微有点不同，但很显然，都跟普通人的葬式不一样。根据他们的骨架：头部均为向右侧卧，左手都放于腰部，右手，朱翊钧和孝靖皇后向上弯曲，放于头部，孝端皇后的则是下垂式。腿部，朱翊钧右腿弯曲，左腿直伸，孝靖皇后两

定陵发掘时图片

腿弯曲，孝端皇后两腿平放，足部交叉。据推断，朱翊钧的原葬姿势应为罕见的"侧卧式"。

按分析，孝靖皇后的骨架情况应该与原葬式的相似，而朱翊钧与孝端皇后则可能有出入。因为按常理，人死后入葬，不可能故意摆成一腿弯曲一腿直伸的样子。所以很显然，朱翊钧的葬式不是原状。孝端皇后虽然两腿是平放的，但她的头部向右侧卧着，脊椎亦向右侧弯曲，两腿平放与其不相符，所以她的原状也应为侧卧式。

再者，尸体如果平放，一般晃动也不会有大变动，只有侧卧式，碰撞时易变形。如果向右侧卧，必然倒向左侧，所以朱翊钧左腿直伸。孝端皇后左足压右足，根据二人骨架情况分析，原葬式应为向右侧卧，朱翊钧应为双腿弯曲式。只是因为晃动和碰撞而改变了原葬姿式。孝端皇后的右臂下垂姿式尚待研究，如果原葬式是下垂式，一般情况下，手臂应贴近身体。而孝端皇后的右臂向外撇，如与朱翊钧和孝靖皇后一样放于头部，因碰撞右臂发生变化，就有可能出现现在的姿式。

根据史书上当年朱翊钧下葬时的文字记载，原葬式确实可能变动过。当时，棺椁是从百里之遥的京城靠人工抬运到山陵的，沿途颠簸。孝靖皇后比朱翊钧早逝九年，已入葬于天寿山东井平岗地。据《泰昌实录》记载：葬朱翊钧及孝端皇后时，仅抬杠军夫就达八千六百人之多，且一路上绳索常有损坏，不断更换。棺椁到巩华城时（今北京沙河），抬棺椁的木杠有断裂声，右边一角曾掉到地上。如此这般，可以想象尸体姿式有变化是完全可能的。

根据现有的考古发掘发现，中国古代土葬尸体葬式，一般有仰身直肢葬、曲肢葬、俯身葬等姿态。朱翊钧的"侧卧式"敛葬姿势，确是极为罕见的，且没有类似的文字记录，为什么朱翊钧死后要让人把自己的尸体弄成这样呢？专家王秀玲大胆推断，这是"七斗星葬式"——由此，帝王的葬式密码一下子被破译了！从死者的骨架情况来看，身体侧卧，双腿微曲，这种姿势不就是北斗七星的布局吗！因此，王秀玲对这种葬式的产生作出结论——朱翊钧的葬式源于天象！

我们都知道，"北斗七星"指向正北，位于天空中心，因而在过去被认为是天帝居住的地方，是吉星。而封建帝王一直认为自己是上天派到人间的主宰，是"真龙天子"，信奉"君权天授""天人合一"的思想，视皇位为"天位"，帝王死了，就是"升天"的意思。所以，依照这种观念，朱翊钧怪异的葬式之谜就没什么悬念了。

另外，怪异的葬姿还可能与风水说有关。过去的风水家认为，北斗七星具有避邪功效，其奥秘在于它的形状恰为一个巨大的聚气的S形。风水的核心古代称之为气，气的运动形式，按古代河图数字的表示则为顺时针左旋气场及S形气场。帝王选陵址，

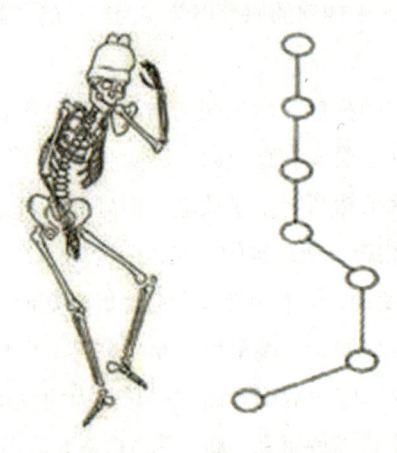

明神宗尸骨葬姿与北斗七星示意图

要选能"聚气藏风"的地方,选择标准是山环水抱,因为山脉的起伏呈S形,河流则更明显,总是弯延曲折,所以"山环水抱必有气"。

《水龙经·论形局》中说:"水见三弯,福寿安闲,屈曲宋朝,荣华富饶。"这里指的是一条水连续出现三个"S"型,则是好气场。帝王入葬地宫,从隧道门经明楼后进入地宫,其路线也是S形。按照"事死如事生"的观念去分析,帝王死后,也需要生气,这种S形葬式取其能够"聚气",有了生气,就有了万物,预示着子孙万代繁衍旺盛。如果依此而论,朱翊钧和皇后的怪异葬式源于天象也不无道理。

除天象与风水以外,朱翊钧的怪异葬姿还可能缘于释迦牟尼涅槃的姿式。根据《大乘起信论》记载,释迦牟尼涅槃在希尼亚瓦提河西岸的两株莎罗树下,头朝北,面向西,右手支头,左手放置身上,双足合并,作侧卧姿式进入涅槃。从朱翊钧和两位皇后的尸体姿势看,与释迦牟尼涅槃的姿式像极了。的确,朱翊钧及其皇后生前都是虔诚的佛教徒。这一点能很好得到验证,单从定陵出土实物就能充分证明:在帝、后服饰上有不少佛教意义的纹饰,如经文,孝靖皇后尸体最上层覆盖的一床经被,上面有朱书经文,虽然字迹随着时间的流逝已经模糊,但中部的"南无阿弥"四字和右下部的"华严"二字均能清晰地看出。在朱翊钧的棺内,有一件"红八宝纹暗花缎缂丝盘龙佛字方补交领夹龙袍",其前后胸为正面龙戏珠,龙首顶部缂一金"佛"字……最有说服力的是,朱翊钧手中还拿有一串佛珠,由此可以想象他信佛的程度。所以专家认为,他怪异的葬式模仿的是释迦涅槃的姿势。

朱翊钧的怪异葬式到底是源于天象、风水,还是佛教,目前没有定论。但根据其陵墓呈北斗七星状布局,源于天象的理由更充分一些。20世纪90年代,有关方面在对南京明孝陵考察时,使用了飞机航拍技术,惊讶地发现,大明王朝开国帝王朱元璋的陵区布局竟然是"北斗七星"布局,这一发现引起了极大轰动,客观上给明代帝王棺椁内的怪异葬式提供了一个有力的佐证。

## 原来是个驼背

明神宗是明朝最长寿的帝王，也是典型的荒淫怠惰的君主。定陵开掘于1956年，是十三陵中第一个被发掘出的帝王陵墓。定陵在十三陵中仅次于长陵及永陵，其地宫结构是明陵规制的代表。墓室以一个主室和两个配室为主体，主室前有甬道，门三重，地宫结构为石砌拱券，除石门有檐楣雕饰外，朴素无华。

地宫在地下二十七米，由前、中、后和左、右五个厅组成，构筑面积一千一百九十五平方米。其中左右配殿是相对称的两个殿，全部用石头起券，殿高七点一米，宽六米，长为二十六米。各自中间有一个用汉白玉垒起的棺床，长十七点四米，宽三点七米，高零点四米，棺床平面用金砖平铺，中央有一长方形孔穴，内填黄土，称为"金井"。两配殿有甬道与中殿相通，进入中殿，殿内有三个汉白玉石座，座前各一副琉璃五供和一个青花云龙大瓷缸。缸中原盛香油，油上的小铜瓢和灯芯有铜管相通，即"长明灯"。后殿是地下宫殿中最大的一个殿，是地宫的主要部分，高九点五米，长三十点一米，石券最大跨度达九点一米。施工质量好，迄今完好无损。地面铺磨光花斑石。棺床正中央放置朱翊钧的棺椁。孝端、孝靖两皇后的棺椁，分别置于朱翊钧棺椁的左右两侧。三具棺椁的周围，放着玉料、梅瓶及装满殉葬品的红漆木箱。

定陵地下宫殿

前、中、后三殿之间，各有一道石门，门的结构相同，是全部用石头构筑成的券门。

前、中殿由地面至券顶，各高七

明定陵出土文物

点二米，宽六米，共长五十八米，地面是"金砖"铺地。"金砖"又叫澄浆砖，是明代特地在江南烧造的一种方砖。

1958年，在考古学大师夏鼐的指挥下，神宗的梓宫（棺椁）被开启。厚厚的龙袍下面，掩藏着神宗的尸骨。尸骨复原后的结论是："万历帝生前体形上部为驼背，从骨骼测量，头顶至左脚长一点六四米。"在当时的政治环境下，由于人们认为这个罪恶的帝王是封建地主阶级的代表，所以朱翊钧复原出来的样子完全是一副地主的形象：头戴瓜皮金丝小帽，横眉怒目，鹰勾鼻子下挂着一张血盆大口，手握皮鞭侧身站立，两个皇后则穿红戴绿，涂脂抹粉，妖冶而凶残。

定陵玄宫大门打开时情形

# 明光宗朱常洛
## ——神秘的案件当事人

| | |
|---|---|
| 姓　　名： | 朱常洛 |
| 职　　称： | 明光宗 |
| 生　　卒： | 1582—1620 年，享年三十九岁 |
| 最高职务： | 明朝第十四任帝王 |
| 就职年龄： | 三十九岁 |
| 帝王工龄： | 一个月（1620 年） |
| 荣誉称号： | 崇天契道英睿恭纯宪文景武渊仁懿孝贞帝王 |
| 老　　爸： | 朱翊钧 |
| 老　　妈： | 王恭妃 |
| 兄弟排行： | 老大 |
| 接班人： | 朱由校 |
| 最得意： | 子女成群 |
| 最遗憾： | 登基一个月就死了 |
| 最痛心： | 母子生离 |
| 最失意： | 太子之位不稳 |
| 最擅长： | 隐忍 |
| 现在住址： | 北京昌平十三陵庆陵 |
| 个性签名： | 我等得好冤啊！ |

明光宗朱常洛像

# 忍者神龟

明光宗朱常洛,明朝第十四位帝王,在位仅一个月,是明朝历史上在位时间最短的一个帝王。

一开始,在朱常洛还是皇长子的时候,老爸万历帝王就非常不喜欢他,所以他的位置一度岌岌可危。在苦熬了三十九年之后,他终于得到了梦寐以求的帝王宝座。可好不容易争取来的机会,却只维持了仅一个月的时间。就在他即位的第三十天清晨,这位刚要展翅高飞的帝王就莫名其妙地走了。可以说,朱常洛是明代传奇色彩最浓的一位帝王,从国本之争到明宫三大疑案——梃击案、红丸案、移宫案,都与他有密切的关联。

皇后刘氏像

这还得从朱常洛的出生说起。朱翊钧的皇后没有儿子,万历帝王八个儿子都是嫔妃所生,其中有三个儿子早就死了,也就是说实际上竞争太子之位的只有两个,一个是宫女王氏所生的皇长子朱常洛,另一个是郑贵妃所生的皇三子朱常洵。朱常洛的身世和他父亲朱翊钧的身世差不多,都是父皇偶然临幸宫女所生。然而虽然说都是临幸,可朱载坖要比朱翊钧厚道多了,好歹朱载坖承认这个儿子,并且把他当自己的骨肉。而朱翊钧呢,打心眼里就不喜欢这位皇子,认为这个皇子的出生是他的一件糗事,再加上后来对郑贵妃宠爱有加,于是爱屋及乌,对另外一个儿子朱常洵呵护备至,视若掌上明珠,甚至为此想打破祖宗定下的规矩,立皇长子以外的人为储君。这样,朱常洛就成了他面前的一个最大的障碍。

朱翊钧不让儿子入学。要知道,皇子不同于百姓家孩子的地方至少有三条:一是正名位,二是延帝祚,三是受教育。所谓受教育就是到外廷读书,在讲官的辅导下学习,掌握治国的本领。朱翊钧五岁就开始读书,但他却一直不允许自己的儿子朱常洛读书。谁建议让皇长子出阁读书,谁就被贬遭罚。所以,朱常洛直到十三岁时,才第一次出阁读书,但好景不长,不久又被迫长期辍读。到了十九岁的时候,才又奉旨出阁读书,以后读书的时间都是断断续续的,通常是像一只囚鸟长期被禁闭在宫中一样。所以,朱常洛虽然身为皇子,但是并没有受到良好的系统的文化教育。

明光宗 朱常洛

由此可见，作为老爸的朱翊钧是多么不喜欢这个儿子，甚至是有意刁难和挤兑自己的亲生骨肉，而这一不喜欢就是整整三十九年。为了这个太子之位，朱常洛得不到父爱，连母爱都被剥夺了。但是朱翊钧和郑贵妃的这些伎俩都被大臣们识破，总算没有得逞，众大臣用生命和鲜血为皇长子朱常洛争来这个太子之位。当然，李太后也是功不可没的。

但是，当上太子之后的朱常洛并没有就此安定下来，宫内、宫外的斗争始终都在威胁着他的地位甚至生命。他在明处，想扳倒他的人在暗处，朱常洛随时都有被拉下台的可能。好在朱常洛在残酷的斗争中已经渐渐成熟了，各方面都表现中规中矩，让万历帝王也无话可说。太子之位渐渐稳定下来，最着急的要算郑贵妃了，为了让她的儿子能够坐上帝王的宝座，她不惜铤而走险、孤注一掷……

面对这所有的不幸，朱常洛只有两个字：忍了！

## 明宫三大案之梃击案

排在明宫三大疑案之首的是"梃击案"。"梃"就是木棍，"梃击"就是用木棍来打人。用木棍打人本不是什么稀罕事儿，但是这里打的不是普通人，而是当时身为皇太子的朱常洛！谁还敢打未来的天子——太子？这不是造反了吗？正是因为打的对象特殊，所以非同小可，于是一件打人事件便成了一件大案要案。

朱常洛是国本之争中的获胜者，他的对手岂肯善罢甘休——这个梃击案，也就是王储之争的延伸和极端表现。

就在万历四十三年（1615年）五月初四的晚上，紫禁城内突然冒出一个手持枣木大棍的大汉，虽说警卫森严，可这位汉子居然能够如无人一般、毫无阻拦地闯到皇太子居住的慈庆宫，一棍下去，就把守卫在宫门前的内侍李鉴打昏，直闯进宫。幸好在前殿的檐下，几个巡逻的内侍撞见了这个汉

梃击案发地的慈庆宫

明光宗朱常洛庆陵

子,奋力捉获,并即时将他押交给驻守东华门的宫廷守卫指挥使朱雄看管,歹徒的阴谋中途夭折,一场灾祸被拦腰截断。

第二天,时值端午节,身为皇太子的朱常洛把昨天晚上发生的这些情节都详细地奏知万历帝王,虽说朱翊钧并不喜欢这个儿子,但是皇宫大内居然有行刺的事件发生,这不得不认真对待,于是朱翊钧当场诏命将凶犯交巡视皇城的御史刘廷元审问。

第三天,初审的结果出来了。原来,这名罪犯名叫张差,江苏苏州人,据交代,他是个吃斋讨封的人。乍一看去,他语无伦次,好像个疯子,可是细细地观察,他面相狡黠,回答问话的时候十分油滑,又不像是个疯子。

这个初审笔录也是模棱两可,哪有这样下结论的,似是而非,两头都不靠,这是典型的官场应付差使所使用的惯常伎俩。于是这个皮球被踢到了刑部,由堂官胡士相、赵会桢、劳永嘉三人会审。

其实大家踢皮球也不是没有道理,对于这起案子的背景,官场早已熟知。太子虽然是立了,但是关于皇太子早晚将被废掉的言论已经流传多年,而这个替补人选当然就是郑贵妃所生的老三朱常洵,所以,案件背后的主谋大家其实都心知肚明。虽说皮球踢到了刑部,但堂上这班官员都是老奸巨猾的人,谁也不想去捅马蜂窝,只是把这个张差押上大堂,问了三两句,就又押回大牢。可是案件总得有个说法和结果,于是这三个审问的官员关起门来研究了一番,拟了一封奏疏。

好在初审已经基本定下了结论,说这张差可能是一个疯子,于是大家也都在这个"疯"字上大做文章。奏疏是这样写的:张差原是个卖柴草为生的乡下人,因进城卖草,价格上与买主发生了争执,他的柴草被人点燃,焚烧殆尽,他一气成疯,来到京都告状诉冤。途间,遇到两个同路人告诉他,要是诉冤没有状纸,也可以用一根木棍替代。给他开了一个玩笑,张差却信以为真。同路人将他悄悄引进东华门,指点一番后走了。而张差就依照指引,潜入大内,直达慈庆宫……按律法,手持凶器,潜入宫廷,该问斩,加上击伤内侍,罪加一等,所以应处"斩立决"。

这就是二审的结论,把张差斩首,此案也就结了。一个典型的杀人案竟然敷衍

明光宗 朱常洛

成了这样一个荒谬的故事，不得不说明朝的官员真的很有才。但是，诺大一个朝廷并不全是老油条，朝堂上也不乏仗义者。刑部结论刚定，立即有人提出：张差入宫行凶，没有那么简单，幕后必有指使，而刑部只针对张差一人，且马上就予以处决，显然有杀人灭口、庇护幕后真凶的意思。

事情闹到这个地步，朱翊钧烦恼不安，郑贵妃也惊慌起来。刑部堂上有个叫王之宷的人，他偏偏不喜欢趋利避害、明哲保身，就喜欢找点事儿做。于是这位之前做过知县，对于审理案情颇有经验的王之宷为了破案，讨下一个管理牢饭的差使。

每天，他亲率狱卒给犯人一个个送饭，可独独不给张差发饭，张差这一饿就是两天，那叫一个难受。到了第三天，王之宷又一个个地送饭，还是没给张差发饭，而是让他眼睁睁地看着别的犯人吃，直等到张差饥饿难忍时，老王这才把饭摆到他的面前，说："吃可以，不过有个条件，那就是招供。"已经连续饿了两天的张差哪经得起这个折腾，空空如也的胃里饿火中烧，没办法，只得老老实实招供。

原来，张差是个苏州人，乡里有人叫他跟着一个不知名姓的太监来到北京，并关照他要听太监的话去做一件事情，事成之后可以赏他几亩良田，这以后的日子就不用担忧了。就这样，张差来到京城，到了一处大宅院，太监拿出菜饭让他吃了个饱，然后交给他一条枣木棍儿，对他说：你进入一个去处，遇人就往死里打，千万不要慌，有事我自然会救你。张差没想那么多，只是照做……根据张差的当堂供述，很容易就查明那个带他来京城的太监叫庞保，那所他吃饭的大宅院即是内监刘成的外宅。让他持大棍去打上宫门的正是庞保和刘成两个人。

明皇宫庑廊庭院

明庆陵补国务院列为全国重点文物保护单位

案件清楚后，宫廷内外随即引起了不小的震动，大家一致要求找出并严惩主谋。于是庞保和刘成被抓起来严审。要知道，这两个太监都是郑贵妃身边的得力助手，一旦审讯，难保他俩不把郑贵妃的阴谋和盘托出。

郑贵妃眼看着事情就要败露了，于是赶紧去找帝王求情，朱翊钧见爱妃如此这般，心一下就软了，于是给她出了个主意，让她去求太子，让朱常洛出面让群臣就此作罢。

朱常洛虽然当上了太子，年纪也不小，已经是三个孩子的爹了，但由于一直被冷落搁置，所以向来胆小怕事。一见郑贵妃这拜求的架势，又号称是父皇朱翊钧的意思，自然不好违抗，于是下了一道令旨，说群臣不必再多做纠缠，元凶张差既然已经拿获，把他正法就算了。

可是，郑贵妃一家的斑斑劣迹早已让人忍无可忍了，再加上这起案件，连皇太子都敢谋害，性质太过恶劣，引起了公愤。尽管太子要息事宁人，但众怒难平，很多人都坚持要将元凶追查到底。二十五年都没有坐朝问事的明神宗见大势所趋，不得不亲自出面，驾坐太子慈宁宫，召集一些重要官员前来见驾。

明神宗最拿手的就是"扣大帽子"戏法，众臣一来到驾前，他就劈头盖脸地训斥道："你们这些所谓的大臣，说什么要追查元凶，分明是要离间我们父子的情谊！"说着一把挽住朱常洛，对众臣说："太子很孝顺，是朕的爱子，你们怎么能无事生非，挑拨我们父子之间的感情呢！"大帽子一扣，紧接着下旨将张差、庞保、刘成斩立决，作为这桩梃击公案的结束。太子软弱，顺着父皇的语气，说了几句类似的话。父子俩异口同声，大臣们也没办法，这件事情也就到此为止。而那位自始至终导演这场闹剧的郑贵妃就这样有惊无险地度过了一场危机。

明光宗 朱常洛

## 明宫三大案之红丸案

明神宗驾崩之后，皇太子朱常洛即位。谁知好景如此短暂，朱翊钧的丧事还没操办完，新登基的帝王却突然病倒，而且病势凶猛，让人措手不及。太医院几位医术高明的御医急忙会诊，连开了四服重药，可都没有扭转病情。

好好的新君，即位才半个月就不能打理朝政了，大大小小的事务还等着帝王处理，这可急坏了内阁阁臣。内阁首辅方从哲因设法交结了万历最宠爱的妃子郑贵妃的缘故，在万历朝担任了七年首辅，他一开始还沉得住气，但几天后也坐不住了。

这天，这位首辅大人刚一来到朝房，内廷就送来了一道紧急公函，说："新帝王病急乱投医，昨天竟擅自斥退御医，而请不懂医术的内侍崔文升给他看病。崔文升开了一个方子，帝王吃后大泻不止，一个晚上跑了三四十趟茅房，现在已经昏迷不醒，急请内阁想想办法啊！"

方从哲看了公函，二话不说，带着阁臣们赶到太和门，紧张地等待太医的诊断结果。

过了半晌，御医们终于有了说法，领班的老御医平日与方从哲有深交，于是很谨慎地说："帝王的病不妙。"这帝王刚刚四十岁出头，怎会病成这个样子？方从哲大为疑惑。

老御医说："冰冻三尺，非一日之寒。皇上精损过重，太医们一直给皇上服用一些固精建中的药物。这类药物药力来得缓慢，皇上埋怨这些药没有效果，便滥用泻药，我们花了几个月来调治的心血全都白费了。"

方从哲又问："那皇上是否还有救？"

老太医叹了口气，说："如果不再乱用庸医，只以充血生精之药来调理，还是有望的，只怕……"

方从哲一听还有希望，于是赶紧说："我马上进宫劝谏，请皇上按太医院的医案调养。"

光宗朱常洛像

道士炼丹石雕

话音刚落,只听太和门里传来一声传呼:"皇上急召首辅入宫。"

方从哲火速进了乾清宫,来到帝王榻前。朱常洛伸出有些颤抖的手握住方从哲,讲了一顿遗嘱之类的话后便大骂太医院的庸医。方从哲立即建议广召名医。听到广召名医几个字,朱常洛猛然想起一个人来,就问:"听说鸿胪寺有官员要来进药,怎么现在还没送来?"

方从哲说:"鸿胪寺丞李可灼曾上本说他有仙方可医治万岁病症,但臣与内阁诸臣商量了一下,觉得不可轻信,所以已将他斥退了。"

朱常洛嗔怪地说:"太医没用,仙方又不能信,难道叫朕等死吗?"

方从哲回答道:"微臣怎敢?只是李可灼的话实在是不可信,请皇上三思。"

朱常洛挥了一下手说:"传旨下去,朕要试试这个仙方!"

从嘉靖帝王起,明朝的帝王大都信奉道教,以求长生不老。如今,新帝王已病入膏肓,更加求助于仙方仙丹。第三天,无奈的方从哲虽然不相信这个所谓的仙方,但迫于皇命,只得领着李可灼带着药进宫见机行事。

鸿胪寺丞李可灼是个五十开外的老人,清瘦的面容,飘逸的举止,无不证明他的道骨仙风。据说,李可灼带的这颗仙丹是他年轻时在峨嵋山采药时得遇一位仙长送给他的,所用的药料都来自神府仙境,人间是没有的,所以区区百病不在话下。

比前几天更消瘦了的朱常洛平躺在床,见李可灼捧着"仙丹"来了,立刻从床上坐起,并示意他把药呈上来。李可灼见周围大臣都一副不相信的神情,于是自己先吃了一颗,大臣们见他没事,这才放心。

朱常洛急匆匆地吃了这颗红润晶莹的仙药,不到一会儿便坐了起来,好像一下子健康了许多,脸上露出焕发的笑容,连夸这是好药、仙药,并请李可灼明天再进一丸。谁知李可灼说:"我家还有一颗仙丹,但仙人曾经指点过,吃了第一颗仙丹要等三天之后才能吃第二颗,我三天后再来给陛下献药吧。"既然仙人这么吩咐过的,朱常洛自然没有异议。

明光宗 朱常洛

说来也真是神奇，自从吃了"仙丹"后，朱常洛的病好像真的一下子就好了一半。也不用整天睡在龙床上，居然还两次走出殿门散步。不知道是心理作用还是这仙丹真的有效，方从哲对此打了一个大问号。很多大臣也都对此表示严重怀疑，并建议方从哲停止这种不靠谱的行为。上有帝王催促，下有大臣以此作为弹劾他的借口，他左右为难，不知如何是好。第三天午时以后，帝王催促得更紧了，并发下圣谕，如果谁敢阻拦进药，就以抗旨欺君论处。方从哲无奈，只得将李可灼召到内阁，再三审问，李可灼确定仙丹神效非凡，方从哲这才带李可灼进宫。

进宫后，见帝王稳坐龙案前，气色好了很多，方从哲这才踏实了些。今天这粒红丸比上次的大一点，色泽也更加光艳。朱常洛接过后仔细端详了好一阵，脸上露出一种难言的喜悦，并很快把药服下，还起身在地上踱来踱去，笑说自己明天就可以临朝了。

九月初一，是新君登基一个月的喜庆日子。大家见帝王恢复得这么快，决定张灯结彩予以庆贺。可忙碌到后半夜，谁知司礼监掌印太监突然传谕，速召太医进宫，不一会又宣召内阁辅臣、六部九卿掌院官吏进宫……显然，帝王病危。九月初一丑时二刻，朱常洛病逝。

本来已经康复了的帝王，只服了一粒小红丸便猝然死去，这可非同小可。方从哲预料到自己脱不了干系，明天一大早无数指劾他的奏本便会像蝗虫一样飞进来，弄不好还会被扣上一顶弑君的大帽子。

按明朝旧例，帝王驾崩，遗诏需由内阁首辅代拟。方从哲想来想去，觉得只有利用拟遗诏的机会，申明服用红丸是帝王自己的意思，把责任一股脑推到死去的帝王身上才算上策。

果不出方从哲所料，帝王的暴卒引起了整个朝廷的震动，要追查帝王死因的奏折两天之内就达数百件。其中，有的奏本已经公开指出，给帝王服泻药的内侍崔文升，最初曾在郑贵妃属下任职，后来才由郑贵妃转荐给朱常洛。崔文升竟敢用泻药摧残先皇，其背后必定有人指使。这使方从哲感到吃惊，因为他明白自己与郑贵妃也有着极其密切的联系。如果有人说红丸是由自己引进

明宫内殿

朱常洛卧病的寝宫

的，再把它和崔文升联系在一起，很自然地会让人误认为这是一个有计划的弑君阴谋。要知道，朝议一起就很难平息，到那时，自己将成为众矢之的。于是方从哲迫不及待地征得了阁臣同意，颁布了由他亲笔起草的遗诏。

遗诏中方从哲以朱常洛的口吻夸奖李可灼，并诏赐银币。他以为这样就可以堵住群臣的嘴了，但是他错了。遗诏一出，群情鼎沸，朝臣们都知道遗诏出自首辅之手，无形中更把方从哲与进贡红丸紧密联系在了一起。许多言官直言不讳地把方从哲也列入弑君者的行列，请求惩办崔文升、李可灼，并严查幕后主使。

十月中旬，追查"红丸案"的呼声达到了高潮，礼部尚书孙慎行和左都御史邹元标上了两道令人瞩目的奏疏，指出："方从哲即使没有杀害帝王的意思，但也有这个责任和罪名。"这句话给追查"红丸案"元凶定了基调。捧着这两道奏本，方从哲双手不断颤抖，他无力抵挡这些严厉的责备，想他居官一世处处仔细，最后竟落了个弑君的罪名，思来想去，他决定退隐，并得到了新帝王的批准。而李可灼则被削去官职流戍边疆，崔文升被逐出北京，发往南京安置。

直接经手人倒是被处决了，一场轩然大波也到此结束——但是朱常洛为什么会一夜之间猝然暴死、李可灼进献的红丸究竟是什么东西，被惩处的人只是犯了过失，但过失之后又有什么猫腻，这些都还只是个谜。当朝显然并没有深究的意思，后人就更没办法还原其中真相。这么多年来，尽管史学家见仁见智，设想了种种答案，但仍旧没有一种足以令人信服，因此红丸一案成了千古之谜。

## 明宫三大案之移宫案

要说到这第三件奇案，先得说说一个姓李的女人。这个女人可不是一般人，而

# 明光宗朱常洛

是明光宗朱常洛的选侍。她从小被选进皇宫,朱常洛被立为太子后,她便成为太子选侍。选侍是妃子中地位较低的一等。当时,朱常洛的后宫有两位李选侍,一位东李、一位西李。东李为人正直善良,虽然相貌出众但性格内向,不喜趋炎附势,所以没有得到帝王的宠爱。而我们要说的李选侍就是这个西李,不仅人长得妩媚迷人,而且颇有心计,为人圆滑,八面玲珑。

大家都知道朱常洛这个太子当得窝囊,苦等苦熬了十五年好不容易才当上这个帝王。由于长期受压抑,他的脾气变得很坏,常常喜怒不定,太监、宫女以及选侍是他经常打骂的对象。为了宣泄压抑情绪,或者说找回失去的快乐,朱常洛整日纵情酒色,甚至有时一夜要临幸好几个女子,稍有不如意就对她们横加打骂。在这些嫔妃当中,只有西李颇能得到他的欢喜,所以她比其他女子更受宠。

西李并不是一个本分的女人,她常常自恃天子娇宠,目中无人、专横霸道,平时经常和其他选侍发生争执,甚至连皇后也敢殴打。王选侍为朱常洛生了长子朱由校而且在众多选侍中名分最高,她看不惯西李的放泼耍横,两人经常起口角。西李则仗着朱常洛宠爱她,竟当众动手打王氏,其嚣张气焰可想而知。

不久,王氏病逝,大家都认为王氏是因为被李选侍殴打气愤而死的。从史书记载看,这种说法是真实的。《明史·后妃列传·康妃李氏》记载道:熹宗即位,降敕曰:"选侍因殴前圣母,自忖有罪,每使宫人窃伺,不令朕与圣母旧侍言,有辄捕去。"就是说,西李因为殴打王氏而致其死,深感不安,所以不让朱由校接近过去伺候他母亲的人,还经常派人窥探,发现了就把那些人抓走。

王氏去世时,朱由校才十四岁。朱常洛便将朱由校交给西李照顾。但西李非常自私,本就不喜欢孩子,何况是仇人的孩子,因此对朱由校不但不尽职尽责地精心护理,更是对孩子辱谩凌虐。朱由校受了委屈,无处申诉,只能躲在角落里偷偷地哭。心灵留下了极大的创伤和阴影。后来朱常洛得知了这些事情,十分后悔,便时常抚慰

孝和皇后王氏

明光宗和李纯皇后像

孩子,算是弥补。后来,西李生了女儿,也就是皇八妹遂平公主,朱常洛这才下令改由东李抚育朱由校。

西李是个颇有心计的女人。她虽然不喜欢朱由校,但有一点很明白,朱由校是未来的帝王,因此她要求朱由校与自己同居一宫,以达到控制的目的,使其成为她手心里的傀儡,以此提高自己的地位、获得大权。

朱常洛曾经在病中召见阁部大臣,口谕册封西李为皇贵妃。升职为贵妃是件好事,可西李很不满意,当即从门幔中出来,把朱由校拉了进去,逼着他向朱常洛说要封自己为皇后。可惜,明光宗朱常洛登基仅一个月就驾崩了,西李的梦想成了泡影。好在她与客魏集团早有瓜葛,又曾经"照顾"过年少的新帝王朱由校,所以她企图通过控制少帝来把持朝政,继续追逐自己的梦想,满足自己的权力欲望。

万历四十八年(1620年)对明朝说来是不寻常的一年。这年七至九月,明朝的两位帝王相继去世。滑稽的是,一个是明朝在位时间最长的君主明神宗,另一个则是明朝在位最短的君主明光宗,一父一子,一个最长一个最短。

光宗一死,郑贵妃认为自己又有了希望,与西李勾结起来,狼狈为奸。当时西李尚居住在乾清宫,乾清宫是紫禁城内廷后三宫之一,从明永乐帝迁都北京到清初,这里是帝王居住和处理日常事务的地方。明代十四个帝王和清代的顺治、康熙两个帝王都以乾清宫为寝宫。而此时,前后交替的动荡时局,使整个朝廷的空气中都充满了紧张的气氛,大家似乎都隐约感到这个西李要挟新立为帝的朱由校,垂帘听政,控制朝纲。

光宗朱常洛死前,只传了四位内阁阁臣,他们分别是大学士方从哲、刘一燝、吏部尚书周嘉谟及兵部给事中杨涟。光宗死后,杨涟等担心发生意外,便与其他几位大臣商量好一同闯进了乾清宫。

一行人进了乾清宫,立即哭倒在光宗灵前磕头,接着请皇长子朱由校出来接见。这时西李正把朱由校拦在西暖阁内不让他出来,大臣们便叫司礼监官员来请。西李无奈,只得放朱由校出来,但她马上意识到自己的错误,立刻让人去追。朱由校直

明光宗 朱常洛

往前走，那些来追的人便拉住他的衣服不放。

就在西李反复阻挡朱由校的时候，等在乾清宫的大臣们早已不耐烦了，刘一燝大吼一声："皇长子应在皇上灵柩前即位，现在却不在灵前，哪儿去了？"太监们面面相觑，皆不回答，空气异常紧张。就在这时，光宗的东宫侍奉老太监王安走了过来，对刘一燝说："皇长子被李选侍藏起来了。"

刘一燝一听火冒三丈，大声喊道："谁敢如此大胆，敢藏匿新天子！"王安说："你且稍等，我去看看动静。"说罢走进西暖阁，向西李说了外边的情况，软硬兼施地请求她让皇长子出见群臣。西李虽说有阴谋，但是心中还是有些害怕，稍一犹豫，王安乘机抱起朱由校就跑了出来。

刘一燝、杨涟等人见了朱由校，立即跪倒高呼万岁，连拖带拉将朱由校拥到文华殿，群臣礼拜，朱由校就这样即了东宫太子之位，并议定于九月六日登基。

然而，李选侍怎么可能就这么算了？她虽然没能拦住朱由校，却又使出一招，为了控制朱由校，她派人请朱由校回乾清宫来居住。司马昭之心路人皆知，廷臣们当然知道她的用意，便把朱由校安排住进了慈庆宫。这样，朱由校就摆脱了李选侍的控制。

第一招失败了，李选侍又使出第二招——待在乾清宫不走了！见李选侍耍赖，杨涟、左光斗等大臣多次上奏，请求皇上促使李选侍搬家，说得文雅一点也就是"移宫"。李选侍当然不会坐以待毙，她主动派太监去叫朱由校，企图通过他来压制群臣。

乾清宫外景

谁知，她派出的太监被杨涟挡住，杨涟义正辞严地说："殿下在东宫时是皇太子，现在已经是帝王了，选侍有什么资格召见帝王！"

第二天，群臣齐集慈庆宫外，要求朱由校下诏令李选侍搬出乾清宫。杨涟提议由首辅方从哲去催促朱由校，方从哲说："迟搬几天也没什么要紧"。杨涟说："太子马上就要登基为天子，哪有天子住在太子宫里的道理！今天如果选侍还不搬出乾清宫，我们死也不会走！"其他朝臣也高声附和，朱由校于是下旨让李选侍移宫。在这种情势下，李选侍只得搬到宫妃养老处——仁寿殿哕鸾宫，"移宫案"就此结束。

慈庆宫侧景

# 明熹宗朱由校
## ——一个杰出的木匠

| | |
|---|---|
| 姓　　名： | 朱由校 |
| 职　　称： | 明熹宗 |
| 生　　卒： | 1605—1627年，享年二十三岁 |
| 最高职务： | 明朝第十五任帝王 |
| 就职年龄： | 十六岁 |
| 帝王工龄： | 七年（1621—1627年） |
| 荣誉称号： | 达天禅道敦孝笃友章文襄武靖穆庄勤悊帝王 |
| 老　　爸： | 朱常洛 |
| 老　　妈： | 选侍王氏 |
| 兄弟排行： | 老大 |
| 接班人： | 朱由检 |
| 最得意： | 自己亲手做出来的木匠成果 |
| 最遗憾： | 溺水染病而亡 |
| 最痛心： | 乳母客氏一度被逐出宫廷 |
| 最失意： | 儿子早夭 |
| 最擅长： | 木工活 |
| 现在住址： | 北京昌平十三陵德陵 |
| 个性签名： | 我选择，我喜欢 |

明熹宗朱由校像

## 锯子、斧子、刨子

明朝一共十六位帝王，都个性十足。有要饭当和尚出身的开国帝王明太祖；有为了争夺帝王位子跟侄子对抗的明成祖；有二十多年不上朝理事的明神宗；有不准人家卖猪肉、自封大将军的明武宗……当然，还有一个擅长木匠手艺的熹宗朱由校。别的帝王追求的是位子、票子、妃子，朱由校最感兴趣的却是锯子、斧子、刨子。

从历史的角度来说，当时大明朝外有金兵侵扰，内有农民起义，正是国难当头、内忧外患的时期，而明熹宗整天与斧子、锯子、刨子打交道，只知道制作木器，盖小宫殿，将国家大事置之脑后，这是典型的不务正业。但从人性的角度来说，帝王也是人，帝王也需要有自己的爱好，他们也渴望过一些寻常人的生活。

说来有趣，朱由校心灵手巧，自幼便有木匠天分，对制造木器有极浓厚的兴趣，凡刀锯斧凿、丹青揉漆之类的木匠活，他都要亲自操作。如果朱由校不是帝王的话，他会是一个杰出的木匠师，估计不比鲁班差多少。

玩也要玩出水平，朱由校不只是沉迷于刀锯斧凿油漆的木匠活，而且技巧娴熟，一般的能工巧匠望尘莫及。据说，凡是他看过一眼的木器用具、亭台楼榭，都能够自己做出来。凡是木匠活，他只要做起来就废寝忘食，乐此不疲。他手造的漆器、床、梳匣等，均装饰五彩，精巧绝伦。

史书上记载：明代天启年间，匠人所造的床笨重无比，不上十几个壮汉甭想移动，用料多，样式又极为普通。熹宗则是干一行爱一行精一行，他经常自己琢磨，设计图样，亲自锯木钉板，不惜花费一年多的时间，只为造一张床。你还别小看这床，不仅床板可以折叠，携带移动都很方便，床架上还雕镂着各种花纹，美观大方。当时的工匠见了，无不叹服。

天启通宝折十型雕母

除了床，明熹宗还喜欢做些小玩具。他做的小木人，男女老少都有，五官四肢无不备具，神态逼真，惟妙惟肖，巧夺天工。为了看看自己的成果是不是真的受欢迎，他派内监拿到市面上去卖，没想到大家都纷纷以重金购买。自己的劳动成果得到了大家的认可，这是最大的肯定和鼓励，熹宗高兴得不行，兴奋得一个晚上睡不着觉。

此外，熹宗的漆工活也做得不错，从配料到上漆，他都自己亲自动手。他做的木像男女不一，约高二尺，有双臂但无腿足，均涂上五色油漆，彩画如生，每个小木人下面的平底处均安一拘卯，

明朝天启瓷碗

用长三尺多的竹板支撑着。另外还有一个用大木头凿成的长宽各一丈的方木池，上面添水七分满，水内放有活鱼、蟹虾、萍藻之类的海货，使之浮于水面。再用凳子支起小方木池，周围用纱做成屏幕，竹板在围屏下游移拽动，这样就形成了水傀儡的戏台。在屏幕的后面，有一艺人随剧情将小木人用竹片托浮水上，游斗玩耍，鼓声喧闹。当时宫中常演的剧目有《东方朔偷桃》《三保太监下西洋》《八仙过海》《孙行者大闹龙宫》等，均装束新奇，扮演巧妙，活灵活现。熹宗做得如痴如醉，看得如醉如痴。

熹宗心灵手巧，亲手制作的娱乐工具也十分精巧。每到冬季，西苑冰池封冻，冰坚且滑，熹宗便叫一群太监一起玩冰戏。他亲自为自己设计了一个小拖床，床面小巧玲珑，仅容一人，上有一顶篷，涂上红漆，周围用红绸缎为栏，前后都设有挂绳的小钩，熹宗坐在拖床上，让太监们拉引绳子，一部分人在上用绳牵引，一部分人在床前引导，一部分人在床后推行。两面用力，拖床行进速度极快，不多时间就可往返数里。

除木工活外，熹宗还醉心于建筑，好盖房屋。朱由校曾亲自在庭院中造了一座小宫殿，形式仿乾清宫，高不过三四尺，却曲折微妙，小巧玲珑，巧夺天工。他还曾做沉香假山一座，池台林馆，雕琢细致，堪称当时一绝。熹宗常常在房屋造成后，高兴得手舞足蹈，反复欣赏，等高兴劲过后，又立即毁掉，重新制作，丝毫未感厌倦。而治国平天下的事，早就被他抛到脑后，无暇过问。

对于奸臣魏忠贤来说，这是个绝佳的机会。他常趁熹宗引绳削墨、兴趣最浓时，拿着公文请熹宗批示，熹宗觉着影响了自己的兴致，便随口说道："知道了知道了，你尽心照章办理就是。"

明朝旧例，凡廷臣奏本，必由帝王御笔亲批。若是例行文书，由司礼监代拟批问，也必须写上遵阁票字样，或奉旨更改，用朱笔批，号为批红。熹宗潜心于制作木器房屋，便把上述公务一概交给魏忠贤，魏忠贤借机排斥异己，专权误国，而熹宗耳无所闻，目无所见，大明王朝在他的这双天才木匠的手上摇摇欲坠。

## 大字不识一个的帝王

朱由校的生母孝和王太后和光宗的正宫孝元皇后郭氏分别先于万历四十七年（1619年）和万历四十一年（1613年）逝世。不久，光宗朱常洛驾崩，朱由校便成了孤儿，这在明代历史上还从未有过。而这个时候的朱由校，既没有被祖父神宗立为皇太孙，也没有被父亲光宗立为皇太子，更没有出阁读过书，说他大字不识一个一点也不假。

当初，爷爷神宗因为不喜欢光宗，所以对孙子熹宗也不咋地，始终不肯立这位长孙为太孙，也不肯让长孙出阁读书。直到临死前才留下遗嘱：皇长孙宜即时册立、进学。几天以后，光宗即位，朱由校自然应该由皇太孙变为皇太子。但是光宗对立太子的事也不热心，后来还

熹宗朱由校像

是在大臣的一再请求下，才下旨决定在九月初九日册封太子。可计划赶不上变化，九月初一那天，要立儿子为太子的朱常洛拍拍屁股升天了，所以朱由校皇太子没来得及做，书本一天也没好好读，就登基做了帝王。这如此特别的皇位继承者，明朝也就这么一个。

由于没有文化，斗大的字不识一个，熹宗只能靠听别人读稿来决断，别人读成什么就是什么，反正他也看不懂。可不管如何，他毕竟是个帝王，九五至尊，哪能听风就是雨，任别人摆布？所以，这个好面子的文盲帝王常常不懂装懂，一纸草诏、半张上谕，涂涂改改，最后弄得一团黑墨、文理不通。诏书每次颁发出去，都令朝野人士啼笑皆非。

一次,江西抚军剿平寇乱后上章报捷,奏章中有一句"追奔逐北"的话,意思是四处奔走,平息叛乱。熹宗身边的太监一不小心将这四个字念成了"逐奔追比",并解释为"追赶逃走,追求赃物"。熹宗一听,大发雷霆,江西抚军不但未得到奖赏,反而受到"贬俸"的处罚。

还有一次,扶余、琉球、暹罗三国派使臣来进贡。扶余进贡的是紫金芙蓉冠、翡翠金丝裙,琉球进贡的是温玉椅、海马、多罗木醒酒松,暹罗进贡的是五色水晶围屏、三眼鎏金乌枪等。邻邦友国进贡,而且进贡的都是些贵重礼物,朱由校原本应该隆重接待。后来在金殿上,尽管使臣递上的是用汉文写的奏章,宦官魏忠贤接了,由于他也是一个目不识丁的文盲,于是忙转手递给朱由校。朱由校接了过去,装模作样地看了半天,竟把进贡的奏章当成是交涉什么问题的奏疏,不由大怒起来,将奏章往地下一掷,说:"外邦小国好没道理!"说罢拂袖退朝,留下三国的使臣们在那儿丈二和尚摸不着头脑。

当天,纳闷的琉球使臣多方打听,才知道大明帝王不识一字,使臣们听了,差点没把大牙笑掉。第二天,熹宗搞清楚了情况,再次召见使臣。这回,知道帝王底细的使臣们早已没了往日的恭敬。也就是从这年起,外邦各国大都停止了进贡,因为没有人愿意在一个文盲面前服低。

## 帝王爱上奶妈

精神分析学大师弗洛伊德对"恋母情结"是这样解析的:在人类性心理的发展过程中,孩子的本能欲望,通过与异性家长的亲近而获得满足。"恋母情结"是男性的一种潜在心理倾向,一般情况下,会随着年龄的增长而淡漠。情况严重者,无论到什么年纪,都会依恋和服从母亲,在心理上永远不会"断乳"。迷恋母亲,成为一种情感包袱。这种男性,唯母亲马首是瞻,与妻子感情冷淡,如果妻子说母亲坏话,则会无法容忍。

明熹宗朱由校就是一位具有严重"恋母情结"的帝王。不同的是,他迷恋的不是生母,而是奶娘客氏。

万历三十三年(1605年),孝和太后王氏生下朱由校,客氏则被挑选进宫做了奶妈。客氏名巴巴,保定府定兴县

明天启元年青花烛台

朱由校像

人,丈夫叫侯二,长子叫侯国兴。进宫那年,十八岁的客氏生下一个女娃,但没过多久就夭折了。由于客氏肤肌白嫩,窈窕健美,容貌姣好,奶汁稠厚,便入宫当了奶娘。两年后,她成了寡妇,于是干脆也不回家了,定居北京。谁曾想,朱由校断奶后,仍离不开客氏,客氏也就留在宫中,继续照料朱由校的起居。

客氏美貌妖艳,在宫中本就不安分,魏忠贤先前侍奉过的太监魏朝,曾与客氏"对食"。什么叫对食?原来,宫中值班太监是不能在宫内做饭的,所以每到吃饭时间,只能吃自带的冷餐。而宫女则不同,可以自己起火,于是太监们便托相熟的宫女代为温饭。久而久之,宫女与太监结为相好,称作"对食",又作"菜户",与夫妇无异。明初,这种现象还是偷偷摸摸的,到了万历以后,则公开了。如果有宫女久而无伴,甚至还会遭到其他宫女们的耻笑。客氏先后对食的"菜户"有魏朝、魏忠贤。魏朝与魏忠贤为了得到客氏,还曾经起过争执,最后还是朱由校出面裁决,将客氏配给了魏忠贤。据一些笔记史料记载,客氏的私生活,并不仅限于魏朝与魏忠贤,她甚至可能与朱由校有染,即所谓"邀上淫宠"。

年纪轻轻的朱由校,对于三十几岁丰满美貌的客氏的诱惑,居然无法克制自己。熹宗即位后不到十天,就封客氏为奉圣夫人。此后,客氏与帝王出双入对,形影不离。当时,魏忠贤阉党势力逐渐膨胀,并与客氏勾结。群臣见势不妙,多次上疏要求熹宗把客氏赶出宫去。熹宗当然是一百个不愿意,刚开始故意推诿,说等到安葬了光宗再考虑。不久,光宗的丧事办完了,大学士刘一燝立即提出此事,熹宗迫不得已,让客氏出宫回了老家。

据《明史》记载,客氏一出宫,熹宗因思念不已而痛哭流涕,不吃不喝,竟然又把客氏召了回来。天启元年二月,帝王大婚,娶了张皇后。客氏自然必须回避,为安抚客氏,朱由校赏赐客氏田二十顷,提升她的儿子为锦衣卫指挥。

说来也奇怪，朱由校这么一个年纪轻轻，身体也没什么毛病，可对后宫的皇后和妃嫔却十分冷淡。然而到了客氏这儿就大不一样了，熹宗为此对客氏优容有加。如果客氏不是已婚入的宫，恐怕又是一个成化时代的"万贵妃"。客氏在朱由校做帝王期间，作为一个乳母所受到的隆遇，的确是空前绝后的。每逢生日，朱由校一定会亲自去祝贺。因为有帝王这棵大树，客氏也很嚣张，每次出入排场都很大，规格也极高，清尘除道，香烟缭绕，周边的人口里都得喊着"老祖太太千岁、千岁、千千岁"，呼声震天，即使是太皇太后出门也就这个排场了。

客氏恃宠而横，对朱由校的后妃们手段极为残忍。选侍赵氏，与客氏素不相容。客氏便与魏忠贤设计阴谋，假传圣旨，赐赵选侍自尽。赵选侍哪里知道这是一个圈套，于是谢主隆恩后恸哭一场、悬梁而死。裕妃张氏，因说话不小心得罪了客氏，客氏怀恨在心。张妃怀孕好几个月后，客氏在帝王面前煽风点火进谗言，说张妃怀的不是帝王的种。不管客氏说什么，熹宗都丝毫不怀疑，立即将张氏打入冷宫。打入冷宫也就算了，可心狠手辣的客氏居然还不让人送饭，张妃本来就有孕在身，哪里能经得起这种折磨，饿得不行的她全身无力，只得爬到房檐下接雨水喝，因为实在饿得不行，竟被雨水活活灌死。还有冯贵人，曾经劝熹宗停止"内操"，客氏得知后大为恼火，便诬陷冯氏诽谤圣躬，逼其自尽。好心的成妃李氏将这件事情告诉了熹宗，谁知熹宗毫不悲切，置之不理。客氏得知成妃告密后，又假传了一道圣旨，把成妃幽禁别室。成妃度日如年，只能靠预先藏的一点食物过活。半个月后，熹宗偶然向客氏问及成妃，才知道她被关了禁闭，成妃这才被放了出来，贬为宫女。这样的例子实在太多了，熹宗朱由校的后妃，大多惨遭客氏的毒害。对这一切，朱由校全然不理，姑息养奸，听之任之。

整个天启年间，客氏出入宫廷如入无人之境。但她明白，现在的一切都是因为有熹宗撑腰，一旦熹宗死了，自己便什么也没有了。因此，选择谁接替熹宗的皇位，便显得异常重要。

据说，客氏与魏忠贤处心积虑地想废除张皇后，然后以魏忠贤侄

明天启五彩八角形盘

天启年间官窑烧制的瓷罐

子魏良卿的女儿为后。但是，熹宗和张皇后毕竟是结发夫妻，颇有夫妇之情，所以客氏的离间计没能成功。客氏更害怕帝王的妃子产下皇子，母以子贵，从而抢走熹宗的宠爱，从而使自己失宠。因此，虽然朱由校生下了不少的皇子，但到头来全都早夭，一个也没留下。

据记载，熹宗总共有三个儿子。长子朱慈然，连《明史》都不知道他的生母是谁，这在《内起居注》颇详实的明代，是十分反常的。次子朱慈焴，慧妃范氏所生，未满一岁即夭折。三子慈炅，容妃任氏所生，未满一岁也死了。不难想象，这可能都是魏忠贤和客氏下的毒手。更有不少的皇子其实在胎中就已经遭到了客氏的暗算，如之前提到的裕妃张氏和小产的张皇后。

魏忠贤与客氏两人，一方面处心积虑地除去宫中一切可能对他们不利的因素，一方面向熹宗进献自己的养女，企图能生得一男半女。然而，魏忠贤与客氏的如意算盘始终没有得逞。所以，熹宗的去世，对于客氏的打击是非常沉重的。信王朱由检入宫即位后，客氏就再没有居留宫廷的理由了。九月初三日离宫的那一天，客氏五更时分便穿着丧服，来到熹宗的灵堂，拿出熹宗小时候的胎发、痘痂及指甲等物品，边烧边痛哭流涕，从此离宫而去。

两个月后，客氏被从私宅中带出，押解到浣衣局审讯，作恶多端的她最后也不得善终，被一阵板子活活打死。

但是多年以来，人们回想起来还是不禁思索，客氏为什么能够赢得朱由校的心呢？这就源于朱由校的"恋母"情结。由于朱由校的母亲早逝，奶妈客氏把他抚养长大。所以，他对比他大十八岁的客氏产生了一种特殊的感情——这就是明熹宗与客氏的畸形之恋。

## 失败男人背后的好女人

张嫣，小字宝珠，详符（今河南省开封）人，张国纪的女儿，明熹宗朱由校的皇后，即后来的懿安皇后。

体态顾秀、相貌丰整的张皇后十五岁入宫。入宫之后,她十分厌恶客氏。一次,她当面警告客氏,若不改过,定当严办。这件事让客氏和魏忠贤都非常害怕,所以总想借机报复。魏忠贤于是指使手下散布谣言,说皇后张嫣是盗犯孙二的女儿,而不是张国纪的女儿,孙二因为犯有死刑,就将女儿托付给生员张国纪。张国纪将这段隐情不据实反映,犯有欺君之罪。顺天府丞刘志选弹劾张后的父亲张国纪,御史梁梦环也乘机兴风作浪。幸好,熹宗惟一理智的地方,就是尚存一份夫妇之情,不至于因完全没有证据的流言惩办张皇后,而是果断地下旨谴责刘志选,使阉党不敢轻举妄动。

在张皇后看来,魏忠贤就是秦代的赵高,是一个阴险的阉宦。她曾多次在熹宗面前进谏,指出客氏和魏忠贤心谋不轨。有一次,熹宗去见皇后,见桌上有本书,便问那是什么书,张皇后说是《赵高传》。明代内宫后妃的必读之书是明太祖命儒臣编定的《女诫》,其要义在于禁止后宫干政,《赵高传》之类的史书并不是宫中后妃所必读或应当读的。张皇后这一举动,自然大有用意,即借赵高来譬喻魏忠贤,从而达到提醒熹宗的目的。

谁知熹宗当时的反应竟是沉默。他当然知道魏忠贤、客氏与张皇后是对立的。但他不愿惩办魏忠贤和客氏,也不希望魏忠贤伤害张皇后。魏忠贤得知此事后,大为恼火。第二天,熹宗在便殿搜出几个带着兵刃的人。皇宫里竟埋伏着歹徒,这可不是闹着玩儿的。熹宗大惊,将歹徒交给东厂审讯。谁知,司礼监秉笔兼掌东厂太监魏忠贤借机诬告张皇后的父亲,说张国纪企图弑君,然后立信王朱由检为帝王。假如这一阴谋得逞,那么张国纪、张皇后、信王朱由检将无一幸免,而魏忠贤也可一举除掉所有致命的对手。但是,当魏忠贤拿这件事和他的亲信王体乾商议的时候,王体乾提醒说:"皇上十分重视夫妇和兄弟间的情分,你这样做,一不小心反而惹祸上身。"魏忠贤听后觉得有理,便将那几个人处死,杀人灭口了却了此事。

虽然张皇后在此劫中平安无事,不过在遍布魏忠贤和客氏爪牙的后宫中,张皇后还是遭到了客、魏二人的

明熹宗皇后张氏像

明代天启年间青花人物纹罐

暗算。天启三年,张皇后有孕。有仇必报的魏忠贤和客氏便密令宫女在为皇后揉腰的时候下重手。一个年方十八岁的皇后,本是个善良的人,她当然不会意识到害人之举可能随时发生。宫女们果然在按摩的时候故意用猛力,导致张氏小产。

后来,张皇后在信王朱由检即位一事上,起了很大作用。熹宗临死前不久对张皇后说,魏忠贤告诉我说后宫有二人怀孕了,以后生男就立为帝王。张皇后表示反对,认为应当早立信王。信王想推辞,皇后说:"皇叔义不容辞,且事情紧急,恐怕发生变故。"信王这才愿意继承皇位。

不论小人如何从中作梗,熹宗对于张皇后始终爱惜有加。他临死时,将张皇后托付于弟弟朱由检,说:"你嫂子跟了我七年,常常进忠言,使你哥哥我获益颇多。我死以后,她还这么年轻就守寡了,实在可怜,你要好好照顾她。"此后,思宗对张皇后果然敬重有加,这不仅仅是因为哥哥的嘱托,而是因为张皇后确实值得人尊敬。

有一次,思宗的皇后周氏对思宗说周延儒人品如何不行,后宫议论朝政,思宗心中不满,便问周氏怎么知道的。周氏说是张皇后说的,思宗无话可说。

的确,张皇后聪明精干,性情严正。在明代后期混乱的局势中,张皇后始终清醒。例如,熹宗当政期间,她非常讨厌魏忠贤与客氏,对于魏忠贤的野心早有提防。在崇祯执政期间,她受到皇上的尊敬和礼遇,但她从不恃宠而骄,而是行为自律。此外,她爱憎分明,对于朝中大臣欺上罔下的行为非常厌恶。在百姓的眼中,张皇后有着极好的声望。因此,当李自成的农民起义军攻进北京城后,入宫的李岩第一个想到要保护的人便是张皇后。据说,李岩入宫,令宫女扶她上座,行九拜之礼,令人护卫。不过当天晚上,张皇后自缢而死。这一点也说明,身为亡国皇后的张嫣秉性何其严正刚直。

明亡后,据说有一个自称张皇后的女子向清朝投降。对此,清代学者朱彝尊曾作了一番辨别,说:"魏忠贤养女任氏,送给熹宗,被立为贵妃。农民军攻进北京后,流转民间,诈称熹宗皇后。被送往官府,光禄寺每月供养。人们所以都说熹宗张皇后失节。沉冤莫雪,故附白之。"从《明史》的记载看,张皇后确实是在大顺农民起义军进城之后自缢而死,享年三十八岁。

## 不忠 + 不贤 = 魏忠贤

魏忠贤,名不副实,既不忠又不贤。他年轻时是一个大无赖,偷鸡摸狗,吃喝嫖赌,无恶不作。经常在赌场里输得只剩一条裤衩,整日东躲西藏躲债主。然而躲得过初一躲不了十五,债台高筑的他没办法,只得一狠心一跺脚,改了姓氏,进宫当了个小太监。

魏忠贤没什么别的本事,唯一的拿手手段就是溜须拍马,善于投机。在朱由校还没登基前他认定这个皇子一定能当帝王。他打听到小太子很听奶妈客氏的话,就千方百计地讨好客氏。只要是奶妈的话小太子都一一照办,当然对奶妈介绍的魏忠贤也另眼相看。宫里太监最有权的部门是司礼监,司礼监中最有权势的又是秉笔太监,秉笔太监权力很大,甚至能替帝王起草诏书,魏忠贤早就看中这个位置。功夫不负苦心人,小帝王继位不久,就任命魏忠贤为司礼监秉笔太监,并赐名"忠贤"。这一来,魏忠贤终于梦想成真,扬眉吐气了。

毕竟是无赖出身,大权在握的魏忠贤便胡作非为起来。他和客氏不同,客氏的险恶,主要集中于宫中,受害的大多是些看不顺眼的宦官及后妃,而魏忠贤的险恶,主要肆虐于外廷,受害的多是些正直的士大夫。

魏忠贤坏是坏,但他不傻。他明白大权是帝王给的,跟谁闹不愉快都不能不同小帝王搞好关系。于是他派出爪牙四处寻找奇珍异宝和大量有趣的小玩意,献给帝王。

朱由校当时还是个十几岁的孩子,玩乐是孩子的本性,一看到这些好玩的东西,他自然眉开眼笑,好不高兴,一个劲地夸赞魏忠贤,不

> **魏忠贤生祠**
> 明末武清侯李诚铭出资为魏忠贤所建的生祠,崇祯即位后诛魏忠贤,改此祠为药王庙。

仅让他代替自己处理公文,还让他管理最大的特务机构——东厂。

一个人一旦发达了,就必定会有一批势利小人前来投靠,有几个被称为"五虎""五彪"的人竟厚颜无耻地认魏忠贤做干爹。这个干爹也的确需要这样一批死心塌地的爪牙,他将"五虎""五彪"等人纷纷安排在朝廷和地方上的高级职位。于是,以魏忠贤为首的"阉党"完全把持了朝政,小帝王无非是一个摆设。

一次,有一个官员拍马屁,称魏忠贤是"九千岁"。帝王也才万岁,魏忠贤就九千岁了,魏忠贤很高兴,重重赏了这个官员。从此,魏九千岁的称号一下子传开了,全国上下,妇孺皆知。

一个人拍了马屁得了重赏,其余的官员也不傻,都想尽办法来讨好魏忠贤,浙江巡抚竟在西湖边上造了一座魏忠贤的生祠!

祠堂历代都是人死后才修建的,而现在魏忠贤还好端端地活着,就有了祠堂受人供奉。生祠里有座魏忠贤的塑像,香烟缭绕,官员们都逐个行礼叩拜。魏忠贤当然高兴了,他一高兴,大家也都跟风。一时间,全国各地都建起了他的生祠,搞得跟供观音菩萨一样,哪儿都是他的"庙宇"。魏忠贤倒是高兴了,可老百姓就遭罪了,劳民伤财,苦到了极点。

**天启大铜钟**

北京怀柔红螺寺大殿内东侧悬挂,是红螺寺保留下来的一件重要文物。这口大钟为明代天启乙丑年(公元1626年)帝王御赐,名为"天启大铜钟",已有三百八十多年的历史。

魏忠贤领导的特务机构东厂更是一个残酷凶恶的地方。他总是担心天下有人反对他,就派出许多特务在全国各地刺探消息,不断向他报告有谁说了不敬他的话,有谁干了反对他的事,然后立刻逮捕起来,关在东厂里。东厂阴森恐怖,打手、爪牙一个个像凶神恶煞一样,只要抓进去,不分青红皂白就是一顿严刑拷打,进去了就别想活着出来。在魏忠贤手下,东厂就像一个人间地狱。

世上的人总是有忠有奸,以杨涟和左光斗为首的忠臣冒死上书,列出魏忠贤的二十四条罪状,而且每个罪名下都有事实作证。然而这份奏章很快传到一手遮天的魏忠贤手里,魏忠贤一看,吓出一身冷汗,直叹运气真好,奏折没有落到皇上手里。

害怕归害怕,魏忠贤马不停蹄地召集宫内的心腹,又将客氏请来,密谋了半天,然后分头行动准备陷害杨涟和左光斗。

魏忠贤和客氏跪在小帝王面前泪流满面。小帝王问缘由，他们便说："皇上，请给我们做主，现在朝廷杨涟等人联名上书，辱骂为臣和皇上，他们嫌为臣权利太大，气急败坏要离间我们君臣。"魏忠贤的演技果然高明，一把鼻涕一把泪，小帝王于心不忍，接过魏忠贤递上的奏章。这个大字不识的朱由校装模作样地看着，其

魏忠贤扩建的碧云寺

实看了也等于白看。魏忠贤和客氏是他最信任的两个人，所以他也没多想，你说什么就是什么，立刻传令让魏忠贤处理这个事情，并下旨严厉斥责杨涟等人。

有帝王做后台，魏忠贤当然无所顾忌，立刻吩咐他的手下逮捕了杨涟、左光斗等人，掀起了一片腥风血雨。杨涟和左光斗虽然被关在东厂大牢里，受尽酷刑，但他们一身正气，始终不肯认罪，他们相信恶人有恶报，魏忠贤则想尽办法折磨他们，最后将他们杀害。

后来上台的崇祯帝王是个想有一番作为的帝王，他深知魏忠贤是个大奸臣，所以上台第一件事就是罢了魏忠贤的官，赶出京城，并把他的心腹一个个都杀了，大快人心。魏忠贤为非作歹的日子终于走到了头，他灰溜溜地离开北京，后来畏罪自杀。

## 诡秘——北京大劫难

明朝天启年间，也就是明熹宗天启六年（1626年）五月初六，明朝故都北京城西南王恭厂（今宣武门）一带大约七百五十米、面积2.25平方公里的地区，发生了一场奇怪而又破坏惨重的大爆炸，这场大爆炸突如其来，其惨烈、诡秘世所罕见，使人闻而骇然，听而悚然。事发端倪，至今难解。

那天清晨，北京的天空十分明亮。忽然，一声如吼的巨响从东北方渐渐传到京城的西南角，一个特大的火球在空中滚动。天空中，丝状、潮状的五色乱云四处横飞，

有大而黑的蘑菇、灵芝状云柱直竖于城西南角。顷刻间，只听又是一声惊天动地的大爆炸，整个世界仿佛天崩地塌一般昏黑如夜，房屋坍塌而形成的烟气直冲上天，许久不散。东自顺城门大街，北至刑部街，方圆二十三里，上万间房屋瞬间夷为平地，两万余人瞬间淹没在巨大的尘土里，破碎的瓦砾从空中落下，人的人头、手臂、腿、耳、鼻等也都纷纷从空中掉下，支离破碎。

据说，在爆炸之前还有奇怪的征兆出现。据《明宫史》记载，在大爆炸前的夜里，前门角楼出现"鬼火"，发出青色光芒，有好几百团之多，飘忽不定。不一会儿，鬼火合并成一个耀眼的大团。《天变邸抄》中记载：在事发之前，后宰门的火神庙中忽然传出音乐，声音一会儿细，一会儿粗。守门的内侍刚要进去查看，忽然有个类似大火球一样的东西腾空而起。俄顷，东城发出震天的爆炸声。

当时，本来天空晴朗，忽然就听到一声巨大的轰雷响起，"隆隆"地在大地上滚过，声音震撼天地。只见从东北京城的西南角，涌起一片遮天盖地的黑云。不大一会儿，又是一声巨响，天崩地裂。顿时，天空变得漆黑一团，伸手不见五指。东至顺成门大街，北至刑部街，长三四里，方圆十三里，万余间房屋顿时变成一片瓦砾。两万多居民非死即伤，断臂者、折足者、破头者无数，尸骸遍地，秽气熏天，满眼一片狼藉，惨不忍睹，连牛马鸡犬都难逃一死。王恭厂一带，地裂十三丈，火光腾空。东自通州，北自密云、昌平，到处雷声震耳，被损坏的建筑不计其数。老百姓有侥幸活命的，也都是披头散发，狼狈不堪，惊恐万状。举国上下，陷入一场空前的大灾难之中，谁也不知道究竟发生了什么事情。不久，又见南方的天空上，一股气直冲入云霄，天上的气团被绞得一团乱，演变成各种奇奇怪怪的形状，有的像乱丝，有的像灵芝，五颜六色，千奇百怪，许久才渐渐散去。

爆炸发生的时候，明熹宗朱由校正在乾清宫用早餐。突然，一声震彻天地的巨响震得大殿都摇晃起来。熹宗不知发生了什么事，还以为是有人向宫殿打火炮。惊吓之下，顾不得帝王的仪容，发了疯似地往外逃。跑出门后，慌不择路，拼命向交泰殿奔去。身边的侍卫们也都惊得不知所措，不知道发

◎ 明代王恭厂旧景

所在地现为宣武门旧址，该地现已无遗迹可觅，但地名尚存。

生了什么事情。有一个贴
身小太监紧跟着熹宗向交
泰殿跑。不料，跑到建极
殿旁的时候，突然从上空
飞下一片琉璃瓦，正好砸
在这个小太监的头上，当
即脑浆迸裂，倒地而亡。
熹宗一见，骇得目瞪口呆，
直跑到交泰殿，钻到大殿
一角的一张大桌子下才回
过神来。大爆炸的消息迅
速传遍全国。全国上下震骇
至极，人心惶惶。

德陵前门

古代的人们都相信"天
人感应"学说。这种学说在
明朝尤为流行，上到天子王
公，下到黎民百姓都相信：
如果国家政治清明、百姓安
康，上天就会降下祥瑞以示

德陵远景

鼓励；如果国家政治腐败、忠奸不分、黎民困苦，上天就会降灾难以示警告。因此，
很多人都认为这次大爆炸就是上天对当今帝王的警告。而明朝天启年间的政治也确
实是昏庸至极。于是，王公大臣们纷纷上书，要求熹宗帝匡正时弊，重振朝纲。

熹宗见群情激愤，而且这件事情发生得也实在是既诡秘又恐怖，于是下了一道"罪
己诏"，表示要"痛加省醒"，并告诫大小臣子，"务要竭虑洗心办事，痛加反省"，
希望借此能使大明江山长治久安，"万事消弭"。同时，熹宗还从国库中拨出黄金
一万两救济灾民，并派出京兆一带的官员，负责查明爆炸发生的前因后果。

后来经过调查，人们发现这次大爆炸的确有点蹊跷：一是在爆炸发生之前出现
了很多奇怪的征兆。二是爆炸中有许多人离奇失踪。有一位新任总兵拜客，带着七
名跟班衙役走到元宏寺大街时，听到一声巨响，竟然连人带马都消失得无影无踪。
爆炸发生后，西会馆的塾师和学生一共三十六人也全都不见了踪影。还有几个抬着
大轿子的人在承恩街上行走，爆炸之后，大轿被毁坏，留在原处，而轿子里的人和

八名抬轿的轿夫却都不知去向。更为奇怪的是，菜市口有个姓周的人，正站着与别人说话，爆炸后，居然头颅不见了，尸体却还在地上，同他说话的那几个人都没事。

最为奇怪的是，这次爆炸中的遇难者，不论男女，不论死活，不管是在家中还是在路上，都被脱光了衣服，全部赤身裸体，一丝不挂。后来人们发现，这些被脱去的衣服全都飘到了离爆炸发生地十几里处的西山一带，都挂在树梢上。此外，还有大量的器皿、衣服、首饰、银钱竟然全跑到了昌平县的校场一带。也许这里面有古人渲染的成分，但从记载来看，这种奇怪的现象应该不会是捕风捉影的。

明熹宗朱由校

在爆炸发生时，有许多大树被连根拔起，落在远处。连石驸马大街上的一尊千斤重的大石狮子，居然也被一卷而起，落在十几里外的顺成门一带，猪马牛羊、鸡鸭狗鹅更是纷纷被卷入云霄中，又从天空中落下。长安街一带，在爆炸发生后，从天上落下许多人头，德胜门一带落下的四肢最多。这一场碎尸雨，一直下了两个多小时。木头、石头、人头、人臂以及缺胳膊断腿的人、无头无脸的人，还有各种家禽的尸体，纷纷从天而降，场面骇人听闻。

那么，这次奇怪的大爆炸到底是怎么回事呢？当时的人都认为是上天降下的灾异。后来人们为了弄明白灾变的真相，特意在1986年即天启灾变三百六十周年的时候，召开了一个专门的研讨会。会上，人们提出了地震说、火药爆炸说、飓风说、陨星说、大气静电酿祸说、地球内部热核高能强爆动力说、陨星反物质与地球物质相逢相灭说等诸多不同说法。但是，无论哪一种说法都未能完全解释爆炸发生时的诡异之处。

通古斯大爆炸发生后的现场

明熹宗 朱由校

红夷大炮是在明代后期传入中国的。红夷者红毛荷兰也,因此大部分人认为红夷大炮是从荷兰进口的,其实当时明朝将所有从西方进口的前装滑膛加农炮都称为红夷大炮,明朝官员往往在这些巨炮上盖以红布,所以讹称为"红衣"。这次大爆炸发生的地点正好处于京城的军火厂一带,当时驻守京城的三大营、五军营、三千营、神机营等明军主力部队都已开始使用火器,有的还配有先进的红衣大炮。当时的王恭厂就是为这些军队制造火药和炮弹的军火场。据此,有人提出,这次大爆炸并不是什么奇怪的灾变,而是一次军火库爆炸事故。各种典籍中的记载之所以那么奇怪,是因为当时的人们都没有见过如此威力大、如此集中的爆炸事故。各种奇诡的征兆极有可能是当时人们的一种夸大和演绎。

但是,这种说法也无法完全服众,有三位美国科学家根据当时的历史记载,结合现代的科学技术,对比分析了前苏联发生的通古斯大爆炸发生后的现场情况,提出这次爆炸是因为一个由反物质组成的陨石,意外地闯入太阳系,落到北京王恭厂一带撞击而引发的灾难。但是,如果这次大爆炸是由反物质引发的,又没办法解释爆炸中"不焚寸木"的现象。因此,至今人们仍没法为这次大爆炸找出一个合理的解释,谜底的解开似乎还需要进一步探索。

## 其实不想走,其实我想留

1627年八月,明熹宗在两大毒瘤客氏和魏忠贤的陪同下,来到宫中的西苑乘船游玩。他三人正在桥北浅水处的大船上饮酒作乐,好不自在。

当时,朱由校喝了点酒,便要与魏忠贤及两名亲信小太监去深水处泛舟。谁知就在这泛舟的当儿,一阵狂风袭来,刮翻了小船,朱由校不小心跌入水中,差点被

德陵墓葬处

淹死。后来，虽然他被人救起，但是心里受了严重的惊吓，落下了病根。经多方医治无效，身体每况愈下。

后来，尚书霍维华进献了一种名叫灵露饮的"仙药"，说吃了后能够药到病除、健身长寿。反正不吃也是死，吃了说不定还真管用，朱由校便一口服下。哪曾想，这药味道清甜可口，一吃就上了瘾，于是每天服用。吃了几个月后，问题出来了，朱由校的肚子一个劲儿地胀气，接着浑身上下起了水肿，甚至卧床不起。

到即位的第七年，天启帝王的病情更加严重了。八月十一日，他预感到自己来日不多，便召弟弟朱由检入卧房，说："吾弟当为尧舜。"命他继位。第二天，又召见内阁大臣黄立极，说："昨召见信王，朕心甚悦，体觉稍安。"或许是回光返照，第三天，明熹宗朱由校便在乾清宫一命归西了。

《明史·卷二十二·天启帝本纪》这样评价说："熹宗在位七年，妇寺窃权，滥赏淫刑，忠良惨祸，亿兆离心，虽欲不亡，何可得哉？"

朱由校死后葬在北京昌平德陵，庙号为熹宗，又称为天启帝王，卒后谥号为"达天禅道敦孝笃友章文襄武靖穆庄勤悊帝王"。他没想到的是，死后仅十多年的时间，朱明王朝就灭亡了，他更没意识到，他就是那个加速大明王朝灭亡的元凶。

## 明思宗朱由检
### ——不是亡国之君的亡国悲剧

| 姓　　名： | 朱由检 |
|---|---|
| 职　　称： | 明思宗，后改毅宗、怀宗 |
| 生　　卒： | 1610—1644年，享年三十五岁 |
| 最高职务： | 明朝第十六任帝王 |
| 就职年龄： | 十八岁 |
| 帝王工龄： | 十七年（1628—1644年） |
| 荣誉称号： | 绍天绎道刚明恪俭揆文奋武敦仁懋孝烈帝王 |
| 老　　爸： | 朱常洛 |
| 老　　妈： | 刘贤妃 |
| 兄弟排行： | 老五 |
| 接 班 人： | 无班可接，也无人可接 |
| 最 得 意： | 铲除魏忠贤 |
| 最 遗 憾： | 幼年丧母，手刃亲女 |
| 最 痛 心： | 亡国自杀 |
| 最 失 意： | 面对内忧外患，自己无力回天 |
| 最 擅 长： | 猜忌 |
| 现在住址： | 北京昌平十三陵思陵 |
| 个性签名： | 尽人事，听天命 |

明思宗朱由检像

## 最后一个演员登场了

明天启七年（1627年）八月二十二日下午，年仅二十三岁的熹宗朱由校卧病两个月后一命归西。不久，司礼监秉笔太监涂文辅带领着一队仪仗出了宫门，直奔朱由检的信王府。不多时，一个十七岁的青年在大家的簇拥下，踏进紫禁城，登上了皇位——他就是明思宗朱由检。

朱由检的父亲朱常洛虽然生了五个儿子，但长大成人的只有朱由校和朱由检两个。朱由校嫔妃成群，但是却连半个儿子都没有。这样，没有任何悬念，朱由校一旦不在了，皇位的唯一继承人只能是老五朱由检。所以，对天命的降临，朱由检不能说没有思想准备。

明崇祯年间钱币

别看朱由检只有十七岁，但是他比大哥成熟得多。

朱由检的母亲刘选侍，在进宫前就不是什么高官的女儿，进宫后也从来没有得到过皇上的特别待遇，其实也就是平淡无奇的一个人。朱由检出生后，他爸对他母亲就非常不好，后来便一命呜呼了，还是四岁的朱由检就成了没妈的小草——好端端的一个女人怎么说死就死了呢？有传言说，刘选侍是被性格忧郁、脾气暴虐的朱常洛殴打致死的。也就是说一起家庭暴力事件夺走了朱由检的母爱，那时候他才四岁，四岁的事情很难有人记得，因而在他的记忆中，关于母亲的印象是一点没有，他常常为此感到痛苦不堪。

母亲死后，朱由检被李选侍（东李）抚养长大。同样叫"李选侍"，可光宗喜欢的是西李，而不是这个东李，所以可怜的东李一直没有生育。在古代，一个女人的使命也就是相夫教子，如果得不到丈夫的关怀，那她只能将一个女人的爱全部倾注在朱由检身上。

朱由检长大后，李选侍将朱由检生母的事情告诉了他，朱由检对李选侍当然是感恩戴德。童年的不幸使朱由检很早就懂事了，也就是现在说的早熟。

作为一个皇子，他在宫中时也曾与哥哥朱由校一起玩耍，哥哥的骄傲、任性他是非常了解的，客氏和魏忠贤的擅权乱政，朱由检也都看在眼里，记在心里。所以，在这样一个生活环境中，朱由检不得不少年老成。

朱由检被迎进文华殿后,群臣朝见新君,并献上《劝进表》。朱由检是个很懂得逊让的人,直到大家第三次上《劝进表》,他才表示愿意接受天下臣民的请求,即帝王之位。随后内阁提出了四个年号供他选择,这四个年号是"乾圣""兴福""咸嘉""崇祯"。朱由检沉吟了一下说:"乾圣,乾为天,圣字我可不敢当;兴福,中兴固然好,我怕是不能胜任;咸嘉,咸字右边有一'戈',现在当务之急是息止干戈,还是不用为好,就用崇祯吧。"

## 朱老五对决魏忠贤

明思宗朱由检从兄长手中接下来的不仅仅是一张龙椅,更是一个烂摊子——一个只保留着明朝强大躯壳的腐朽政权。满目疮痍、百废待兴,可以说是当时情况的真实写照。千头万绪,从何做起?"新官上任"的朱由检心里早有打算。他明白,第一个应当搞定的就是天怒人怨的客、魏集团。

一边是刚上任的新帝王,一边是旧顽固势力,要清除魏忠贤还真不是说说那么容易的。整个朝廷上下都是魏忠贤的狐朋狗党,而崇祯自己连一个帮手都没有,操之过急只能打草惊蛇,要是真把魏忠贤给惹急了,形势是大不利的,所以他要谨慎、耐心地等待时机,伺机而动。

虽然说魏忠贤占据了不少优势,但是自从朱由检即位之后,客、魏集团也是十分恐慌的。再怎么说,帝王总是帝王,而魏忠贤不过是个善于钻营的太监。于是,为了试探新帝王朱由检的态度,魏忠贤故意提出辞去东厂职务,试探对方怎么接招。

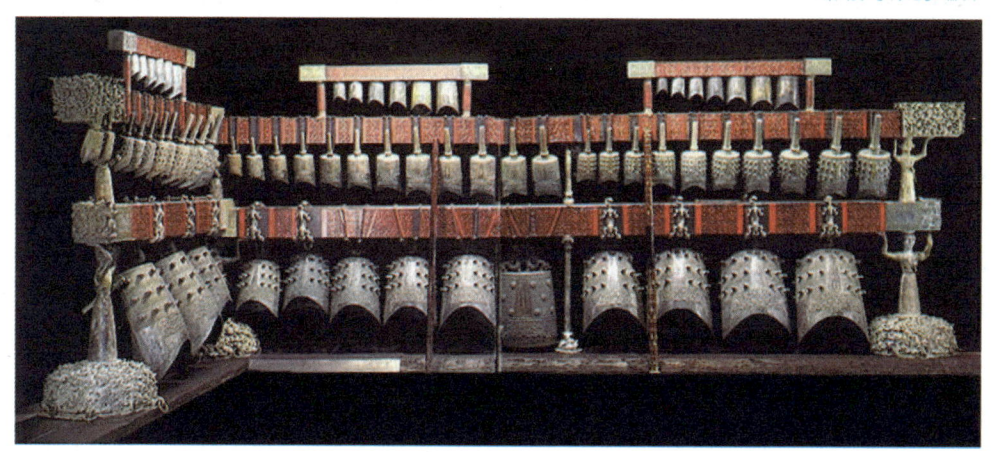

崇祯时期的编钟

崇祯书法

朱由检不傻，而且还很聪明，他当然没有批准。这就等于告诉魏忠贤，我对你没有敌意，你好好呆着，该干什么你还干什么。

所谓大树底下好乘凉，没有了大树作为后盾的客氏见魏忠贤安然无恙，于是东施效颦，也提出出宫。出乎意料的是，朱由检竟然同意了，而且是马上就同意了。这下可把客氏气坏了，不过靠山无靠之后的她应该早已猜到这种收场。第二天，天还没亮，客氏痛哭一场，离开了紫禁城，住进朱由校曾经赐给她的府第里。

魏忠贤依旧风光如故，魏忠贤的得力手下王体乾、李永贞也同样得到了朱由检的信任，九、十两个月的登基恩赏都赏进了他们的腰包。这估计就是传说中的以退为进，欲擒故纵吧。而另一边，朱由检也极力培养自己的党羽，从他信王府里出来的太监徐应元、曹化淳等都占据了要职，而且比魏忠贤更加得宠。

然而，总是有一些投机分子，他们的嗅觉比警犬还灵敏。朝廷中那些魏忠贤的党羽早就预感到形势将要发生变化，心神不定的他们一点儿也不笨，给自己找条后路就成为他们的当务之急。于是，魏党内部出现了分化。任何组织，一旦内部发生了变化，离溃散也就不远了。这样一来，形势开始明朗起来。

不久，魏党的首恶分子杨维垣上疏弹劾同党的崔呈秀，上告他专权乱政。崔呈秀慌了，要求回归原籍守孝，朱由检并不放他走。接着，杨维垣再次弹劾崔呈秀通内，这样自然又连累到了魏忠贤。不仅如此，杨维垣还上疏弹劾了其他几个魏党内部的人物。然而这个时候的朱由检，则依旧按兵不动，一直保持着沉默。

与此同时，独立于魏党之外的下级官员也开始行动起来。工部主事陆澄源也参劾了崔呈秀，而且牵涉到了魏忠贤建造生祠的问题。朱由检城府果然了得，依旧不动声色，表面上他责怪陆澄源越位擅言，但心里却比谁都高兴，这才批准崔呈秀回老家。紧接着，兵部主事钱元悫也不拐弯抹角了，直接弹劾魏忠贤，其言词之激烈，令天下为之一震。随后，海盐贡生钱嘉徵也上疏，将魏忠贤的滔天罪行做了个表格，细分成十项，呼吁并请求皇上将魏忠贤明正典刑，以泄天下之愤。

朱由检也不急，他让人拿着这本奏章，让人读给不怎么识字的魏忠贤听。魏忠贤知道事情不妙，马上借口自己得了重病，要辞去东厂首领的职务。朱由检同意了，让他出宫好好调理，然后传令将魏忠贤集中在宫中内槽的军士解散。一颗大毒瘤就这么成功地清理掉了。

解散了内操，驱逐了客、魏后，朱由检没有了顾虑，开始放手大干。他首先点了几个魏党首要分子的名，下令吏部调查崔呈秀等人的罪行。同时，撤回各镇监军太监。其次发布上谕，公布魏忠贤的罪行，将客、魏两家的家产全部没收，分封的爵位全部革除，子孙后代等全部充军。而罪魁祸首魏忠贤，

明崇祯刊本《历代名臣奏议》中的一页

本应该立即寸磔（"寸磔"就是每隔一寸剐上一刀的意思，就是常说的"千刀万剐"）以谢天下，然而重兄弟之情的崇祯念在哥哥也就是先帝朱由校还没有出殡，所以决定姑且安置在凤阳，相当于今天的缓期执行。

这个决定当然不能让魏忠贤知道。此时的魏忠贤正在离开北京的路上，而且还带着许多人和车辆。朱由检以此为理由，令兵部差人将魏忠贤押解到凤阳。魏忠贤一行人走到阜城县，听说朱由检的命令，知道这是末日到来的信号，当晚便在旅社里畏罪自杀了。

崔呈秀在蓟州家中听到魏忠贤的死讯，害怕极了，也自缢身亡。随之，客氏也被押往浣衣局，被活活打死。之后，发配充军的客、魏两家子孙也都被斩首。朱由检在这场与客魏集团的PK中大获全胜，为大明帝国清除了最大的隐患，显示了他不可低估的政治才能。

老魏是除掉了，但把持朝政的魏忠贤党羽的势力仍然是比较强大的。当时，内阁、六部、各院寺首脑都是魏忠贤的死党，身居要职的都与魏忠贤有或多或少的瓜葛。为了保护同党，杨所修、杨维垣、安伸、贾继春等人以弹劾魏忠贤的功臣自居。朱由检一下子找不出铲除他们的理由，为了维持现状继续压抑东林党人，便暂不追究。

但朱由检明白，这些人如果不尽快摆平，他是无法高枕无忧的。没等多久，他便下令逮捕了魏忠贤的主要爪牙"五虎"和"五彪"，交司法部门议罪。从天启七年十二月到崇祯元年（1628年）五月，朱由检亲自主持选拔了四批共一百三十二个给事中、御史。这些新进言官除个别人依附魏忠贤外，其余都是与魏党无关的人。他们以清除魏党为己任，言路渐趋清明，朱由检因此了解到了更多的真实情况。对被魏忠贤害死、削夺的官员，该平反的平反，该起用的重新起用。

## 由检由检，一切从俭

朱由检历来奉行勤俭节约。由于国家财政困难，他多次减少皇室开支。按惯例，帝王和后妃的衣服穿一次就要换，所以，后宫库内堆积如山的箱子里装的全是历代帝后的衣物。朱由检觉得这样不好，太浪费了，于是下令，改成一个月换一次。

为了改变这一积重难返的习惯，他以身作则，亲自带头穿经过浆洗的旧衣，他的老婆周皇后有时还亲自动手洗衣服。为崇祯讲课的大臣曾经看到过他衬衣的袖口都磨烂了，还掉着线头，可是他依旧穿在身上。知道的说他是皇上，不知道的还以为他是哪家的穷书生呢。

明崇祯钱币

皇宫本就是奢侈之地，朱由检决定宫中旧有的金银器皿都摒弃不用，也不再制造新的，到最后，许多金银制品都拿到银作局化掉充饷了。朱由检当政十七年，宫中没有进行过任何营建，节省了大量经费开支。有时他看奏章到深夜，肚子饿了，就让太监拿几个零钱去买点宵夜。宫中原有的大批宫女，也都被大批量裁员，遣出皇宫。

可以说，朱由检的勤政超过了明朝任何一个帝王，工作起来废寝忘食，不分昼夜。白天时，在文华殿批阅奏章，接见群臣；晚上在乾清宫看奏章，军情紧急时连续几昼夜都不休息。

朱由检也挺简单，也没有什么特殊的嗜好，吃穿用住概不讲究，犬马声色均不沾身。他登基之后，有天晚上在文华殿批阅奏章，忽然闻到一股特殊的香味，随之觉得血液沸腾，阳兴思春。他觉得奇怪，仔细搜索殿内，最后发现一个小太监坐在大殿角落里，香味是从他手中的那炷香中发出的。经过盘问，才知道这是宫中旧规，那香是特殊秘方配制的。朱由检感叹父兄们都是被这个给耽误了，于是立即斥责内侍毁掉这些秘方，再也不许制造和使用。朱由检的嫔妃很少，这与历代君王夺天下女人以自用的情况比较起来，简直是天壤之别。

明思宗朱由检

## 十八年你没有听我一句话

朱由检的皇后周氏先祖是苏州人,后来徙居大兴(今北京大兴)。天启年间被选入信王朱由检府邸,后被册封为信王妃。1628年,信王即帝位,是为明思宗,周氏遂被立为皇后。

周皇后是个性情严慎、明理知情的人。她执掌六宫后,吸取了前朝经验教训,将后宫管理得有条不紊,后妃关系十分融洽。安定的后宫才能使思宗专心治理熹宗留下的满目疮痍、百废待兴的烂摊子。

田贵妃受思宗宠幸,便得意忘形,与后宫嫔妃大多不和,周皇后常用礼仪约束田贵妃。有一年元旦,天气十分寒冷,田贵妃来朝见周皇后。周氏为了调教她,有意拖延时间,让田贵妃在外冻了很久,才让她进宫,进宫以后又过了很久,方从内室出来。她坐在御座上受田贵妃的朝拜,但却没有任何表示,两人对坐了很久一言不发。田贵妃只好乘兴而来,扫兴而去。过了不久,袁贵妃也来朝见,周皇后热情地接待了她。两人一见,欢声笑语,说个没完没了。

田贵妃听说后,对周皇后痛恨极了,于是跑到思宗那里连哭带闹告起了御状。枕边风吹多了,崇祯帝对周皇后就有了误解。有一次,思宗在交泰殿与周皇后言语不合,盛怒之下把周皇后推倒在地。周皇后以绝食表示抗议。思宗事后深表悔恨,派人给周皇后送去好礼,并且问及起居,以表示委婉的道歉。

没过多久,周皇后和崇祯帝在永和门赏花,玩到高兴时,周氏启奏思宗,请求把田贵妃找来一起玩赏,思宗说什么也不答应。周皇后很诚恳地说:"以前我那样对待田贵妃是为了折一折她的傲气,既是为她好,也是为大明江山社稷着想,并没有私怨在里边。"但思宗还是不答应这个请求。最后周皇后索性说:"这事我做主了,赶快派人用车把田贵妃接来一起玩。"两人相见,捐弃前嫌,相好如初。思宗见了,大为开心,一帝、一后、一妃,三人玩得非常开心,后宫矛盾也随之少了。

田氏祖籍陕西,后来移居扬州。父亲田弘遇,为人豪爽,行侠仗义,由于女儿是皇贵妃,他也升官至左都督。田氏

明思宗皇后周氏像

明崇祯年间青花人物瓶

人长得纤细娇妍,心灵手巧,多才多艺,但她性格内向,不苟言笑。朱由检做信王时,她便嫁进王府,崇祯元年(1628年)封理妃,不久晋升皇贵妃。

后来,田氏为帝王生下了永王慈炤、悼灵王慈焕、悼怀王及皇七子。这些皇子除四皇子永王慈炤在京城沦陷后不知所终外,其他王子都早早夭折。田贵妃因为三个孩子连续夭折,悲伤过度而病死,谥"恭淑端惠静怀皇贵妃"葬在思陵。田氏先于明王朝而亡,所以是寿终正寝、安然入葬,而不像周皇后、袁贵妃那样临乱自尽、草草殡殓。

虽然后宫矛盾减少了,但是前朝遗留下来的矛盾日益突显,努尔哈赤建立的后金政权日益强大,国内农民起义时有发生。有一次,京师告急,周皇后曾婉转进言说:"我在南方尚有一家居室"朱由检想详细问清楚,但皇后不愿多讲,大概是为了提醒朱由检南迁。

崇祯十七年(1644年)三月十八日,京城被李自成的大顺农民军攻陷,紫禁城内一片混乱。朱由检哭着对周皇后说:"大势去矣!"周皇后顿足说道:"贱妾侍奉陛下已经十八年了,十八年来,你没有听进去我一句话,所以才有今天!"说着抱着皇太子、二皇子大声痛哭起来,然后派人将二位皇子护送出宫。朱由检随后令周皇后自裁,周皇后自缢,以身殉明。

## 越测越伤心

明朝末年,闯王李自成率领义军兵临北京城下,明思宗朱由检感到末日来临,惶惶不可终日。

传说有一天,他微服走出紫禁城,想找个相命测字的先生占卜一下大明的命运。朱由检刚出紫禁城门,一位测字先生便迎面而来。见这位先生白面微须,一副智者神态,崇祯立即叫住测字先生为他占卜。他拈了一字,对测字先生说:"测个'有'字。"

测字先生细细地打量了一下朱由检,沉吟半晌,说道:"敢问这位大人,您是问个人前程呢?还是问江山社稷?"朱由检听了,不由一怔,眉头微微一皱,说道:"就问后者吧!"测字先生说:"这个'有'字,上部是'大'字少一撇,下部是'明'

字缺'日',这对社稷不利,大明江山恐怕要去掉一半……"听到这里,朱由检喝住测字先生:"我测的是'朋友'的'友'字。"测字先生不慌不忙地答道:"这个'朋友'的'友'字嘛,是'反'字出头,这闯贼兵临城下,恐怕要出头了……"朱由检脸色苍白,厉色喝道:"我测的是'酉时'的'酉'字。"测字先生听后,细细一算,故作惊慌地说:"不瞒大人,这我可不敢说了!"

朱由检见状,也一脸紧张,但仍故作镇静地说:"但说不妨。"

测字先生凑近朱由检,故作神秘地说:"'尊'字砍头去足就是这个'酉'字啊!'尊'乃九五之尊,指的是皇上,如果你测的是'酉'字的话,那恐怕皇上会凶多吉少啊!"

朱由检听后脸色煞白,据说他扔下一锭银子,便踉踉跄跄地奔回皇宫,处理大明后事。而这位测字先生传言就是闯王手下有名的谋士牛金星。

## 一个王朝的末路

朱由检的性格相当复杂,在拔除魏忠贤时,他表现得沉着机智,平时也勤政节俭,但在后来的一些事情上却又表现得相当愚蠢。

为了剿灭流寇,十三年中崇祯频繁更换围剿农民军的负责人,这些人大都表现了出色的才干。崇祯帝王还不断地加赋税,民间称呼他为"重征"以代替"崇祯",这也使得明末农民起义如野草一般不但烧不尽,而且春风一吹,又生出许多。

朱由检像

虽然明思宗期盼着明朝能在他手中迎来"中兴",无奈积重难返,天下饥馑,疫疾大起,各地民变不断爆发,北方皇太极又不断骚扰入侵,加上明思宗求治心切,生性多疑,刚愎自用,因此在朝政中屡铸大错——前期铲除专权宦官,后期又重用宦官。在众大臣的吹捧下,崇祯高估了袁崇焕,误信了袁崇焕"五年复辽"的大话,以倾国之力打造了一条宁锦防线。这个姓袁的发疯,崇祯也跟着发疯;崇祯帝王没想清楚,那问题就严重了。直到三年后,满清从蒙古绕了过来,明王朝面临没顶之灾,袁崇焕终于为自己的大话付出了沉重的代价,崇祯也为听信袁崇焕的话付出了沉重的代价。

严重的内忧外患把朱由检搞得焦头烂额，精疲力竭。眼看着满朝文武结党营私，不以帝国的命运为重，他非常苦闷。自崇祯十五年（1642年）后，宫中人等都感到朱由检的性格越来越多疑、乖僻、暴躁、易怒，常常表现出不可控制的神经质，他快要支持不住了。

崇祯十七年（1644年）正月初一，京城突然狂风大作，黄雾满天，黑气沉沉，紧接着，远在凤阳的祖陵就发生地震。京师上下，无不人心惶惶。人们都预感到大明天下的末日来了，朝中许多官员已经开始为自己谋求后路。

正月初十，李自成逼近京师的消息传到了京城。朱由检手拿奏疏，浑身颤抖，痛哭流涕地说："朕不是亡国之君，可每件事都是亡国之象。老祖宗的天下一旦丢在我的手上，我将以什么面目去见我死去的祖宗啊！不行！朕要带兵出征，决一死战，即使身死沙场也没有怨恨，只是……只是会死不瞑目呀！"

听到朱由检要亲自出马，陈演等大学士一个个报名请缨，李建泰尤其迫切。李家地处山西曲沃，为地方巨富。他表示愿出私财饷军，在山西建立武装，抵挡李自成的进攻。朱由检大喜，当即决定李建泰以督师辅臣身份"代朕亲征"。

正月二十六日，朱由检举行隆重的遣将礼，然后在正阳门城楼摆设宴席为李建泰饯行。朱由检亲自用金杯赐李三杯酒，过后又拿出自己亲笔书写的《钦赐督辅手敕》交给李建泰。敕书授予李建泰莫大的权力："行间一切调度赏罚俱不遥制。不论何人，只要不服从李建泰便可以尚方剑从事。"李建泰分外感激，誓以死报。饯别后，朱由检站在城楼上久久地望着李建泰远去的征尘，他知道，他把天下安危之重任寄托在了李建泰的身上。

李自成雕像

可是，李建泰刚出京，轿框就折了，朝野上下皆以之为不吉利。此时，北京城外好像已不是明朝的天下，李建泰处处受阻，沿途州县根本不供给吃用。到了河北定兴，县令竟不许进城。待闻知李自成的大顺军已过黄河时，李建泰慌忙撤退，带领几百名亲军进了保定，不久就在保定投降了大顺军。

李建泰出师后，全国已无兵力可抽，北京城守只好抽调在宁远的总兵吴三桂来护卫了。正月十九日，朱由检指示调吴三桂回来。但吴三桂一撤，就等于将关外之地拱手送给了清朝。大学士们深知弃地意味着什么，也深知朱由检思想易反复，所以都不敢承担责任。首辅陈演以各种借口拖延，多次召集大臣会议，研究吴三桂撤后边民怎么安顿，费用怎么出，山海关怎么守，一直拖到二月底，吴三桂还没撤。三月初，大顺军已经拿下山西，逼近北京。朱由检急了，才下令封吴三桂为平西伯，率军入关拱卫京师，但这时已经缓不济急了。

大明帝国的丧钟——松锦大战图

随着京师日益危急，朱由检拼尽全力支撑局面。崇祯十七年（1644年）二月，户部告称国库已空，为了应付眼前的困难，朱由检下令勋戚、在京的百官捐助，以纳银三万两为上等。朱由检派太监去找皇后的父亲周奎，让他拿十二万两，

思陵石五供

为百官做个好榜样。周奎不答应，只拿一万两，太监含泪而回。朱由检听了再次派人让他拿两万两。周奎暗中向女儿求救，周后给了他五千两，他扣下两千两，只上交了三千两，可后来大顺军从他家抄出现银五十多万两。朱由检嫂子张皇后的父亲张国纪拿了两万两，晋封侯爵。文武百官捐助的只不过几十两、几百两而已。朱由检看收不上来，便实行摊派，按衙门收。后来又按籍贯收，规定八千、四千、三千两不等。太监也奉命捐助，平时最富的太监如王之心等人此时也大大哭穷。折腾了一个月，共筹银二十余万两。而大顺军进城后从文武百官、太监、贵族那儿共搜得两千余万两金银。

在这种急转直下的形势下，朱由检两次发表《罪己诏》，向天下百姓表示愿意承担一切罪责，下令停征一切加派，企图稳定民心，鼓舞士气，作困兽斗。但是，这时候的空言已经毫无意义了。

崇祯十七年三月十五日，大顺军进攻居庸关，守关的唐通和太监杜之秩投降。三月十六日打下昌平，当天便有部队到达北京城下。此时的北京城乱成了一锅粥。

京军在城外溃败，城上守者有太监、亦有官军，号令不一，兵部、五军都督府还有太监各自为政，谁也管不了谁，没有一个统一指挥。城上兵士没吃没喝，士气低落。太监们回报，朱由检也没有办法。

三月十八日，李自成派投降的太监杜勋来与朱由检谈判，提出双方中分天下，朱由检拿出八百万两白银犒军，双方罢兵言和。守城太监曹化淳、王德化将杜勋带上城来，杜勋对皇上说明了来意。朱由检当时未表示意见。他根本不想投降，但又不想放弃这个拖延时间的机会，于是令亲信太监与杜谈判，希望拖到各地勤王兵来解围。可是，李自成不想再等了。三月十八日晚上，农民军大举攻城，曹化淳打开城门迎降，李自成占领了外城……

## 吊死在一棵歪脖子树下

朱由检听到外城陷落的消息，知道大势已去，他率领宫内一群太监在城内无目的地转了一圈，回到宫内，登上煤山。看到外城烽火连天，朱由检长叹一声，潸然泪下。他默默地站了一会儿，便回宫去处理后事了。

朱由检首先让人叫来了太子和永、定二王子。看着十六岁的太子和一个十一岁、一个九岁的皇子，朱由检心里非常痛苦。他告诉他们，北京就要沦陷，国破家亡了。你们要逃出去，将来有时机为他报仇。又令人拿来破旧的衣服给三个儿子穿上，说："今天你们是太子和王子，明天就是普通百姓。出去后，见到老者叫伯伯，年轻的叫先生。你们要学会保护自己，快！快逃命去吧！"朱由检说到这里哽咽了，三个孩子哭作一团。朱由检挥手让太监分别将弟兄三个送到周、田二位皇亲家中，并随手写了一张诏谕，让人送到内阁，可这时内阁已经没有人了。

送走了三个皇子，朱由检让太监王承恩给他拿来酒，自斟自饮，不多时便醉了。他走出宫门，怅望黑压压的紫禁城，内心百感交集。十七年的呕心沥血，十七年的惨淡经营，如今毁于一旦，他只能以死向祖宗之灵赎罪了。他令身边的太监向各宫传旨，皇后嫔妃速速自裁。接着，他来到坤宁宫，眼睁睁地看着爱妻自缢身亡。

朱由检从坤宁宫到了袁妃的西宫，几个嫔妃都惊惶地躲在这里。朱由检看到袁妃已经自缢，但从凳子上摔了下来，口中尚有呼吸。他二话不说，抽出宝剑咬着牙向袁妃刺去，袁妃顿时血流如注。崇祯直奔寿宁宫。

朱由检的次女、十六岁的长平公主住在寿宁宫，他很喜欢她。他到寿宁宫时，长平公主已准备自缢。看到爹爹浑身血迹，手提宝剑，长平公主大叫一声"父皇"，就朝朱由检扑过来。朱由检心如刀绞，怕爱女扑进怀中后他再也举不起宝剑，便声嘶力竭地大喊一声："你为什么要生在我家啊！"一剑砍去，长平公主顿时倒在血泊中。随后，朱由检又去昭仁殿杀了三女昭仁公主。

做完这些后，朱由检在宫中稍稍停留，便由太监王承恩架着出宫登上煤山。他走啊走，走掉了一只鞋子，把沾有血迹的长袍也脱掉了，只穿着一件宽松的内袍。进了寿皇殿，他让王承恩在一棵歪脖子树上搭了一根白绫，并吩咐自己死后，王承恩可以逃命去。王承恩涕泪交流，表示要随皇上去死，朱由检心中稍觉宽慰。他最后望了一眼宫城，将白绫套上脖子……王承恩眼看着君主死后，最后他也吊死在了他的对面。

朱由检死后，与当天自缢的周皇后一起由清廷用柳木棺成殓，寄于寺庙。多尔衮下令以礼安葬他二人，允许明朝遗老遗少哭临

明思宗殉国处

明思宗朱由检所葬思陵

祭奠。祭奠完后，决定将朱由检夫妻葬入田妃的陵墓。开掘墓道、建立碑亭，工价约三千两白银。清廷从十三陵陵租中拨给一千五百两，其余由曹化淳等太监和明朝遗老遗少自筹。曹化淳为此多次上奏，多尔衮也数次责成有司速速完工。直拖到当年十一月二十九日，开掘墓道的工作方才开始。到了年底，才将墓道修好，打开了田妃陵墓。凑巧的是，安放棺木的陵床非常宽大，放置三具棺材没有半点问题。于是，朱由检与他的周后、田妃再次重逢，同居一室，安息于此。

总的来说，崇祯帝王此人，机智和愚蠢，胆略与刚愎，高招与昏招，兼而有之。清朝编纂的《明史》也承认他兢兢业业，勤勉勤俭。崇祯的一生可以说充满了悲剧色彩，他拥有极强的政治手腕，心思缜密，果断干练，并且精力充沛，几乎拥有历史上所有明君的特征。他的是非功过充满争议，是中国历史上最具悲剧色彩的帝王之一。也难怪史家对于这样一个帝王普遍抱有同情，认为崇祯的一生是一个"不是亡国之君的亡国悲剧"——"无力回天"这四个字，足够可以概括崇祯的一生。